微权力

小员工发挥力量

陈洪安 陈书心 蒋佶 诸志强 著

图书在版编目(CIP)数据

微权力：小员工发挥大力量/陈洪安等著. —北京：北京大学出版社，2016.6
ISBN 978-7-301-27158-2

Ⅰ.①微… Ⅱ.①陈… Ⅲ.①企业管理—人力资源管理 Ⅳ.①F272.92

中国版本图书馆 CIP 数据核字(2016)第 113824 号

书　　　名	微权力——小员工发挥大力量 WEI QUANLI
著作责任者	陈洪安　陈书心　蒋佶　诸志强　著
策划编辑	杨丽明　姚文海
责任编辑	旷书文　杨丽明
标准书号	ISBN 978-7-301-27158-2
出版发行	北京大学出版社
地　　　址	北京市海淀区成府路 205 号　100871
网　　　址	http://www.pup.cn
电子信箱	sdyy_2005@126.com
新浪微博	@北京大学出版社
电　　　话	邮购部 62752015　发行部 62750672　编辑部 021-62071998
印　刷　者	北京大学印刷厂
经　销　者	新华书店
	730 毫米×1020 毫米　16 开本　19 印张　311 千字 2016 年 6 月第 1 版　2016 年 6 月第 1 次印刷
定　　　价	45.00 元

未经许可，不得以任何方式复制或抄袭本书之部分或全部内容。
版权所有，侵权必究
举报电话：010-62752024　电子信箱：fd@pup.pku.edu.cn
图书如有印装质量问题，请与出版部联系，电话：010-62756370

序:新的世界　新的力量

这是一个全新的世界。

人们的生活方式发生了翻天覆地的变化——越来越"简单"。动动手指按下手机,动动鼠标操作电脑,便可以完成许多事情。恐怕每个人都对此深有体会:滴滴打车、优步(Uber)等平台吸引了越来越多兼职出租车司机在高峰时期上路,在路边扬手半天叫不到车的情况越来越少,依靠这些手机软件轻松解决出行问题;当我们想在某城市驻足停留时,电话预订宾馆已经"老套"了,Airbnb等房间出租服务让城市的临时住宿供应大大增加,点下鼠标就能订到富有特色、价格更为划算的旅店、民宿,更不用提那些早已经渗入大众生活的淘宝、阿里巴巴等电商平台了。

新的事物的出现旨在予人方便,让大众的生活变得越来越便捷。甚至有人说道:"因为人的本性是'懒'的,所以希望开发出更多适宜懒人的技术;懒的力量,推动着这个世界在进步。"当然,这是一句玩笑话。不过,我们确确实实看到这个世界在变化,步入一个全新的时代。

传媒大师麦克卢汉说:媒介是区分不同社会形态的重要标志,每一种新媒介的产生与运用,都宣告一个新的时代的来临。是的,我们已经进入互联网时代,我们提及的这些新平台、新事物的运作大多都是基于互联网技术,但更重要的是,这些新鲜玩意儿的出现和发展,未必依靠强大的企业或者后台,而是由无数草根的力量支持着:他们以创业者、赞助者、参与者等各种各样的身份出现。移动互联技术,从某种意义上来说,是实现创意想法、联结各方力量、架起供需的辅助工具。

所谓移动互联时代,其实是人与人之间互相连接、碰撞频率更高的一个时代,借此放大细小的信息和微弱的声音,让小人物的想法也有实现的可能，草根也有越来越多的上升途径——我们谓之曰"微时代"。"微时代"关注的正是"微"的力量，何为"微"？"微"是指体积、形态的微小甚至时间的琐碎，却不是微弱之意。相反，它具有坚韧、流动和瞬时性的特征。"微"，并非"不足道"。一方面，在"微时代"，传播的广度、瞬时性与多样性更为符合人们日益复杂而繁芜的信息。"微"而实"繁"，"简"而实"多"。微时代，是一个利用最少资源和最短时间获得最多信息和最大收益的时代。另一方面，确实，相对于时间的长河，相对于整个世界、整个社会，我们每个个体确实是微小的，但是，借助时代特性，我们每一个微小的个体都能通过各种各样、越来越多的渠道发挥力量。当"微"的力量集结，将是一股推动事件发展与创新的强大力量。

可以说，"微时代"之下，个人手中的权力得到了主动或者被动的扩大，具体表现在话语权、行动权等方面。

这里，我们不得不提到对权力的重新理解。权力有其宏观与微观的含义。过去，人们总是从广义的、宏观的角度去理解权力，认为权力即国家权力、社会权力。从柏拉图的《理想国》、亚里士多德的《政治学》，到近代启蒙思想家如霍布斯、卢梭的社会契约理论，再到马克思主义的国家学说等，对权力的解读都重在统治权，尤其是国家权力。由谁掌握统治权，如何运用统治权，如何保护、巩固统治权，对谁施行统治权等，一直是权力理论的核心内容。对国家权力、统治权的关注恰恰说明，以往更多的人对权力的认知往往就是集权、话语霸权等，即认为权力总是掌握在一部分人的手中。

但是，随着时代的变迁，权力已经脱离了特定的、需要维护某种与生产相联系的阶级统治的角色，并且互联网技术的发展让个人手中的"微权力"通过许多路径产生更大的能量——使得权力的微观含义越来越突显。正如福柯的观点，权力是一种关系，一种内在的关系，它以网络的形式运作，无所不在，渗入社会的各个领域、各个角落。在这个网络之中，个人在流动，处于服从的地位，同时又运用权力。任何人都不能超脱于这个网络之外，这个网就是现实中各种政治、经济、文化等诸多因素之间复杂的关系以及这种关系的运作。

于是，我们可以这样来理解"微权力"。它可以被理解为一种新权力，是一种存在于每个人手中的力量，通过"社会网络"的各个渠道形成、运作，互联网、手机等也是其中独特的渠道。就如同杰里米·黑曼斯在《新权力时代》中所比喻的，在旧权力时代，权力是货币，人有我无，拥有权力的人对于知识与社会性资源是独家占有;在新权力时代,权力如水流,没有单独一方拥有它。如果说旧权力是下载,当你下载一样东西时,电脑会告诉你如何做;那么新权力就像上传,你和大家分享一切,鼓励大家的参与和创新。现在所倡导的"工业4.0"——重视让员工发挥出计划、协调、创新等能力,web2.0——利用Web的平台,由用户主导而生成的内容互联网产品模式,以及创新"2.0"——以用户为中心,以社会实践为舞台,以共同创新、开放创新为特点的用户参与模式等"新鲜说法",在理念上都尤其关注与利用"微权力"。

"微权力"正是这个时代的主角,是一种新的力量。

这种力量引起我们对经济以及其中企业的反思,对我们曾经孜孜不倦所追求的东西的反思。

现代经济学的核心,概括来说,是通过最佳的生产方式尽可能扩大消费。效率、利益是人们追求的重心。不可否认的是,这和人类自利的动机不谋而合,起初,确实推动着生产、组织乃至社会的进步。但是,这种发展方式源于人们的欲望,当欲望膨胀,人们希望在更短的时间内卖出更多的东西,获取更大的利润。攀比和竞争越来越激烈,贪婪就模糊了理智与道德。粗放式发展、泡沫经济等问题,多多少少来源于此。

这是一种"不环保"的思维。纪录片《公司的力量》说道:企业在推动整个社会进步的同时,也为人类带来持久的疼痛。历史上,传统手工业社会向工业时代转变时期,公司带来的确实是经济的超快速增长。而商人们不会满足于此,想要更多,于是,肆意发展与扩张,浪费大量资源,压榨众多劳工。至于商业道德,在巨大利益面前,被无视了。这样的发展模式带来的是劳资矛盾、贫富差距等众多社会问题。

2008年金融危机的爆发让人们切实看到了这种"进步之痛",也让人们意识到不顾一切追求规模与利益的粗放式发展方式并不合适。而随着技术的革命式发展,"微时代"终结了粗放式经济发展时代,"微权力"让人们看到:不止是强与大才能生存下来,"微权力"带来的想法、能量是无穷的。

显著的表现正是各种各样新的生产、服务模式,这种现象被称为"共享经济"——公众将闲置资源通过社会化平台与他人分享,进而获得收入的经济现象。这种现象让许多行业产生了颠覆性的创新,充分利用起了"微权力",每个人既可以是生产者,也可以是消费者,企业可以借助社会化的力量来运作,企业之间甚至可以进行产能共享,实现协作双赢。这与"权力是一种关系""权力如水流"等观点是相互映衬的。

再微观一些,说到企业,"微权力"在企业中的表现形式即是"员工力"。企业存在的价值在于员工价值与企业家的精神实现,企业家精神是企业前行的左脚,未来更上一层楼的动力来自员工力这只右脚,左右脚均衡,企业方可持续进化。随着组织结构的扁平化变革趋势,以及对员工个性化越来越关注,员工的创造力、监督力等能力更加得以发挥。越来越多的企业实践,如小米的"极速"架构、海尔的"全员创客"、海底捞的"授权艺术"等,都意在将员工的"微权力"释放。那些我们不绝于口的小企业、初创企业,正是抓住了这股力量。

主宰全球的权力正在悄然发生变化。有人说,科技会实现乌托邦梦想,互联时代带来民主和繁荣,大企业和官僚巨擘将陆续倒台,头顶自制的3D打印皇冠的群众成为主宰者。这就是"微时代"之下,你未必关注与了解的"微权力",但却是影响着世界的新力量。

总之,无论是个人还是企业,想要在这个时代走得更远,就要抓住时代的特点,关注一些关于"微"的东西。而本书,则从"微权力"的角度来诠释经济、社会以及企业、个人的发展进步,给大家讲述一个关于新世界、新力量的故事。

目录

第一章　"微时代"下,"微权力"来了 / 001

　　第一节　"微时代"来了 / 002
　　　　1　时代,你的名字是什么? / 002
　　　　2　被"微"冠名的时代 / 004
　　　　3　"微"的力量 / 007
　　第二节　"微时代"的"微权力" / 009
　　　　4　"权力"离我们有多远? / 010
　　　　5　"能载舟亦能覆舟"的"微权力" / 012
　　　　6　以"微权力"解答钱学森之问 / 015
　　第三节　微权力的变迁 / 018
　　　　7　传统管理学视角下的权力 / 018
　　　　8　用全新的眼光看"微权力" / 021

第二章　细数那些与"微权力"相关的理论 / 025

　　第一节　个人与个人之间 / 026
　　　　1　员工主动性:成吉思汗的"员工们" / 026
　　　　2　懒蚂蚁理论:冯谖与诸葛亮的差别 / 030
　　　　3　员工内斗行为:徐阶高拱之争 / 033
　　　　4　员工职场嫉妒行为:战国那点事儿 / 037

第二节　个人与领导之间 / 041
　　5　建言行为与沉默行为：从官渡之战说起 / 041
　　6　领导—成员交换理论：唐太宗与房玄龄 / 045
　　7　领导授权理论：兵败滑铁卢 / 048
　　8　组织信任理论：崇祯皇帝的猜忌 / 052
　　9　组织支持理论：李牧抗击匈奴 / 056
　　10　"辱虐"管理：张飞之死 / 059

第三节　个人与组织 / 062
　　11　员工团队与群体：说说唐僧师徒 / 062
　　12　组织公民行为：弦高退兵的故事 / 066
　　13　公忠与私忠：晏子的故事 / 071
　　14　反生产行为：以吕布、庞涓为例 / 074
　　15　员工绩效管理：君主们的烦恼 / 077

第三章　从当代企业实践看"微权力" / 081

第一节　集权的终结——组织架构与领导方式之变 / 082
　　1　小米的"极速"——互联网＋三层式架构 / 082
　　2　德邦之变革——矩阵式＋项目式二合一 / 085
　　3　全员创客在海尔——平台式架构与"去领导化" / 088
　　4　扎克伯格的王国——"云"端领导与"云"力量 / 092

第二节　当员工被赋予权力 / 096
　　5　西南航空有多自由？——让员工成为企业的主人 / 097
　　6　海底捞真的学不会吗？——"一线授权"的艺术 / 100
　　7　通用电气的"无边界沟通"——让员工"说话" / 103
　　8　宝马看似混乱的会议——横向沟通的力量 / 107
　　9　腾讯管理模式——构建实现员工创新的平台 / 110
　　10　3M的创新源泉——给予员工失败的"权力" / 114

第三节　企业文化与员工力量 / 117
　　11　华为的"狼性文化"——文化让员工保持活力 / 117

12　惠普的"以人为本"——企业文化的聚拢效应 / 120
　　13　罗孚汽车的神话——学习型组织及其文化 / 123
第四节　"微权力"的激励之道 / 126
　　14　微软的留人之道——人才培养 / 126
　　15　谷歌如何俘获人心？——福利驱动 / 129
　　16　阿里的幸福员工——最好的激励是什么？ / 132

第四章　"员工力"之塑造 / 139

第一节　执行力 / 140
　　1　准确定位——员工须找准位置 / 141
　　2　能力为本——打铁还需自身硬 / 144
　　3　善于学习——自我提升不能停 / 148
第二节　创新力 / 152
　　4　创造力自我效能感——员工自信是关键 / 152
　　5　制造创新环境氛围——近朱者赤，近墨者黑 / 156
　　6　构建创新激励机制——创新力的背后功臣 / 160
第三节　监督力 / 166
　　7　鼓励建言献策——解放员工的话语权 / 166
　　8　建立反馈机制——让员工有地方发声 / 171

第五章　"员工力"在职场 / 175

第一节　写在进入职场之前 / 176
　　1　选择工作：第一份工作很重要 / 176
　　2　参加面试：你是否作好了准备 / 178
　　3　职业规划：职场永恒的第一话题 / 182
　　4　走出校园：坚持是一门必修课 / 184
第二节　职场必修课——进入职场后，你该知道的 / 186
　　5　初入职场：度过"蘑菇期" / 187

6　面对制度：没有规矩，不成方圆 / 189
      7　进入环境：谁都要融入集体 / 191
      8　团队合作：信任是关键要素 / 194
      9　高效工作：学会设定工作目标 / 196
    第三节　职场沟通与人际交往 / 199
      10　沟通法则：第一步是勇敢 / 199
      11　平行沟通：与同事交流 / 202
      12　上行沟通：与领导对话 / 204
      13　沟通智慧：学会倾听 / 207
      14　沟通技巧：懂得说"不" / 210
      15　人际交往：记住三原则 / 212
      16　人际暗礁：面临糟糕的上级 / 215
    第四节　运用好小员工权力，发挥大力量 / 218
      17　执行力：拒绝"职场拖延症" / 218
      18　创新力：小员工也可以创新 / 221
      19　监督力：运用好自己的"话语权" / 223
    第五节　寻求更好的发展 / 226
      20　保持学习：必须持续"充电" / 226
      21　自我推荐：酒香也怕巷子深 / 228
      22　寻求发展：跳槽，如何抉择？/ 231

第六章　"微权力"的发展 / 235

    第一节　员工的未来 / 236
      1　一切的开端——员工价值正在转变 / 236
      2　雇佣制度的变化——从雇佣到联盟 / 240
      3　工作内容的革命——基于工业 4.0 的思考 / 243
      4　"8 小时"的消失——救赎被绑架的自由 / 247
      5　让薪酬回归价值——"人才经济"的到来 / 251
      6　新型福利来了——员工的福，成就企业的利 / 254

第二节　企业的改变 / 258
 7　计划：众筹与众包下的企业转型 / 258
 8　组织：中层管理者在"崩塌" / 262
 9　领导：蓝海领导力与权力开放 / 265
 10　控制："去 KPI"，更好的工作标准？ / 269
 11　创新：从精英创新到全员创新 / 273

第三节　对于"大环境"的"微思考" / 278
 12　一切都在年轻化 / 278
 13　逃离生命周期曲线 / 281
 14　互联网带来的"边缘模糊" / 283
 15　共享经济的到来 / 286
 16　谁拥有未来？ / 289
 17　没有结束的话 / 292

第一章
"微时代"下,"微权力"来了

"微时代"是这个时代特有的名称,其蕴含的价值观是:一切都变得"碎片化","微文化""微体验"等都在流行。移动互联网能将这些碎片相连,创造出一个全新的世界。许多企业已经采纳了这样的价值观,借力"微时代",玩出新花样。而"微权力"呢,则是"微时代"的产物——小人物拥有的权力越来越大,可以"任性"发挥自己的力量,做喜欢的事;每个人都可以成为话语中心、能量中心,上升的途径也越来越多。

在这一章,我们就来说说"微时代"与"微权力"。

第一节 "微时代"来了

不管是提出新定义、新理论还是新事物,我们都会去关注它处在什么样的时代背景之下。而每个时代都有一些关键词,向人们诉说着这个时代的故事。现在,一个被冠名为"微"的时代,正在缓缓开启……

1 时代,你的名字是什么?

"时代",是一个很大、很宽广的词汇,相对于人类个体不足100年的寿命而言,时代轻而易举地就跨越了很长的时间跨度。

"时代",也是一个有意思的词汇。每当人们提及时代,就意味着,在那段时间内,某些东西被人们深深地铭记了。

每当我们回望历史,会发现,每个时代都有专属于它的事物和故事。大家普遍把一个有相同特征的时间段称为时代,时代也因此而变成了历史学上的一个大词汇。根据考古学的观点,人类的历史从大的方向上可以划分为石器时代、青铜时代、农耕时代、工业时代以及现如今我们所处的信息时代。同时,这五大时代中的任意一个,又能够被再分。就以石器时代为例,石器时代是考古学对早期人类历史分期的第一个时代,大约始于距今二三百万年,止于距今六千至四千年左右。顾名思义,石器时代就是指人们用石头作为工具使用的时代。随着时代的推进，人类在制石工艺上也不断发生进化，由此可以划分为三个独立的阶段：旧石器时代、中石器时代和新石器时代。

从最古老的旧石器时代开始，人们的一段段历史就开始被铭记了。青铜时代见证了人们冶炼技术的发展与对金属利用的开始；而工业时代和信息时代则代表着人类社会上的两次巨大飞跃式发展……

其实，我们之所以会把某一段时间称为一个时代，个中原因在于，在这个时间段中，社会在某个方面会集中表现出不同于以往的一种特征、趋势或者说是潮流，并且这种表现是统一的。

于是乎，时代就被冠名了。进入石器时代，人们最重要、不可或缺的工具就是各类石器，人们学会了用石头打造器具，而不再是直接使用石头进行作业。当然，这可不是瞎命名的，人们总会选择一个最具有代表性的事物去命名一个时代，这个词汇可能代表着这个时代最大的飞跃。

如今，我们进入了信息时代，或者说，进入了计算机时代、网络时代、数字化时代等等。1946年，当世界上第一台电子计算机在美国问世时，谁也不会预料到今天它们的盛况。当时，这个叫作ENIAC的大家伙占了三间房子，有三十多吨重。但是它的计算速度达到了手工的20万倍，对于用惯了纸和笔的人来说，这已经是神话了。计算机的出现，预示着一个全新时代的来临，这个时代是在经历石器时代、铜铁器时代、机械时代（包含蒸汽机、发电机、内燃机）这样的一个发展过程之后，所形成的以电子与信息为主旋律的时间段。

如果你要问，这个时代的名字到底是什么？可能答案不仅仅是计算机，还有移动互联网、大数据等等。计算机只是一个个基本的单元、工具，移动互联网是联结人与人、企业与企业之间的桥梁，而大数据，则是由此产生的爆炸般的信息的聚合……

这个时代有如此多的名字，这充分显示出我们处在一个多样、多彩的时代，处在变化的潮流之中。

这个时代还有更多的名字等着我们去"认识"。因为在移动互联网发展无比迅速、分享成为一种常态的趋势之下，新生事物的出现速度越来越快。

历史学家也乐于做这些事情，从一堆的史料当中寻得某一些不为人所知的规律，如每个时代的人们所讨论话题的变迁过程。不仅仅是历史学家，事实上,许多人都对一个时代的特征、潮流非常感兴趣。Google(谷歌)甚至还推出了一项神奇的服务叫做"Google Ngram Viewer",它能帮你搜索到1500—2008年之间出版的520万册书中所出现的词汇并统计出每个时间段里某一个词出现的频率。

可是,说到底,我们为什么要去了解时代的"名字"呢?其实道理很简单,无论身处哪里、从事什么,如果不了解时代背景,无法抓住时代的核心价值,也就无法让自己做的事价值最大化。

同时,随着我们步入更加发达的时代,大量信息涌来,速度只会更快、数量级也只会更大。在这样的背景下,如果没有洞察价值的能力,就会被淹没在无尽的数据之中。而把握时代特征、时代价值就是洞察能力中重要的一个环节。

《古兰经》中有一句话:"每个时代都有自己的书。"意思是说,每一个时代都拥有属于自己的传奇,而这些最为绚丽的故事与传奇帮助我们定格了每一个时代,铭记了每一个时代。这就是时代的名字。这些传奇或许是思想、观念、价值观。这种追随于时代的思想、观念以及价值观,会产生极大的影响,形成一股"时代潮流"。这,是应该被人们所了解的。

所以,我们要问时代,你的名字是什么?

"每个时代都有自己的书",时代用它最鲜明的一面让我们记住了它,我们会根据这最鲜明的一面去回忆曾经的每个岁月,久而久之最鲜明的一面就成为时代的代名词。那么,你说,我们这个时代的名字又是什么?

2 被"微"冠名的时代

在这个时代,正如我们先前所提及的,也是大家都不可否认的:计算机、互联网、大数据等等,是时代的显著标志,是时代的名字。

其实,三十多年前,有人就曾经预言,今后将是网络与计算机统治的时代。只是,在那个年代里,动辄数十万美元的计算机,只是研究所或者政府部门能够拥有的"奢侈品",普通人根本无法接触到。所以,许多人认为这个预言只是个戏言罢了。

从某个层面上说,这个预言已经实现了。如今,社会的网络化程度正在不断被加深。仅以我国为例，在中国互联网络信息中心（**CNNIC**）发布的《第36次中国互联网络发展状况统计报告》中显示，截至2015年6月，我国网民规模已经达到了6.68亿，中国手机网民规模达5.94亿。这是个什么概念？13亿中国人中每十个人就有超过四个人使用互联网！要知道中国人中超过一半是农民，而且整个中国还只是在发展中。如果再看欧美发达国家的话，你就会发现这个比例还要高很多。

在这个时代，随着无线技术的不断进步，网络的无线化和移动化已经被实现得越来越透彻，被人们不断应用。也因此，无论是生活还是工作，我们都处在计算机、互联网等技术的包围之中：办公时，基本人人都需要一台计算机；娱乐时，手机、iPad、Kindle等工具不离手……有人开玩笑道，有必要在马斯洛需求理论上再加一个比生理需求更基础的需求——Wi-Fi需求。当然，这只是夸张的说法，但请先别笑，想想你是否也如此：走进饭店、茶楼，先叫来服务员，不是点菜，而是开口先问一句："服务员，你们这儿Wi-Fi密码是多少？"可以说，互联网已经渗入我们每一个人的日常生活之中。

所以，这个时代被冠以"互联网"时代不无道理。那些有远见的企业，早就已经或正在转变为"互联网＋"的形态，利用信息通信技术以及互联网平台，创造新的发展机遇。这就是一种把握时代核心特点的聪明做法（照我们先前的说法，这些企业已经问出了、了解了时代的"名字"）。

当然，这个时代带来的不仅仅是这些而已。我们总觉得，Web时代带来的都是大变革，但实际上，变化往往也发生在极其"微小"的地方。

我们来说说一个数字——140。这个数字是所有生活在当代的大多数人都非常熟悉的一个数字。140最初起源于Twitter（推特）。"Twitter"一词的原意是鸟鸣声，其本意就是要传递即兴而短小的信息。Twitter这款产品在设计之初就考虑到了要与手机捆绑在一起使用，而非单纯在固定互联网上进行书写。将有线互联网和无线互联网结合起来，正是Twitter当初能脱颖而出的根本原因。创始人杰克这样描述Twitter的神奇之处："当你在任意地方，只要有手机，一样可以发布信息，让别人在Twitter的网页或他自己的手机上（前提是必须是你的粉丝）随时看到，实现一对多的传播。"

但是，这中间存在一个问题，就是用手机进行书写会牵涉运营商的收费问题。众所周知，发送短信会被收取短信费，特别是超过160个字符的短信，将被编成多个短信按顺序发送，这就使得传达同一条信息（特别是在这条信息超过160个字符时），短信费用相比之前会有所增加。因此多数人担心使用 Twitter 会令自己的费用增加。于是，Twitter 的管理层决定将每次发送字符数限制在 140 个，以保证为用户名或短信前面的标点预留出空间，从而不会产生过多的费用。在 Twitter 逐渐走红之后，140 这个数字也就随之为人们所熟知。

后来，国内一些互联网公司也学到了这个特色：新浪、网易、腾讯等等，也引进了这种新网络沟通方式，140 是微博的一个标志。

这种短、精的沟通方式告诉世界，一个不同于以往、不再长篇大论的时代来临了，这就是我们所说的"微"——总会被冠名到这个时代上。

为什么？

过去，网络并没有那么普及，用户总是希望能够一次性看见一篇完整的、详尽的长篇大论，满足自己对信息的追求。现在，移动互联网让人们随时随地可以发出自己的看法，人们也能随时随地发现新的内容，新、快、微成为一种潮流。

过去，生活节奏也没有那么快，写一篇上千字的博客，并不困难。现在，生活节奏加速，"微"的意义就重大了，不必考虑起什么标题、如何展开叙述等"繁文缛节"，只需要用一个或几个短句将心中最想说的话表达出来就可以了，省时省力。

这大概就是为什么在互联网时代，"微"会成为一种主流。作为一名拥有超过五千万粉丝的微博主，李开复老师绝对算得上是这个新时代的引领者之一。李老师写过两本关于微博的书，其中一本叫做《140 字的惊人力量》，另一本叫做《微博改变一切》。在这两本书中，李开复老师详尽地介绍了他在开通微博后的点滴生活，以及他自己的一万三千多条微博所带来的巨大变化。可以说这本书就是微博这种短小、精悍的沟通形式在中国迸发力量的最好证明。

李开复老师就是我们所称的"大 V"。"大 V"通过"微"交流、"微"沟通，在平台上发挥自己的力量——这就是"微权力"的一种形式。更为重要的是，"大 V"并不一定得是明星、企业家，小人物也可以通过发布有价值的信息、解决他人问题等方式成为"大 V"。

"140 字""微博大 V"这些话题，其实本质上都反映了这个以"微"来冠名的时代所拥有的另一个特征：草根有了更多的上升途径。小人物运用好手中的"微权力"，也有可能走向成功，创造卓越。包括现在所倡导的"工业 4.0"——重视小员工计划、协调、创新等能力；Web2.0——利用 Web 平台，由用户主导而生成的内容互联网产品模式,利用的也是普通大众的力量;创新"2.0"——以用户为中心,以社会实践为舞台,以共同创新、开放创新为特点的用户参与的模式等"新鲜说法",都特别关注"微"的力量。

这也就是我们这本书所要探讨的"微权力"最关注的内容——"微"有哪些神奇的力量。

> **微点评** 互联网时代带来的大变革,通过140字、工业4.0、Web2.0等这些耳熟能详的词汇在"微"处体现得淋漓尽致。因而,我们将这个时代称为"微时代"一点也不为过。

3 "微"的力量

"微"的意思很好理解,就是小、少,可是既然这样,它真能迸发出那么大的力量吗?难道不矛盾吗?许多人听完关于"微时代""微权力"的理论后,难免会生出这样的疑问。

"微"等于"弱"吗?恐怕不一定。

其实,微的力量理解起来并不难。蚂蚁就是一个很好的例子。单只蚂蚁的力量相信所有人都很清楚,人类只需一根手指头,就能轻松捏死一只蚂蚁。但是它却是地球上分布最广、数量最多、生命力最为顽强的动物之一。

故而,微是指体积、形态的微小甚至时间的琐碎,而不是微弱之意。相反,它更具有坚韧、流动和瞬时性的特征。"微",也并非"不足道"。在微时代,传播的广度、瞬时性与多样性更为符合人们日益复杂而繁芜的信息。"微"而实"繁","简"而实"多"。微时代,是一个利用最少资源、最短时间获得最多信息和最大收益的时代。这就是"微"的力量。

"微力量"的背后是什么?我们猜,是"微权力"。"微权力"是个人发挥能量的核心,而微博、微信等只是一种表现形式。

同时,要知道,这个时代的主角并不是那些大家名角,而是我们这些普普通通的小小民生们。生活原本就是细微琐碎的,"微"的意义从某个角度来说,在于我们这些微民将自己的生活融入时代的洪流当中,进而带来广泛影响。生活在这个时代的每个人,即我们,或许做着微不足道的事,或许发出的只是微小的声音。但是,这样的一群人千万不能被忽视,因为当"微民"的行动和力量集结,将是一股推动事件发展的强大动力。

换句话说,真正让微迸发出巨大力量的,并不是什么很特殊的东西,其实就是我们自己,是我们每个普通的人透过某些媒介联系在一起,从而将"微力量"变成"大力量"——只要能够运用好手中的权力,哪怕再小。

不妨举个例子。不知你是否了解过"众筹"这样一种形式。简单地说,众筹是一种依靠大众力量,向大众募集资金的方式。有人把2014年比喻成"众筹元年",不论这种比喻是否夸张,众筹的确在中国开辟了一条崭新的融资之路。一个好的概念或者项目,要进入开发阶段,必然需要大量资金,但融资难的问题,让很多项目夭折。而众筹的出现,为很多急需融资的企业带来了一丝曙光。

过去,第一轮融资是件非常困难的事。更重要的是,传统VC业务的链条注定了效率低。一个投资人见一个客户两个小时,一天工作8小时,就算工作比较勤奋一天工作12个小时,那么一天实际上真正能够看的就是6个项目,加上投资之后还要进行投后管理,一年最多也就能看几百上千个项目。最后投资的可能只有几个项目,而这几个项目必须要有几百倍的回报。最好是投资那些改变人类生活和工作的项目,比如滴滴打车,改变了人们的出行方式,节省了时间和人力;P2P改变了融资方式。但实际上,这种项目很少。这样一来,许多尽管优质的项目就容易被淘汰,无法实现。但是,在众筹的方式下,让小人物去选择他们看好的项目,进行投资(实际上是一种去中介化),既让好的项目更容易获取到第一轮投资从而获得进一步发展,甚至成功,也给传统的VC业务减轻了压力。

这就是小人物发挥"微权力"、迸发"微力量"的一个过程。

从本质上来看,单个的"微"力量仍然很弱,只有众多的"微"聚集在一起的时候,它所蕴含的力量才能爆发。在"微时代",基于微博、微信这样的公共平台,甚至众筹这样的形式,个性的表达、权力的运用很容易得到迅速聚合。

"微",是社会发展的基本单元。个体是社会构成的基本要素,社会有序的运行和发展,离不开每个个体的参与;每个人得到发展,整个社会才能得到发展。通过表达自己的一点看法甚至微言碎语,通过运用自己手中的小小权力,微民们于不经意间形成强大的舆论场,不经意间聚合成巨大的力量,可能会产生新的社会现象,甚至大变革。

"微",也是个性化需求的必然结果。21世纪的人们,需求早已变得更加多样、更富个性。与此同时,"信息爆炸"又使得人们接触到的信息以指数方式增加,人们获取、选择、利用信息所花费的成本也迅速增加。"微博客"应运而生,寥寥数语,却"微言大义",使人们极为便利地获取自己需要的信息;"微权力"被机智运用,"众筹"让小人物的力量发挥到极致,也更加铺平了小人物的成功之路。"微时代"的种种,正是细致入微地满足人们的个性化需求,才获得了如此顽强的生命力。

"微",能够汇集成宏大。古人云,积水成渊。每一个微小的力量聚集在一起,可以迸发巨大的合力。就社会风尚而言,先进人物、模范榜样的作用固然重要,但更重要的是每个人都能行动起来,唯有如此,才能蔚然成风。在"微时代",世界的改变,不是少数人做了很多,而是每个人都做了一点点。

其实,这不仅仅是针对社会而言的,放眼到企业,小员工和大企业的关系也是如此。员工发出的"微声音"、运用的"微权力",带来的可能是对企业大有好处的"微创新"。员工的"微建议",在企业中还可能带来微改变,最终实现大变革等。总之,微小的员工对庞大的企业有着超乎想象的影响力。在后面的章节中,我们也会具体讨论。

今天看来,在许多社会大事件中,在许多企业中,我们以小人物、小员工的微形态和微行动低调地呈现自我,发出声音,运用权力,最终凝结成不可小觑的力量。

这,就是微的力量。

> **微点评** 微信、微博、微电影,在这个微字大行其道的今天,我们能够感受到的是真真切切的微力量。微时代,我们将要见证的一定是大角色的退场和小人物的登场。

第二节 "微时代"的"微权力"

"微时代"是一个属于小人物的时代——草根也好、员工也好,他们离权力并不遥远,并且这样的"微权力"充满力量,能够给企业、社会带来真真切切的改变。"水能载舟,亦能覆舟","微权力"值得被重视,需要被管理。

4 "权力"离我们有多远？

在这本书中,我们不仅要说"微",还要好好说说"权力"。

权力本身有其广义和狭义的含义。从广义的角度来看,权力是国家权力、社会权力。过去,绝大多数学者都是从宏观上来理解权力的。从权力理论的历史流变来看,从柏拉图的《理想国》、亚里士多德的《政治学》,到近代启蒙思想家如霍布斯、卢梭的社会契约理论,再到马克思主义的国家学说等,关注的重点都在统治权,尤其是国家权力的问题。由谁掌握统治权,如何运用统治权,如何保护、巩固统治权,对谁施行统治权等,一直是权力理论的核心内容。对国家权力、统治权的关注其实主要说明,在以往,更多的人对权力的认知往往就是集权、话语霸权,权力总是掌握在一部分人的手中,离小人物很遥远。

但是,在这里,我们要从狭义或者说微观的角度来说说权力。从这些角度来看,人人都拥有权力,包括社会中最草根的人群以及企业中最底层的员工。

这里,我们就不得不提到一个人——福柯。福柯对过去关于权力的看法提出了反驳。他认为,上述这些权力观并没有说明权力的本质,他们眼中的权力都充当着维护某种与生产相联系的阶级统治的角色,而在当时社会,经济是占主导的,也就是说权力的根本目的是为经济服务,维护一定的生产关系和经济运作。这是不是很像许多人的传统观念一样:权力都在有钱人手中,都在上层结构手中？

福柯认为,"权力是各种力量关系的集合",权力是一种关系,一种内在的关系。权力以网络的形式运作,在这个网络中,个人不仅在流动,而且他们总是既处于服从的地位又同时运用权力。我们不应该到经济、政治等关系之外去寻找权力,权力确实就存在于这些关系之内,是其中各种因素、各种力量交织的网络形成的。同时,权力也是一张巨大的、无所不在的网络,它伸入社会的各个领域,各个角落。任何人都不能超脱于这个网络之外,这个网就是现实中政治、经济、文化等诸多因素之间的复杂的关系以及这种关系的运作。

这段话或许很抽象,实际上,我们也可以这样理解:人无法脱离社会,只要存在于社会之中,就拥有权力,权力可以通过"社会网络"中的各种渠道形成。放眼于现在,互联网、手机也能成为独特的渠道。

我们赞同福柯的权力观,他的想法更加符合现代社会的背景。其他的权力观中,隐隐包含这样的假设:权力是一种压抑性的力量,压抑自然、压抑本能、压抑个人,也压抑阶级(主要是底层的)。同时,权力关系的基础是势力的敌对行动。怎么说呢?取得权力被视作权力双方的斗争,最终是一方战胜另一方,结果是一种力量对另一种力量的压抑。然而,在现代社会之中,所谓"阶层"之间并不一定拥有的就是矛盾的目标。例如,社会中,所有人,不管穷富,都希望生活在一个好环境中,过更好的日子;企业中,高层和员工都希望企业多多盈利,达到战略目标,这样自己才能获得更高的收益。这些人,处于"社会网络""企业网络"之中,拥有或大或小的权力,也可以通过渠道获取权力、建立权力,然后运用这些权力,因为目标不矛盾,权力之间也不会互相抵抗。

因而,可以说,权力不再是一种"话语霸权",权力的关键也不在于谁掌握权力,而是一种实施力量的渠道、一种相互关系。这个说法和福柯的"权力无主体论""权力非中心化论"有些相似,每个人都是权力的"一个点",并非操纵权力的主体,也不被权力牢牢控制,每个人既是权力的实施者,也是权力实施的对象。再进一步来说,权力不是中心化的,形成单一的统治大厦,而是非中心化的、多元的、分散的,不被某个人占有的事物。这也是我们提出"微权力"说法的一个重要背景。

所以说,权力,往往离我们并不遥远。借助于适当的渠道,我们每个人都拥有不可忽视的权力。管理学大师罗宾斯说过,权力是指一个人影响另一个人的能力,不仅仅是上层、领导才拥有的,那么关键就在于,如何理解权力,如何运用权力?

之于"草根"们来说,"微权力"更像是一种"大众的智慧"。当今社会中,人们拥有的、可获取的知识越来越多,结合自己的思考、创新,借由移动互联网等各种各样的渠道,"草根"可以通过"知识"获取"权力",可以获取"权力"改变世界的传统与惯例。例如,市民新闻将颠覆传统媒体、企业公关和政党;数字化复制轻而易举,令传统的影视音乐行业分崩离析;创新的网络营销让哪怕是最小的公司都可以和企业巨头抗衡。还有,众筹(Crowdfunding)为成千上万的项目拉到了资助,众包(Crowdsourcing)得以实现更多类型的项目。说白了,互联网时代背景下的权力,就是下化、泛化、碎化的,权力回归到个人的身上。

之于"员工们",也就是本书的另一个主角,"微权力"也是从多层面进行考量的。

从员工个人的角度来说,他们的自我意志(如自我领导)、知识系统、以及创新能力等都是一种权力,反过来,也是一种获取权力的渠道。往往,掌握知识就是掌握权力。在现代社会,以专家制度为例,在各行各业都需要专家级别的权威人物来制定规范,来管理事物,来维持权力的运行。工厂的管理需要专家,生产的操作需要专业工人,医院、学校要有专家来管理和运行,监狱中对犯人的改造要有专家指导……这说明,其实,小员工凭借知识、能力、技能可以获得权力,发挥大力量。这种微观权力是客观存在的。

从员工与领导之间关系的角度来说,员工的权力可能来自上级的信任、授权、交换。这种权力赋予员工的不仅仅是员工直接管理、决策的权力,也包括间接参与管理、决策的权力。如员工的话语权,员工可以通过自身的建言行为,发挥其监督力量,为企业发展建言献策。

从员工与组织的互动角度来说,在互联网时代,传统科层组织结构趋于扁平化。中层管理者消失,使得员工直面组织高层。员工在组织中的地位悄然上升,参与管理、参与决策已然不是梦。这也不断激励着员工去承担更多、更具挑战性的工作,员工的执行力、创造力也逐渐增强,角色外工作行为不断涌现。

以上叙述,似乎又再度证明了福柯的观点:权力具有生产性。是的,我们不能总以消极的眼光来看待权力这种力量,从草根和员工的行为来看,权力,或者说"微权力"具有生产性、创造性。

 权力,距离我们从来就不远。只要存在于社会之中,借助于适当的渠道,每个人都拥有不可忽视的权力。同时,权力并不总是消极的,或者说,"微权力"具有生产性、创造性。

5 "能载舟亦能覆舟"的"微权力"

古语道:"水能载舟,亦能覆舟。"这句话原本的意思是,统治者如船,老百姓如水,水既能让船安稳地航行,也能将船推翻吞没,沉于水中。孔子与鲁哀公对话时说:"且丘闻之,君者,舟也;庶人者,水也。水则载舟,水则覆舟,君以此思危,则危将焉而不至矣?"孔子以此劝诫鲁哀公要重视老百姓,才是王道。唐初魏征和唐太宗也多次转引这样的观点,《贞观政要·论政体》中写道:"臣又闻古语云:'君,舟也;人,水也。水能载舟,亦能覆舟。'陛下以为可畏,诚如圣旨。"魏征也意在告诫唐太宗,记住太上皇(李渊)举义旗推翻隋朝统治的事儿,作为君王,不能失民心。

其实,如果从"微权力"的角度来看,普通百姓拥有不可忽视的"微权力",他们通过集体的力量完全可以推翻一个"不靠谱"的政权。可见,"微权力"的力量可以很大,可载舟,亦可覆舟。因此,"微权力"值得被重视,也需要被好好运用,当然,也需要适当的管理。

我国自古以来是一个权力差距较大的社会。我们普遍接受权力分配的不平等。权力差距是由文化学者霍夫斯泰德提出的,用来衡量社会承认机构和组织内权力分配不平等的一种文化尺度。很多人不可避免地带有着高权力差距的惯性思维,在他们眼中,权力和权威是生活中的事实。人们在这个世界上并不平等,有着固有的阶层的区分。因此,他们不仅会接受这种权力差距,甚至可能去维护这种高权力差距的秩序。如果我们用这个视角去看企业内部,结果就是企业管理者与员工之间权力差距的进一步拉大,员工变得更加"位微言轻"。

但是,自古以来,我国也有对"微权力"的重视和管理。除了"水能载舟,亦能覆舟"这样一种说法之外,孟子也提出过"民贵君轻"的思想,民为贵,君为轻,社稷次之,意为从天下国家的立场来看,民是基础,是根本,因而民比君更为重要。其实,这种对百姓权力的敬畏与微权力的观点有着异曲同工的意味。

我们所说的"微权力"是在"微时代"的背景下提出的。从逻辑上说,"微时代"其实是后福特主义的时代、移动互联网的时代——这是我们今天探讨微时代的微权力的基本语境前提。

"后福特主义"是相对于"福特主义"而言的。从世界范围来看,福特主义阶段是指从蒸汽机时代开始,到上世纪60年代为止的资本积累与现代化大工业时期。这一时期的福特主义阶段规模化、流水线化的生产方式从根源上决定了其居于主流地位的逻辑——主要是对"大"从理念到实践的过分推崇,对集体利益的高度信任,以及由此对于稳定、均衡、完整和秩序的不懈追求。这种理念在社会实践中,就是崇尚集权、高压,管理实践中的体现则是对于领导者、管理者的权力的重视,要求员工的绝对服从。

后福特主义则是对"大"理念的偏离,更加关注满足个性化。后福特主义的不断发展直至我们现在所说的互联网时代,逐渐将我们的注意力从宏观转移到微观,"微"成为时代的关键词,大行其道。各种微小的事物,借助于互联网都能够迸发出惊人的能量。比如,微公益、微表达、微反腐等汇聚的力量已经初显影响力,越来越受到关注,就更不用说发展迅猛的微博、微信了。其实,在这背后只不过是,作为小人物、小员工的微民,他们的话语、作为通过互联网被集合、被传达、被放大而已。微,同样可以如此有力。

因此,随着微时代的来临,我们看到的是各种"微力"的不断聚集迸发出的合力,令人惊叹。激发、运用好这种力量,就如同拥有载舟之水,如全民创新,大众创业,激发民族的创新意识、创新氛围。

就拿几乎每个人都用的微信来说吧,微信自2011年上线以来,截止到2015年第一季度,已经覆盖中国90%以上的智能手机,月活跃用户达到5.49亿,用户覆盖200多个国家。而伴随着微信的发展,通过微信进行商业活动也成为一种潮流,并且是一种"门槛"很低的潮流。

如果说淘宝开启了全民网购的时代,那么微信就开启了全民开店(微商)的时代。微信让自商业成为一种可能,一个既是买家又是卖家的移动购物时代到来。其实,之所以微商如此火爆,原因很多,其中最重要的可能就是微信能够带来传播效应,这种传播效应不亚于病毒营销,在这背后起决定作用的不外乎成千上万的小人物了。这种"微权力"颠覆了传统的商业模式、商业模型。

其实,对于"微权力",更好的方式就是让其自我发展、自我管理,宜疏不宜堵,因为只要提供、疏通渠道,"微权力"完全可以发挥力量。

在微时代,员工拥有并管理自身微权力的过程可以被看做员工从"他组织"走向"自组织"的过程。

德国物理学家哈肯将组织的进化形式分为两类,即自组织与他组织。具体而言,如果一个系统靠外部指令而形成组织,就是他组织;如果不存在外部指令,系统按照相互默契的某种规则,各尽其责而又协调地、自动地形成有序结构,就是自组织。自组织现象无论在自然界还是在人类社会中都普遍存在。一个系统自组织功能愈强,其保持和产生新功能的能力也就愈强。例如,人类社会比动物界自组织能力强,人类社会比动物界的功能也高级很多。

在"他组织"时代,员工大多处于被动的姿态。近些年来层出不穷的"被发言""被捐款""被平均"就是最好的证明。这也在一定程度上说明员工的积极性、主动性不够。而在"自组织"时代，每位员工都能够自主采取行动，在组织规则许可的范围内，最大限度地争取自身利益的同时，也为整体做出贡献。那么，从本书的视角来看，要让员工管理好、发挥好"微权力"，组织需要建立一定的机制，构建一定的氛围。记得有一个词叫做"受控无政府状态"（并非贬义），意味着设定一些规则或法律，以及人们违反这些规则或法律时所应采取的行动；人们中的大多数同意这些规则，并恰当地约束自己。而在这个机制中，并不需要中央控制的存在！其实，要让员工进行"微权力"的自我管理，组织不应总以领导的意志为中心。另外，领导与员工并无实质区别，领导在本质上也是员工。

当员工逐渐向"自组织"方向发展，每一位"微民"也都可以"见机行事"，不必完全待命于领导的指挥。其实，这种模式下，自组织有着更强的适应能力来面对外界的"突发事件"。自组织模式下的员工，他们有着更为灵活的响应机制；他们基于微单元的微决策，即使少量单位的决策失误，也能保证不影响大局，从而能在复杂动荡的环境中展现出更强的适应能力和合力。

总而言之，本书提出的"微权力"是一种草根的、小人物的、小员工的管理学，也是一种自发性的自我管理，和以往从领导者视角出发的管理学有所不同。深知"水能载舟，亦能覆舟"的道理，"微权力"值得被重视。当"微权力"得到重视，"员工力"自然也会得到最大程度的发挥。

"微权力"背后是许许多多的小人物，有着"能载舟亦能覆舟"的作用，无论是之于企业、还是之于社会——可以说，在当下的微时代，"微权力"绝对不容小觑。

6 以"微权力"解答钱学森之问

不知道你有没有听说过著名的"钱学森之问"——一个关乎教育事业发展、社会创新的问题。

2005 年，温家宝总理在看望钱学森的时候，钱老感慨说："这么多年培养的学生，还没有哪一个的学术成就，能够跟民国时期培养的大师相比。"钱老又发问："为什么我们的学校总是培养不出杰出的人才？"

当我们在面对"钱学森之问"时,千万别忘了还有一个著名的"李约瑟难题"。应该说,"李约瑟难题"比"钱学森之问"早得多,但是,这两个问题背后的深意却类似。英国著名学者李约瑟(Joseph Needham,1900—1995)以中国科技史研究的杰出贡献成为权威,他在其编著的15卷《中国科学技术史》中正式提出此问题:尽管中国古代对人类科技发展做出了很多重要贡献,但为什么科学和工业革命没有在近代的中国发生?这就是"李约瑟难题",它提出了一个悖论:"为什么古代中国人发明了指南针、火药、造纸术和印刷术,工业革命却没有发端于中国?而哥伦布、麦哲伦正是依靠指南针发现了世界,用火药打开了中国的大门,用造纸术和印刷术传播了欧洲文明!"

再把视线转到当代,我们可以看看这样一些数据。国际社会在衡量一个国家的全面发达程度上,有一个默认标准,就是诺贝尔奖获得者的人数。作为学术上的奥林匹克、国际上最具权威的大奖,至今,中国大陆只有一个自然科学上的诺贝尔奖获得者。反观中国的东邻日本,人口仅一亿多,国土面积也才占中国的1/25,却拥有了18个自然科学上的诺贝尔奖获得者,仅2008年就出了3个诺贝尔物理学奖。还有,同样也不大的英国,仅一个剑桥大学就出了80多个诺贝尔奖获得者。好吧,我们且不论评选诺贝尔奖的是哪国人。只是,泱泱大国,十几亿人口,占世界的五分之一,上千所大学,新中国成立六十多年,获得自然科学、技术方面诺贝尔奖的人数还是零,这不是让人很纳闷吗?是中国没有人才吗?中国人的聪明举世闻名,而且身在海外的华人已有9人得奖。那么,为什么在海外行,在国内就不行了呢?

中国的年青一代也以聪明闻名全球。全世界最权威的国际学生评测机构——世界经济合作与发展组织曾以全球65个国家和地区的47万名中学生为样本,进行了阅读、数学和科学素养三项测试。结果显示,中国学生的综合素质名列榜首。当时,有外媒惊呼:"'小皇帝'如此出色,中国的未来已不可抗拒!"然而,拥有"一流"生源的中国高校却仍然在"中国大学为何培养不出杰出人才""为什么科技上没有创新"等的"钱学森之问"中徘徊不前。

这就是为何钱学森、李约瑟会提出这样的问题。要深究这个问题的答案,说白一点,无非就是对两个层面的"质疑",一是学校培养创造发明型人才的模式,二是创新创业型人才在社会上发挥作用脱颖而出的机制。

这些关乎教育、体制的问题都是"根"上的问题,其实,说是"科学之问""教育之问",实际上,更是"体制之问""历史之问"。譬如,从教育的角度来说,我们的大学教育其实还是在进行"教学",这种教学普遍重课本知识讲解,而忽略对学生能力的培养,尤其值得注意的是,大学并没有为这些可能的创新人才创造独立思考、勇于创新的环境,很难培养出创新型人才。"读大学"成为一种职业教育,也仅此罢了。再如,从创新人才脱颖而出的机制来看,我国对于创新人才的评价制度实际上并不完善,目前,唯分数、唯学历任人的状况还比比皆是。创新人才的激励制度不完善的直接后果就是人才对于创新动力的缺乏,随之,创新也就越来越少。

我们来看看这样两个例子。

2015年3月的时候,我国管道公司成功应用了一项化蜡管隔热装置,在输油过程中起到了很大的作用。而这是秦皇岛分公司"发明大王"孟宪山的成果,这已经是他的第六项国家专利了。更令人感叹的是,他也不过是该公司的一位基层员工罢了。

还有一个这样的草根人物:中央电视台科教频道有一个《我爱发明》栏目,有一次,播出了襄阳市发明家协会副秘书长冯晓明发明设计的隐形捕鼠器。不过,这位以发明为乐、与发明为伴的花甲老人,最高文凭仅仅是初中毕业。凭着一股钻劲儿,他不仅创出了一片属于自己的发明天地,还担任湖北文理学院、襄阳五中等学校发明指导老师,带领一大批学生参与发明创造。

当然,这些小发明、小创造,和诺贝尔奖完全不能相提并论。但我们在这里想表达的是,从某个角度来说,"微权力"的发挥并不是完全依赖于学历的。一方面,学历不等于能力,能力不完全体现在学历上,任何人、任何草根都拥有"微权力";另一方面,在移动互联网时代,人们可以获取知识的途径越来越多,能够看到、听到、学到、认知到的东西也越来越多,当然,人们可以传播知识的渠道也越来越丰富,总之,"微权力"作为一种力量,有充分的成长性,以及发散性。这也很符合互联网时代下权力下化、泛化、碎化的特征。

无论是社会,还是企业、学校,都存在这样的"微权力"主体。他们的能力值得被重视、值得被挖掘。但是如何做,一直是一个难题——这也是本书试着去解答的一个问题。可以明确的是,首先,识人不以等级、学历为标准,至少不是唯一的标准,哪怕普通学生、基层员工、蓝领工人都可能有能力进行发明创造;其次,不该以上司、领导的意志去压抑他们,而是试图放权、放开政策去鼓励他们勇于进行发明创新;最后,如果能够给予他们成长的环境,并匹配以鼓励他们创新的机制,那么,真正的科技大国也就指日可待了。出过多个诺贝尔奖得主的加州理工大学,也即钱老先生的母校,就有这样一种氛围:为人才提供充足资源和支持,让他们能够去做想做的事情,让他们能够专注且自由地去实现梦想。而学校也会由此获益，从而形成良性循环，并成为学校运行的一种模式。这种方式也是值得企业、社会去学习的。

说到这里，钱老先生和李约瑟的问题其实在一定意义上可以得到解答了。古代到近代，我国一直都是重视高位权力阶级大于"微权力"的，因而，来自于"微权力"的能量总是被忽略，没有成长的机会，更不要说传播这份能量了。要培养出杰出人才、创新型人才，就需要重视每一份"微权力"。无论是在学校也好、在企业也好，都要让他们在合适的环境中成长，并辅以正确的领导和机制。

> **微点评** 其实，无论是钱学森之问，还是李约瑟难题，我们都能从"微权力"的角度得到解答。如果"微权力"能够被给予足够的重视和培养，相信这两个问题就能迎刃而解。

第三节 微权力的变迁

其实，说到这里，我们已经对"微时代"以及其中的"微权力"有了一定的了解。在这部分，我们精挑细选了一些管理学的经典思想，来看看"微权力"（主要是员工）的过去与现在，以及它将会如何变迁。

7 传统管理学视角下的权力

回顾历史，我们总是以领导的视角来研究、撰写管理学。

不过，最早在《圣经》中，倒是记载了一些和"微权力"相关的管理思想。希伯来（今以色列）人的领袖摩西在率领希伯来人摆脱埃及人的奴役而出走的过程中，他的岳父叶忒罗对他处理政务事必躬亲、东奔西忙的做法提出了批评，并向他建议，一要制定法令，昭告民众；二要建立等级、授权委任管理；三要责成专人专责管理，问题尽量在下面处理，只有最重要的政务才提交摩西处理。这位叶忒罗可以说是人类最早的管理咨询人员了。他建议摩西采用的，就是我们现在常用的授权原理和例外原理，同时也体现了现代管理当中的管理宽度原理。

当时已经有了早期的"授权"思想，和"微权力"管理提倡的有异曲同工之妙。时间再往后推移,我们就要说到西方管理学中的一些研究大事件,来看看传统管理学视角下的"权力"是什么样的。

首先要提到的就是亚当·斯密的劳动分工。亚当·斯密(1776年)在《国富论》一书中开篇就系统地提出并分析了劳动分工,并指出"分工是国民财富增进的源泉"。他认为,一国国民财富积累首要的也是最重要的原因是劳动生产率的提高,而劳动生产率的最大提高则是由于分工的结果。

亚当·斯密为什么会这样认为呢?主要是工人之间的专业化和引起的规模经济给他留下了深刻的印象。他在书中写道:"一个人抽铁丝,另一个人拉直,第三个人截断,第四个人削尖,第五个人磨光顶端以便安装圆头;做圆头要求有两三道不同的操作;装圆头是一项专门的业务,把针涂白是另一项;甚至将扣针装进纸盒中也是一门职业。"亚当·斯密发现,如果按照上述分工,那么10个工人每天能够生产出4.8万枚扣针,平均每人每天生产4800枚。而如果让工人各自独立完成全套供需,即让他们分开工作,而不是作为一个专业工作者团队,那么,他们当中的任何一个人,一天也造不出20枚扣针,甚至连一枚也造不出来。换句话说,由于专业化,大扣针厂可以比小扣针厂实现更高人均产量和每枚扣针更低的平均成本。

那时,分工是管理学中的一个主要话题。员工、工人只要完成自己的职责就好,对于他们来说,工作内容往往简单重复,因而,执行力是首位的。至于创新能力?这几乎不在他们的考虑范围之内,最多只是小小地改进工作、生产方式而已。那么,分工和"微权力"有没有关系?答案是肯定的。一方面,执行力也是"微权力"中重要的内容(当然,我们所提倡的执行力和完全服从有所区分);另一方面,最基层、渺小的工人专精于手中工作,从微小处发现可以改进的生产方式,可谓是创新思维的萌发。

随时间的推移,人们对管理学的研究也步步深入。1911年,弗雷德里克·泰勒出版了《科学管理》一书。这本书阐述了科学管理(scientific management)理论——应用科学方法确定从事一项工作的"最佳方法",其内容很快被世界范围内的管理者们普遍接受。科学管理理论从管理思想到工作方法,形成了系统的理论体系,在提高劳动生产效率方面取得了巨大的成就,因而被公认为管理学产生的标志,该理论的代表人物弗雷德里克·泰勒也被誉为"科学管理之父"。在他的管理思想之中,强调的是,第一,效率至上,即管理的中心问题是提高劳动生产率;第二,为了谋求最高的工作效率可以采取任何必要的方法,例如在各项工作中要挑选第一流的工人,在作业过程中要求工人掌握标准化的操作方法,使用标准化的工具、机器和材料,作业环境也是标准化的,不用考虑人性的特点;第三,劳资双方应该共同协作,为追求效率,最高管理人员和工人都要实行最大的精神革命,在工作中要互相协作,共同努力(当然是站在资方立场上的)。其实,在这个时候,员工的权力又有了一定的发展。例如,为了让效率更高,员工可以通过沟通让管理的各项措施顺利实施等。也就是说,执行之外,也需要员工具有自己的思考。然而,在这个阶段,领导者仍然是一切的主导,员工的话语权并不大。

到了1916年,行政管理理论代表人物之一法约尔在《工业管理和一般管理》一书中综合运用哲学、经济学、社会学和管理科学的理论、方法,首次提出了现代工业经营中包含的技术、商业、财务、安全、会计、管理等6项职能和14项管理原则。这6项职能和当代管理学倡导的职能类似,分别是计划(探索未来,制订行动计划)、组织(建立企业物质和社会的双重结构)、指挥(使人发挥作用)、协调(连接、联合、调动所有的活动及力量)和控制(注意是否一切都已按制定的规章和下达的命令进行),从职能要素中,可以明显感受到,是以领导的意志为中心的,几乎不会提到员工的权力。

1924年,管理学的研究又有了新的话题。美国西方电气公司在芝加哥附近的霍桑工厂进行了一系列试验,由哈佛大学的心理学教授梅奥主持,被后人称为霍桑实验。这一阶段管理理论的重点是运用心理学知识研究管理实践中人的问题,被称为行为科学理论。主要研究内容包括:人的本性和需求,行为的动机,尤其是生产中的人际关系等。通过对职工在生产中的行为,以及这些行为产生的原因进行分析研究,进而调节组织中的人际关系,提高生产效率。其实,这阶段,已经很高兴地看到,管理学开始重视人的多样化需求了。这要求企业、领导者关注员工的满意度,而这种满意度不仅仅来自于物质,还有心理、社会人际等。这样一来,员工的权利、权力得到了进一步的提升。

到了1954年,管理学大师德鲁克提出了一个具有划时代意义的概念——目标管理,它是德鲁克所发明的最重要、最有影响的概念,并已成为当代管理学的重要组成部分。所谓目标管理(MBO)是让主管人员与员工亲自参加目标制定,在工作中实行"自我控制",并努力完成工作目标的一种管理制度或方法。包含4个要素:明确目标,参与决策,规定期限和反馈绩效。在这样的情形之下,员工参与到了一些决策的制定之中,虽然这些决策可能只是非常细微的一些方面,但足以见得员工权力已经不再局限于执行力了。

其实,纵观过去的一些管理学思想,我们能够发现一切都还主要以领导的视角进行,对于员工而言,执行力的重要意义总是大于独立思考能力、创新能力等。然而,到了移动互联网时代,当"微"的力量越来越强大,员工权力是不是也该进一步提升?执行力是不是不再是员工的全部准则?答案是肯定的。

进一步来说,我们要回归到管理学的逻辑原点——领导与员工的二元平衡状态。领导者是管理之手,但仅仅以领导意志、领导利益为重,这只手就会"有失偏颇",在管理上容易产生"偏见",更倾向于维护自己的既得利益以及现有格局,不愿意推动创新。因此,员工之手应该被重视,他们是企业的进步之手、创新之手,也是保持企业公平之手,能够阻止"利令智昏"的现象。

总之,左手领导、右手员工,才是企业的最佳常态。

本书,就将回到原点,以"微"的视角来叙述管理学,从草根、员工的角度出发,探讨他们的权力,他们能够发挥什么样的力量,他们需要什么样的氛围和激励等。我们将会看到,员工是怎样通过自身权力实现能力最大程度的发挥。我们还将关注员工在如何发挥自身的话语权,为企业发展建言献策的同时不断提升自己。

传统管理学视角下,尽管管理者一直居于核心地位,但我们也看到员工权力在逐渐发展。我们有理由相信,员工能从最初的默默执行命令,到逐渐获取话语权,再到最后进入被鼓励创新的阶段。

8 用全新的眼光看"微权力"

我们已经进入互联网时代。无论从哪个角度来看,这个时代的员工似乎都已经变得越来越"放任",即员工在企业中的权力、利益越来越受重视与认可,员工发挥出的价值也越来越大,企业与员工相互依靠,更像是一个联盟(我们将在后文中列举大量企业案例)。

这是为什么?为什么员工的权力和利益越来越被重视?为什么领导越来越不能像以前一样"肆无忌惮"地命令员工?为什么企业和管理者越来越需要提供"合适"的管理措施?对这一切,不外乎可以用这句话概括:因为在竞争日趋激烈的今天,只有这样做,企业的利益才能最大化。但这也只是外因罢了,内因呢?决定一个事物本质的必定是其内在因素。对于以上所提出的问题,我们认为,"员工力"就是答案。其实,如果涉及的小人物是员工,那么"微权力"的内在就是"员工力",员工在企业中所拥有的"力量"与日俱增,管理者就越需要"温柔"地对待员工。

那么,我们究竟该怎样理解"微权力",以及"微权力"的内在——"员工力"呢?

上一节中我们已经说到,权力离小人物即员工并不遥远。尽管谈到"权力",我们最先想到的可能是"谁拥有权力""谁在行使权力""哪个人或者哪个机构获得了这种权力",我们也总是将权力理解为统治者和被统治者之间的二元对立,前者对后者的统治。然而,根据福柯的观点,权力就像一张网络,我们每个人都会拥有,也逃不开拥有,它不来源于某个中心,并且它具有生产性和创造性。也因此,我们需要建立微观的权力学。

说到这里,我们不难发现,在现今的管理学中,都是以"拥有权力的人决定没有权力的人的行为"这样的模式来看待权力,认为权力总是有关于使他人做你想让他们做的事。在这种看法的背后,隐藏着这样的决定论观点:一些人拥有权力且致力于确保使其他人顺从。从这种观点出发,管理学将注意力主要集中在"领导力"这一概念,但相比之下,福柯提出的权力观点是,权力既不是给定的,也不是交易的,而是行使的,权力只存在于行动中,且权力内在地存在于经济、政治等关系之内,是其中各种因素、各种力量相互交织形成的。这就告诉我们,员工作为被管理者也应是具有权力的,那么从员工的角度出发,探寻的员工对上级,对企业产生影响的力量就是员工力。这也是我们提出的"微权力"。

我们现在倡导的许多管理方式都趋向于对员工微权力的尊重,并且这些管理方式也取得一定的成效。如被许多公司推崇的民主管理,赋予员工参与管理、参与决策权力的做法实际上也是在践行"还权与民"理念。尤其是在移动互联网的推波助澜之下,普通员工也具备表达自己观点的条件,从而形成由下而上的权力行使。

但是,"员工力"也并非肆无忌惮。总体来看,当被赋予权力时,有效的这种"员工力"包含一些特定的方面。

首先,我们可以参考一些对于员工能力评估方面的研究,对于员工能力评估的研究可以追溯到泰勒,他所倡导的"管理特征胜任运动"被研究界认为是员工胜任力模型的雏形。1973年,美国哈佛大学心理学教授麦克利兰提出执行力这一概念,现在的大多数学者也认同执行力是员工能力评估的基础。因此,执行力应该是员工力最基本的一个方面。通俗地说,执行力就是保质保量完成工作的意思,对于大多数员工来说,这是最基础的工作能力,犹如照葫芦画瓢一般。不过,"员工力"中的执行力并不是一味听从,关于这点我们也将在第四章中提到。

其次,员工力还应该包括员工个人的创新力。这直接关系到员工的创新成果,而员工创新是组织创新的基础。正如财捷公司创始人斯科特·库克说:"传统上的管理者会排出项目的优先顺序,然后将人员分配到不同的项目。但现在越来越多的创意来自员工,而不是管理者。管理者必须从各级员工中发掘创意,鼓励并促进员工间的合作,倾听各种不同观点。"这一观点从企业管理的实践角度说明员工也是创造力的主体,对传统意义上仅把管理者、专家作为创造主体的观点进行了延伸。尤其是在这个"全民皆兵"的微时代,每个员工都可以并且都应该为企业创新做出各自的"微贡献"。

最后,员工力是一种对企业监视、裁决和检查等的能力,从而对企业产生规制,这里称之为"监察力"。这种监察包括对企业的限制和对公众利益的追求。其中,对企业的限制是指对企业行为、股东利益等所施加的压力,对公众利益的追求则代表员工对自己所代表的公众、群体的关注。

员工的监察力很大程度上来自于"话语权",企业间存在有效的沟通途径,员工可以和员工、上下级之间进行交流,也可以向企业表达任何方面的建议和意见,反馈自己独特的思想,哪怕是企业决策上的不足、失误等,而企业会予以重视,考虑采纳等。互联网时代,每个人都可以说自己是一个中心,都可以发布意见成为"主播",通过各种不同的关系影响他人。这其实就颠覆了科层制,实质上就是"去领导化"。员工不再是机械重复任务的机器,也能够掌握大量信息,对于领导、企业的行为有了更多的认知。当决策失误,甚至对社会不利时,员工首先会给出反应。因此,企业越来越"偏向"员工,一方面,随着社会的发展,员工素质的提高,个人能力的发挥需要更多的空间,并且只有个人能力的充分发挥才能创新;另一方面,也是由于员工"监察力"的不断提升,能够对企业的决策具有越来越大的帮助以及导向作用,企业才不得不"偏向"员工。

那么,员工"监察力"为什么会提升?从大的方面看,是由于时代有"微"的特征,是经济、政治等关系中各种力量相互交织的网络中"上层竞争者"与"下层竞争者"之间博弈的结果,员工代表着"微时代"广大的小人物们,是为"微"谋福祉。从小的方面说,现在的员工和过去的工人不同了:过去,有大量机械式的任务，工人只需听命令，重复工作，最多也只是进行一些生产上的改进；现在，员工的个人能力得到提升，对企业在计划、控制上的增益也大大提升。此时，企业不得不去提高对员工权力和利益的关注和关心，甘愿受到员工的"监察""监督"，因为一旦企业不这么做，或者作出对于员工、社会不利的决策，员工可以选择"退出"。这些有执行力、创新力和监督力的员工可以选择去其他关注员工价值的企业。况且，即使是小人物也有许多新的选择和机会，甚至成为自己的"员工"，因为互联网时代本身就是属于小人物的时代，一个"饿不死不瞎眼的麻雀"的时代，小人物很难被一家企业所束缚。

在员工监察力日益提升的趋势下，我们看到企业也从以"为君主奉献为责"转变为以"为广大人民服务为荣"，这是整个社会关系网演变的结果，也是员工监察力提升的结果，在这一过程中诞生了一个"真理"——为普通人谋利益是对的，企业"利用"之，纷纷提出为广泛人群谋求价值的口号。例如，阿里巴巴的3个理想：为1000万企业生存，为全世界1亿人创造就业机会，为10亿人提供网上消费平台；Google公司创始之初的使命就是"集成全球范围的信息，使人人皆可访问并从中受益"；Facebook也是为了实现一个社交使命——令全世界更加开放。这样的企业理念，除了是为了借助互联网扩大企业的市场，也是提高员工激情、创造性从而获得利益的一种方式。所以，最终，随着员工监察力的提升，社会全体或部分成员的效益也会提升。

这就是"员工力"最为核心的三方面内容，是"微权力"的力量所在。当然，本书虽然用大部分笔墨来描述员工及其力量，但"微时代"下，员工仅仅是小人物的一部分，也是"微权力"的一部分，还有着更多的"草根力量"等待着我们去发掘、运用。

相信，无论你是领导还是员工，"草根"还是"二代"，打开本书，你会获得管理学上的新启示。

员工的"微权力"本质上就是"员工力"，由执行力、创造力、监察力共同组成。其中，执行力最为基础，创造力最为关键，监察力最具挑战性。

第二章
细数那些与"微权力"相关的理论

"微权力"作为一种小人物的权力、影响力，虽然现在才被提起，但它并不是当代才出现的。其实，历史上关于"微权力"的故事数不胜数。在这一章，我们将联系与"微权力"相关的概念和理论，从该角度一一解读这些故事。我们将看到拿破仑为何兵败滑铁卢，也将知晓李牧怎样抗击匈奴留名青史……小人物们通过不同的方式发挥各自的影响力，或主动或被动，或积极或消极。

我们将"微权力"分为三个层次进行阐述。就个人层面而言，每个人都是"微权力"的实施主体以及客体；从个人与领导的层面来说，个人与领导的互动可以带来"微权力"的增强或减弱；此外，还有个人与组织的层面，如果组织能够重视好、管理好"微权力"，那么它也会给组织带来正面的反馈。由此，"员工力"也能被激发。

常说"以史明鉴"，这些历史故事包含的意义实际上与现代企业和员工的关系是如出一辙的，因此，我们也可以联想到现代企业，用管理学中的一些理论来解释这些现象，揭开奥秘。总而言之，我们会发现，"微权力"要是没有发挥恰当、得体，那就是"危"权力、"隐"权力。

第一节　个人与个人之间

个人是"微权力"实施的主体，也是客体。这一节，我们介绍几个与个人相关的理论与历史故事，来反映微权力如何在个人手中"流动"，产生或好或坏的影响力……

1　员工主动性：成吉思汗的"员工们"

你知道中国历史上哪一个组织的主动性最强吗？没错！就是成吉思汗的队伍。元朝是中国历史上疆域最广阔的朝代，建立这个大一统王朝的蒙古人曾经打到欧洲多瑙河。而如此壮举正是依靠铁木真打造的精良队伍。

铁木真幼年丧父,他和母亲被族人排挤,赶出部落,流落草原,着实过了几年濒于野兽和奴隶边缘的日子。因此,他成年后曾先后投靠过不同的部族,寄人篱下、为人效命,大约只有七八个人属于他自己的嫡系。但是,就是这个铁木真在极短的时间内完成了统一草原的壮举,领导蒙古人四处出击,缔造了世界史上最庞大的帝国版图。

人们往往认为这一切是因为铁木真是一个军事天才"只识弯弓射大雕"。殊不知,铁木真首先是一个杰出的改革家和管理学家。在他之前,草原各个部落基本上还处于奴隶制社会阶段,极少数贵族、少数平民和大量奴隶构成每个部落的人员结构,当贵族对外发动战争时,一旦胜利,基本上战争就会演变成一场抢劫,分配模式主要是两种:比较小的部落,就是各抢各的,这导致人们往往会因为急于抢劫而放弃继续战斗;而比较大的部落,所有的战利品都要上交贵族首领,然后贵族占有大部分,极少部分会分发给平民,导致人们的战斗热情不高,还经常因为分赃不均而产生内讧。

铁木真彻底改变了这种状况,他制定了严格的分配比例,确保人人都能从战斗中获益。在这个分配方案中,最引人注目的,一是铁木真作为可汗,只分配战利品中的10%;二是奴隶的子女,也有财产继承权。这样的分配模式极大地释放了潜在的生产力,而且由于实际战斗参与者的利益甚至会超过可汗,一个优秀的战士往往可以通过一场大的战斗改变整个家族的命运,所以大家从为铁木真而战,转变成"为自己而战",从而打造出一支前无古人的举族而战、全民皆兵、主动请战的军队。与此同时,他们面对的宋、金等敌人,都是实行军饷制的,为"工资"而战的部队和为"命运"而战的虎狼之师一旦交锋,无异于鸡蛋碰石头。不要忘记,此时铁木真一无所有,他只是凭借一个全新的游戏规则,就征服了人心,这是一种相当高级的"杠杆效应"。铁木真在分配模式方面的改革成果,似乎可以给成长型公司指明一个方向,那就是员工持股或者类股权激励方案对于激发团队主动性和战斗力具有不可替代的重要性,必须让人们从为公司工作转变成"为自己工作"。正是在这种每个军队成员主动性被最大限度激发的情况下,他们才能所向披靡,战无不胜。

这就是员工的主动性。当员工的工作热情被调动,能够主动、积极去工作,工作效率和效果都会不断提高。

对于企业来说,过去偏重数量、任务而忽视人的主动性发挥的状况需要改变。因为这不仅不符合人本管理理论,而且不利于调动员工实现自我价值的主动性。所以,对于现代企业来说,如何激发员工的主动性是企业管理需要解决的重要问题,如何将员工被动的工作状态转换为积极主动去解决问题,对于企业来说既是机遇也是挑战。员工的主动性不高,企业不仅承受着高额的管理成本,生产效率无法提高,还可能导致人才流失,在竞争中失去优势,逐渐被淘汰。高主动性的员工具有的特征是:主动工作、积极创新、强有力的执行力和友好团结的协作精神。

只是企业中,很多员工的主动性并未被充分激发,抱有"做一天和尚撞一天钟"心态的员工不在少数,如何激发这部分员工的主动性是摆在大多数企业面前的问题。有些企业用"胡萝卜加大棒"的办法来对待这些员工,但是,员工的自我意识越来越强,并不吃"威胁"这一套。

那么,如何才能有效激发员工的主动性呢?我们可以结合铁木真的做法和主动性理论来分析。

第一,委之以责,授之以权。只有当员工有一定的职能权利,才能保证员工的创新思维转化为现实生产力。在基于一套完善的考核方案的管理基础上,放权让员工决定自己的工作安排,同时对自己所作的这个决定负责任。放权要做到有序化地放权,不能抛开我们坚持实行的管理制度,不然就是本末倒置,这样不但起不到作用,还会影响正常的工作秩序。充分的放权让员工感受到被尊重与信任,从而思考更高层次、更深远的战略问题。

第二,积极对员工进行导向性奖励。要通过及时、明确的奖惩让员工明白什么是对的,什么是错的;什么是企业鼓励的,什么是企业反对的。对于上述导向性奖罚,要做到如下几点:(1)即时。不要等到发年终奖金时才打算奖赏员工。在员工有良好的表现时,就应该给予奖励。(2)明确。一般的称赞,对员工意义不大,应该明确指出,员工哪些工作做得很好,好在哪里,让他们知道,公司希望他们有哪些良好的表现。(3)让员工了解全面。主管必须事先让所有员工清楚知道,将提供什么奖励,评估的标准是什么,公司营业收入的百分之几会成为员工奖金,这些数字如何定出来,以及员工可以在何时拿到奖金。清楚地制定游戏规则,更能鼓舞员工有目标、有步骤地努力。(4)根据个别员工的需求量身定做。公司提供的奖励必须对员工具有意义,否则效果不大。每个员工能被激励的方式不同,公司应该模仿自助餐的做法,提供多元奖励,供员工选择。

第三,进行系统的培训。以每个工作岗位为依据,企业的职工都应符合岗位的标准和要求,包括知识、技能、工作态度等。若我们的员工达不到这方面的标准和要求,就应该通过培训达到。在培训过程中,一方面,人力资源管理部门和员工讨论岗位职责和工作计划,确定业绩考核标准和考评办法;另一方面,培养员工团队合作意识,增强凝聚力,帮助能力较差或性格孤僻的员工适应环境和工作岗位要求。

第四,实行目标激励。目标激励,就是确定适当的目标,诱发员工的动机和行为,达到调动员工的积极性的目的。目标具有引发、导向和激励的作用。管理者就是要将员工内心深处的较高层次目标挖掘出来并协助他们制定详细的实施步骤,在随后的工作中引导和帮助他们努力实现目标。当员工有强烈的动机去实现目标时,这种内在动机产生的激励作用使得员工会主动承担工作。

管理学奥秘

作为员工,你主动吗?

21世纪,由于全球化的竞争、快节奏的变革、新的生产理念和工作本身的变革,使工作越来越需要主动性。那么作为员工,你够主动吗?我们引用一个关于主动性人格的测评量表[①]。该量表采用李克特7点评分方法,1代表非常不同意,7代表非常同意。

(1) 如果我看到别人处在困难中,我会尽我所能地提供帮助
(2) 我擅长于将问题转化为机会
(3) 我一直在寻找更好的行事方式
(4) 遇到问题时,我会直面它
(5) 我喜欢挑战现状
(6) 如果我相信一个观点,没有什么障碍能够阻止我实现它
(7) 如果我坚信某件事,不管成败的可能性如何,我都会去做
(8) 没有比看到我的想法变成现实更令人兴奋的事了
(9) 我总是在寻找新的方法使我的生活更好
(10) 我享受面对和克服想法上的障碍所带来的乐趣
(11) 我总希望我在群体中(也许在这个世界上)是特别的

---

① 商佳音,甘怡群. 主动性人格对大学毕业生职业决策自我效能的影响[J]. 北京大学学报(自然科学版),2009(3):548—554.

该量表是基于国外相关研究,以中国大学生为对象重新修订,并且被验证适用于中国文化条件,可以较好衡量个体的主动性人格。分数越高,主动性人格越强烈。

> **微点评** 铁木真的虎狼之师与宋朝的军队最大的差别在于员工队伍的主动性,主动性高的员工队伍迸发出最强的战斗力。对于现代企业来说,如何通过激发每一个员工的主动性,进而提升企业的竞争力,已经成为企业成败的关键所在。

2 懒蚂蚁理论:冯谖与诸葛亮的差别

生物学家研究发现,成群的蚂蚁中,80%的蚂蚁很勤劳,只有20%的蚂蚁在东张西望不干活,很"懒惰"。当食物来源断绝或蚁窝被破坏时,那些勤快的蚂蚁一筹莫展,"懒蚂蚁"则"挺身而出",带领蚁群向它早已侦察到的新的食物源转移。而当蚁群失去所有"懒蚂蚁"时,整个蚁群将陷入一片混乱。

其实,"懒蚂蚁"们并不是懒,而是把大部分时间都花在了"侦察"和"研究"上了——这就是所谓的"懒蚂蚁效应"。一只"懒蚂蚁"甚至能够决定整个蚁群的生死存亡。

在中国古代,春秋时期兴起并延续近千年的"门客文化"可以说是对"懒蚂蚁效应"的一个遥远回应。门客也被称为"食客"或者"幕僚",他们就是依附于贵族的"谋士"和"军师",在外人看来,这些人懒于杂务,但却以远见制胜。

春秋时期,齐国有位名叫冯谖的人,生活贫困,养活不了自己,他让人转告孟尝君,说愿意到孟尝君门下作食客。孟尝君问:"冯谖有何爱好?"回答说:"没有什么爱好。"又问:"他有何才干?"回答说:"没什么才能。"孟尝君笑了笑,说道:"好吧。"就收留了冯谖。但那些手下的人因为孟尝君看不起冯谖,所以只给他粗茶淡饭吃。过了一段时间,冯谖倚着柱子弹着自己的剑,唱道:"长剑我们回去吧!没有鱼吃。"左右的人把这事告诉了孟尝君。孟尝君说:"让他吃鱼,按照中等门客的生活待遇。"又过了一段时间,冯谖又弹着他的剑,唱道:"长剑我们回去吧!外出没有车子。"左右的人都取笑他,并把这件事告诉了孟尝君。孟尝君说:"给他车子,按照上等门客的生活待遇。"冯谖于是乘坐他的车,高举着他的剑,去拜访他的朋友,十分高兴地说:"孟尝君待我为上等门客。"此后不久,冯谖再次弹着他的剑,唱道:"长剑我们回去吧!没有能力养家。"此时,孟尝君手下的人都开始厌恶冯谖,认为他贪得无厌。而孟尝君听说此事后问他:"冯公有亲人吗?"冯谖说:"家中有老母亲。"于是孟尝君派人供给他母亲吃用,不使她感到缺乏。

而冯谖唯一做过的事情只是自荐去薛城为孟尝君收债,最后还假托孟尝君的命令自作主张地烧掉全部债券。

他贪心吗?懒惰吗?虚荣吗?胆大妄为吗?一个门客寄食多年碌碌无为,仅仅帮主人收债竟还公然烧毁了全部债券,这真是不可思议;而他居然还能留在府中,更是无异于天方夜谭。那些勤劳的门客和下人们早就看这只"懒蚂蚁"不顺眼了。确实,常人看来,养这么只"懒蚂蚁"有什么用呢?

然而,金子总会发光,"懒蚂蚁"不会永远被埋没。当孟尝君的"蚁穴"被齐闵王破坏、门客纷纷离去时,挽狂澜于既倒、扶大厦之将倾之人正是冯谖。他以极富远见的智慧提前为孟尝君收买了封地的民心,更是巧借魏国之力用一番谋划成功令其重返相位,并于封地建成宗庙,完成狡兔三窟伟业。《史记》赞之"孟尝君为相数十年,无纤介之祸者,冯谖之计也"。一只"懒蚂蚁"让蚁穴免于毁灭之灾,维持了数十年的稳定。

冯谖是历史上"懒蚂蚁"最有名的一个正面事例,而反面典范也是一位为大众熟知的人物,他就是"有神鬼莫测之机,夺天地造化之法"的诸葛亮。身为中国历史上智慧的化身,孔明的才能得到了当时和后世所有人的高度评价,但他最后却惜败于在他手下屡战屡败的司马懿,最终病逝五丈原。这其中一个很重要的原因便是他不懂得"懒蚂蚁"之道。除了做国家丞相分内的国家政策、法律、行政等大事外,他还兼任最高军事统帅。在外领兵作战于前线期间,他一边指挥大部队与敌人周旋,一边还要处理军中各种大小事务,连处罚二十军棍这种小事也要亲自审理,最终积劳成疾,病死军中,年仅54岁。

我们可以试想一下,连卧龙这种才华冠绝天下之人尚且不能兼顾所有事情,那些把精力放在辨别方向和指挥前进,想大事、想全局、想未来的人自然就没办法同时忙于公司事务了。而他们所做的贡献又恰恰容易被忽视。这是一个值得我们重视的问题。

民间老话说"会者不忙,忙者不会",古语则称"君闲臣忙国必兴,君忙臣闲国必衰"。有经验的管理者提出,凡是像"勤蚂蚁"一样忙得昏头昏脑的老板，一定是一个不懂管理的老板。因此在企业管理中，员工中要有"懒蚂蚁"，管理者同样需要"懒蚂蚁"。大至一个国家，小到一个组织和企业，在激烈的市场竞争中，如果所有的人都忙忙碌碌，没有人能静下心来思考、观察市场环境和内部经营状况，就永远不能跳出狭窄的视野，更发现不了问题，找不到解决问题的关键，也无法为企业未来的发展作出一个长远的战略规划。人类社会的每一个组织和企业中，都需要有一群"懒蚂蚁"，把平时的大部分时间花在"侦察"和"研究"上，他们发现组织和企业的薄弱环节，探索进一步发展的方向和策略，保证整个群体的生存根本和竞争的优势所在。可以说，整个"蚁穴"的命脉就掌握在他们手中。

因此，对于最为普通的员工来说，与其抱怨那些看似表面有些"懒散"但却拿着高薪的同事，不如去想想为什么。很可能你只是企业里每天忙碌转动的一个随时可以替换的齿轮，而他们却是静止在那里的控制器，貌似清闲却无时无刻不在规划着未来的方向。这些员工需要做的不是抱怨，而是在完成本职工作的基础上拿出自己的空闲时间，让自己的大脑从繁重单调的日常工作中解放出来，留给它足够的思考空间，让自己向"懒蚂蚁"们学习、看齐，努力提高自己。

对于管理者来说，不应该将目光全部聚焦在员工中的劳动模范身上，而应留一些在那些看似不怎么勤奋的下属身上，给有潜力的"懒蚂蚁"们一点空间、一些时间，让他们有机会证明自己、创造奇迹。相信，发现一只"懒蚂蚁"所带来的，将远超容忍一百个平庸员工所失去的。

管理学奥秘

你是哪种类型的蚂蚁？

作为员工，你是哪种类型的蚂蚁？是勤劳的蚂蚁还是勤脑的"懒蚂蚁"？在激烈的市场竞争中，懒蚂蚁型的员工显然在企业中扮演着更加重要的角色[1]。首先，他们勤于思考。"懒蚂蚁"型员工把自己大多数的时间投入于读书、思考、探求和积累。他们从深刻的思考中获得富有创造性的想法，从不懈的探求中总结了工作和组织的长远发展中自己独到的见解，能够洞察深刻，审时度势。他们不会被眼前的"食物"迷住双眼，具有一定的危机意识和

---

[1] 杨光. 重用擅用"懒蚂蚁"型员工[J]. 企业管理，2015(6)：14—17.

先见之明，任何时候都不会放弃思考。其次，"懒蚂蚁"型员工懒于"杂务"。他们不赞同事必躬亲，不屑于把宝贵的时间消耗在不能创造更多价值的杂务中。另一方面，也因为他们勤于思考，才实现了懒于杂务，能够最大限度地压缩或高效完成杂务工作。最后，他们具有高度的责任感，能够在危机或关键时刻挺身而出。"懒蚂蚁"型员工乐于将自己深刻的思考转化为对组织的贡献，这源于他们高度的责任感。在合适的环境背景下，"懒蚂蚁"型员工能够把握时机展示自己，养兵千日，用兵一时，当"懒蚂蚁"型员工发挥自己的独特优势，展示自身价值之时，将为企业带来难以想象的价值和效益。

> **微点评** 懒蚂蚁很好地说明了有些员工，在细微之处默默发挥着自己的光和热，有时候他们所发挥的作用甚至远远超过那些表面上"劳苦功高"的员工；有些员工虽然是"懒蚂蚁"，但却潜能无限。或许，员工的微权力，有时候，就是这么"悄无声息"地存在，需要被挖掘。

3　员工内斗行为：徐阶高拱之争

众所周知，企业内个人之间的关系往往是既合作又竞争。竞争与合作并不是一对矛盾体，肯定了合作，并不代表否定竞争。在企业内，良性的竞争是必要的，因为它能够激发员工动力，挖掘员工潜质，提高员工素质，最终推动企业发展。

然而，如果我们过分强调员工之间的竞争，最终可能发生员工之间的内斗。

从古至今，员工的内部斗争给组织带来损害甚至是致命伤的例子不胜枚举，下面我们就来看一下明朝嘉靖时期徐阶、高拱这两位不世出的天才的内斗所造成的危害。

徐阶与高拱都是明代治世能臣。有此二人同朝为官，可以说是国之幸事。然而，这两位能人不但没有合作无间，反而是互相斗个不停。尽管有着之前严嵩乱政的原因，但这两人之间的恩怨情仇还是严重影响了大明帝国的朝政，在这二人时期明朝再未出现过繁荣盛世，并最终为明王朝的覆灭埋下了种子。

一切还要从嘉靖四十五年说起。当年 3 月 28 日，在首辅徐阶的建议下，嘉靖帝命郭朴兼任武英殿大学士,又以礼部尚书高拱兼文渊阁大学士,一同入阁办事,徐阶因此认为自己对高拱有恩。但高拱并不把徐阶引自己入阁的事当成恩惠:由于裕王身价的上升,身为裕王讲师的高拱入阁本是水到渠成之事,徐阶仅仅是顺水推舟,从情理上说,并没有非要高拱感激报答不可的恩义。况且,在高拱看来,徐阶这人太精明,凡事精算得失,已经到了令人不齿的程度。早先严嵩当国,揣摩上意而拥护景王,令裕王境况极其窘迫。当时徐阶的态度只是骑墙,言辞暧昧,明哲保身,而后局势渐渐尘埃落定,便想捡裕王这现成的便宜,这样见缝插针地进行政治投机,实在有些见风使舵的嫌疑。徐阶与严嵩在谄事皇帝这方面行为本无差别,更有徐阶依违严嵩倾害于国有功之臣的旧事。一切一切,都令生性刚直的高拱无法对徐阶从心底里生出好感。而二人在思想领域更是水火不容。徐阶是陆王心学的传人,而高拱则支持经世实学。思想上的天生矛盾,注定二人难以走近。

反过来,从徐阶的角度说,高拱作为后进晚辈却盛气凌人,如此不知好歹,也着实令人不可忍受。徐阶认为自己先前对嘉靖帝和严嵩的曲事,仅仅是虚与委蛇,又委实有着说不得的苦衷。如同高拱不待见徐阶的柔媚,徐阶也同样不待见高拱那锋芒毕露的性格及其执政理念,这种性子的人跻身政治场,近乎笑谈。因此,他表面上虽然认可高拱的才能,内心却很不以为然。就在这种扭曲的和谐中,内阁的气氛一天天地趋向紧张。

最后,看似平静的氛围被吏科都给事中胡应嘉上疏论劾高拱不忠所打破。他在奏折中说高拱初入阁,就嫌直庐狭隘,将家搬到西安门外;又说皇上近来身体欠佳,高拱竟乘机将直庐内的器用运出去,不知是何居心。

这件事本是小事,说清楚了就可以真相大白。但是自从高拱入直西苑撰写青词之后,就与徐阶意见不合,两人早已心存芥蒂。由于胡应嘉是徐阶的江苏同乡,这次弹劾,高拱一直认为是受徐阶的指使。于是,两人结怨更深,互相指斥,内阁阁臣之间的矛盾再次加剧。

他们二人遇事互相猜疑,钩心斗角,各不相让。徐阶此时已是内阁首辅,在朝臣中也有威望;高拱原来是裕府的讲官,是穆宗最亲近的近臣。由于两人各执一端,互不相让,皇帝又亲信内宦,不召见群臣,因此这两派争夺权力的斗争,越演越烈。严嵩倒台后实施新政所出现的一线曙光,很快被乌云所笼罩。大臣人人自危,朝政紊乱,比严嵩掌权之时更有过之而无不及。明王朝一段难得的能够休养生息、恢复元气的和平时期被白白葬送。

据《国榷》卷六十五记载,高拱与徐阶不和之后,一次会食,高拱对徐阶说:"你在先帝时撰写青词巴结皇上,今先皇刚宴驾,你即背之。现在又勾通言路,一心想驱逐藩邸的旧臣,到底为什么?"徐阶说:"言路人虽多,我怎么能勾结他们来攻击你呢?何况你也可以利用他们呀。我并非是背叛先帝,要收买人心,只是想有些权力应该归还给皇上。写青词,是不好,我有罪。但皇上的命令谁又能违背呢?你在任礼部时,先帝曾经将一件密札给我看,并且问我说,高拱上奏也想效力于撰写青词,你看好吗?这个札子现在尚在。"高拱听后非常沮丧和惭愧。

从上面这些记载看来,徐阶和高拱前期的争斗,几乎全部是意气用事,两个人都在运用自己的权力相互诋毁对抗,全都丧失了大臣的作为,是没有真正的是非可讲的。最后,两人矛盾越来越深,在嘉靖逝世后的"遗诏"事件后关系紧张程度达到顶峰,再没有一丝和解可能。

然而,这两个人在历史上都属于正直而富有才华的人。他们二人为权力而争斗,是朝政的不幸,百姓的不幸,也是国家的不幸。这两位杰出的员工非但没有将彼此的才华与能力很好地结合,反而彼此反目,败坏朝纲。

在这里,我们可以借鉴当代日本企业的做法。

日本企业对于内部员工的管理可以概括为,以合作为主,竞争为辅。用团结培养员工的协作精神,用竞争培养员工的进取心。众所周知,人"和"是日本传统文化的一个重要特征。日本人从小就要接受同别人保持一致的教育,所有的人际关系都要以下列三点为前提:每个人都需要与别人相处;人们需要在共同的活动中相互合作;每个人都需要建立和保持和谐的人际关系。在这种人"和"思想的指导下,日本企业在对员工进行管理的时候,通过一系列制度和规范来造就员工合作的工作氛围。

首先,对每个员工的考察和评价主要不是看其工作成就的大小,而是看其对工作的态度。员工进入企业后,能踏踏实实地工作,能够与同事和谐相处,就无需担心被解雇,此外,还会随着年资的加深自然而然地得到晋升,直至退休都能享受公司的保护和恩惠。这就是所谓的年功序列制。这种制度实施的结果,使企业中的每一位员工不仅不再为同事之间的竞争和嫉妒而焦虑,反而能使员工相互帮助,相互启发,密切合作。

其次,以集体为单位进行激励。在日本企业内部,员工个人的成功不是归结于个人的努力,而是归结为同事之间协作的结果。即不是将其视为个人的成功,而是视为集体一员的成功。以发放奖金为例,日本企业在发放奖金或红利时,不仅仅是看个人的表现,更重要的是看工作小组的表现,即以小组为考核单位,在此基础上决定发放奖金或红利的数额。这种激励方式使每位员工都意识到自己的利益与集体的业绩,与同事的合作密不可分,因而会使其与同事和睦相处,真诚合作,团结一致,争取班组的优胜。

最后,是以"和谐"为主导的协调式竞争,即在企业内部开展竞争,但竞争又不以个体为对象,不是个人之间比高低,而是按照企业制度和要求,以自己的专长和能力争取企业内的优势位置。这种方法既符合日本的传统文化,能维护和谐的局面与气氛,又注入了动力机制,使员工积极努力工作。

管理学奥秘

员工如何避免卷入内斗?

从管理学角度来看,明王朝这个庞大的企业虽然得到了两位卓越的员工,但领导并没有处理好两人间的关系,员工内部的争斗甚至带来了企业的分化,这便是企业内部面对的典型的员工争斗问题的体现。显而易见,对于企业这个整体来说,员工之间的内斗是一种内耗,是企业内部资源的损失。如果对这种现象置之不理,不仅可能导致优秀员工的离职,甚至会导致企业的一蹶不振。

对于员工而言,这种典型的职场人际冲突会给企业带来诸多不利影响,如相关研究表明职场欺负、人际冲突可能会引发员工反生产行为。因而,作为员工应主动处理好职场人际关系,加强人际沟通,主动化解人际矛盾。职场人员想要确立一种良好的交往基础,必须重视与企业中其他员工的交流,不要过于封闭和高高在上,否则不利于员工之间的相互理解。其次,员工应该学会换位思考,有时候适当站在对方的角度考虑问题,替他人考虑,矛盾往往会迎刃而解。最后,员工可以通过丰富多彩的日常交流活动加深彼此的交往与联系。如积极参加集体活动,在日常工作中相互帮助等。①

物竞天择,适者生存。这确实是大自然的法则。但在企业中,对于员工来说,处理不好与同事竞争与合作的关系,就无法有效发挥自身能力。甚至可以说,处理好这一关系是发挥有效"微权力"的前提。

---

① 刘玉新,张建卫,彭凯平. 职场欺负、人际冲突与反生产行为的关系:情绪智力的调节效应[J]. 预测,2012(5):1—8.

4　员工职场嫉妒行为：战国那点事儿

"羡慕嫉妒恨"是前几年流行于大众的一串词，不经意间将职场嫉妒问题推上了舆论的分口浪尖。古今中外，不乏嫉妒的例子。

战国末期，秦相范雎向秦王举荐了军事"怪才"白起。秦王封白起为左更。为了感谢范雎的推荐之恩，白起经常到相府走动。时间一长，两个人成了无话不谈的好朋友。

秦国的武将是按照军功提升职务的。左更不过是一个相当于现在少尉连长的小官。可是，白起会打仗，战功越来越多，官职也越来越大。不到两年，白起就从左更跳到了大良造，又从大良造连升四级，当上了武安君，官职仅次于范雎。

按理说，范雎与白起是好朋友，白起当了武安君，范雎应该为白起高兴才对。再说，两个人一文一武，齐心协力，秦国的统一大业就一定能够早日实现。可是，这时候，范雎的思想却发生了变化。他嫉妒白起，并把白起当作自己的假想敌，害怕白起的爵位超过自己。

公元前260年，白起带领秦国军队在长平与赵国展开了大战。白起断绝了赵军的粮道，杀敌40多万。白起让人用马车把这些士卒的头颅运回秦国都城请赏。范雎看到那几十车血淋淋的人头，害怕得直哆嗦。秦国规定，杀敌10人，就可官升一级。这40多万人头，该升多少级呀。如果白起封侯，那么，白起的位置将在范雎之上，这就是范雎害怕的原因。

人一旦有了嫉妒心，就会做出损害国家或者朋友的事儿来。赵国抗不住白起的进攻，急忙派人向秦王求和。范雎因为嫉妒白起，就向秦王建议罢兵议和。白起接到罢兵的命令，肺都气炸了。因为如果一鼓作气，就会很快灭了赵国。范雎的嫉妒心让秦国白白失去了灭赵的良机。

一年后，秦王意识到与赵国议和是一个错误。他任命白起为帅，再次起兵讨伐赵国。可是，白起谢绝了元帅之职，不愿领兵打仗。范雎只好引荐曾经救过自己性命的郑安平为将军。结果，郑安平被赵、魏、楚联军打得大败。于是，秦王对范雎心生杀意。为了保全性命，范雎只好引咎辞职。

另一个为人们熟知的关于嫉妒的故事则发生在廉颇和蔺相如之间。

同样是在战国时期，赵国的蔺相如两次出使秦国，把生死置之度外，大智大勇，使赵国不受屈辱，为赵国立了大功。赵王因此十分信任蔺相如，拜他为上卿,地位在大将廉颇之上。廉颇自恃资格老、功劳大,很是不服。便对手下说,"我是赵国的大将,立了多少汗马功劳!蔺相如有什么了不起,倒爬到我头上来了。哼!我见到他,一定要羞辱他。"这话传到蔺相如耳朵里,蔺相如就装病不去上朝,尽量避免和廉颇接触。

一天,蔺相如带着手下乘车出行,真是冤家路窄,老远就看见廉颇的车马迎面而来,他赶紧叫手下把车赶进小巷躲一躲,让廉颇的车马先过去。这件事可把蔺相如的手下气坏了,他们责怪蔺相如不应该如此胆小怕事。蔺相如却说:"你们觉得廉将军和秦王相比,哪一个威势大?"手下说:"当然是秦王威势大。"蔺相如又说:"对呀!天下的诸侯都怕秦王,我为了保护赵国的利益,却敢当面指责他,怎么我见到廉颇将军反倒怕了呢?因为我想过,强大的秦国之所以不敢来侵犯赵国,就是因为赵国有我和廉将军在,要是我们两人不和,让秦国知道了,就会趁机来侵犯我们。因此,我宁愿忍让点。"有人把这件事传给廉颇听,廉颇感到十分惭愧,他就光着上身,到蔺相如家负荆请罪。

官场上嫉妒的主要动机也不外乎争宠夺权。范雎担忧白起爵位超过自己,便向秦王建议罢兵议和,结果是秦国统一中国被推迟。这与廉颇与蔺相如之间的矛盾如出一辙,蔺相如不断立功,最终被拜为上卿,位居廉颇之上,同样招来廉颇的嫉妒之心,幸亏蔺相如眼光长远,懂得避让,最终廉颇负荆请罪,两人和好。

职场类似于官场。职场员工之间也会产生各种嫉妒行为,职场嫉妒行为同样会导致职场矛盾与冲突,不利于个人与组织的发展。

随着竞争的日益白热化,人际关系也越来越复杂、微妙。身处职场中的人们,或轻或重都存在嫉妒的心理。我们认为,员工职场嫉妒就是在职场环境中,个体由于他人的竞争而失去心理达成目标时的情绪体验。嫉妒是个人产生嫉妒心理时的心理反应,并且无论对于嫉妒者或者被嫉妒者来说都是不利的。如果员工的职场嫉妒心理和情绪得不到缓解和释放,极可能引发一系列职场嫉妒行为。按照行为程度和影响严重程度,可表现为组织沉默、组织偏差、越轨行为等消极怠工行为,或者是粗野行为、反生产行为等报复性行为,甚至是职场攻击、反社会行为等暴力犯罪行为。

那么,对于组织来说,应该怎样应对呢?

第一,组织应该注意组织公平和文化建设。公平是组织和谐的重要组成部分,也是减少直至消除员工职场嫉妒产生的有效方式。依靠职权或关系不足以维持组织的稳定,在实践中还可能存在法律的约束而不可取,因此各类组织均应重视其内部的公平和公正。组织可以通过一系列科学的方式来规划员工的薪酬体系,做到有据可依、有据必依,同时应加强组织制度与文化建设。从社会学习的角度讲,员工职场嫉妒问题是观察与学习的结果,而组织文化则能影响管理者和员工的学习,企业应大力倡导公平公正的组织文化,并为之建立相应的规章制度来加以保障。所以,建立健全规章制度,促进组织公平公正,及时惩戒员工不当行为,都将有利于组织内部形成和谐的氛围,进而合理控制职场嫉妒行为。

第二,组织领导应该以身作则和率先垂范。组织公平在很大程度上受益于组织的领导者,领导的公平是员工信赖的基础。因此,对于领导者和管理者而言,要提高他们应对组织不公的能力,训练管理者应对各种情况的本领和危机处理的能力,避免员工滋生职场嫉妒情绪,有效铲除滋生职场嫉妒行为的土壤。一是要切实减少员工职场嫉妒问题,改进管理者的领导方式。在强调自由和个性化的今天,权威领导、辱虐领导的方式不易为绝大多数"80后""90后"接受,应倡导民主领导、魅力领导。二是要着力提高管理者的沟通能力,通过积极有效的沟通减少下属的攻击行为。三是要在管理者的选拔过程中,增加对领导方式及沟通能力的考察,加强对管理者的培训,杜绝导致组织公平行为降低情况的发生。

第三,提升管理者冲突管理能力。管理者应加强企业内部针对冲突管理的培训,将员工与员工之间、员工与团队之间、员工与组织之间、团队与组织之间的冲突逐步引导为建设性的冲突,避免员工作出极端行为,损害组织及其他成员的利益。有效沟通是冲突管理的第一步。冲突双方只有通过明确、清晰的沟通,才能了解冲突产生的根源,才能设身处地为对方着想,因此,在企业内部建立通畅、民主的沟通渠道,成为管理者的重任之一。管理者可以通过协商、教育、转移、仲裁等措施化解组织内部矛盾,缓解员工冲突。就企业而言,还需要发挥企业工会和文化管理部门的作用,努力建立新的和谐关系,提高组织的效能和效率。

第四,帮助员工作出明确的职业生涯规划。员工有了目标和愿景,才会倍加努力。在员工成长的过程中,需要更多的帮助,而非批评、打压或讽刺;员工的个人发展空间是其成长的基础,应在工作中体现公平、鼓励和支持的态度,助其实现自我成长。组织应通过工作本身来发挥员工的创造力,约束和抑制员工职场嫉妒问题的发生,在提升员工绩效的同时提高他们的满意度。调查发现,随着现有企业所需特殊人力资本的不断积累,员工愿意冒险实施反生产行为的可能性逐步降低,他们更倾向于实现在其职业上所做的社会性投资和遵循自己选择的职业轨道。如果组织成员现有的工作与其职业目标相匹配,将现有的工作视为职业发展规划不可或缺的重要环节,而非生存的工具,那么员工实施反生产行为的可能性较低。

管理学奥秘

面对职场嫉妒怎么办?试试钝感力!

职场嫉妒是一个五维度的结构,具体包括薪酬待遇、人际关系、培训晋升、工作能力和领导重视。总的来说,嫉妒心理在职场普遍存在,相关的研究也表明职场嫉妒能够带来职场冲突、矛盾,不利于个人和组织发展。除此之外,职场嫉妒还会导致员工积极角色外行为的减少。李倩倩等研究表明,职场嫉妒的五个维度均对组织公民行为各维度起负向的预测作用。其中,薪酬待遇的负向预测作用最强,这可能是因为,员工在嫉妒其他同事的薪酬待遇的同时,很可能认为这是由于组织不公平导致的,从而对组织失去信任与忠诚,变得为个人利益而破坏组织和谐。

对于员工而言,职场中,同事之间毕竟存在利益竞争关系,面对嫉妒,不要急着去作处理或者回应对方,不妨让自己先冷静下来,思考一下别人的"羡慕嫉妒恨"中有没有对自己有用的信息。如果确实自身存在一些问题,就虚心接受,然后想办法来解决,不断完善自己。①

总之,员工更应该做的是调整认知,增强自信心,培养豁达的人生态度,开阔自己的心胸,当员工自身达到一个新的高度时,别人的"羡慕嫉妒恨"也会随着转化为"羡慕,敬佩和爱戴"。

此外,再引入"钝感力"这一概念,它出自日本作家渡边淳一的作品《钝感力》。"钝感力"又译作"迟钝的力量"。但"钝感力"绝不是提倡让人处处木讷,事事迟钝,它的迟钝只是为了把挫折和敏感慢慢吸收转换成积极的力量。倘若员工面对职场嫉妒时,能够以这样的方式来理解——其实,对嫉妒应该心怀感恩,因为谁也不会去嫉妒一个平庸、无为的人,他人的嫉妒,恰好证明了自己的才干——那么,员工往往能够表现得更加游刃有余。

---

① 李倩倩. 企业员工职场嫉妒与组织公民行为:机制与路径研究[D]. 暨南大学,2013.

> **微点评** 毫无疑问,员工的嫉妒行为有百害而无一利。对于企业员工来说,需要认识到,嫉妒是一种非常普遍的心理,大多数人或多或少都会具有。因此,应该合理排解嫉妒心理,乃至将其转变为积极的动力。

第二节 个人与领导之间

当一个人身处系统、组织之中,必然会存在着阶级上的差异。"微权力"的发挥同样面临着上级的制衡……或是抑制、或是激发,到底是怎么样的形式,让我们从历史故事和管理理论中一探端倪。

5 建言行为与沉默行为:从官渡之战说起

相信我们都知道官渡之战,作为我国历史上著名的以弱胜强的战役之一,可以说,官渡之战是一个分水岭,此后,袁绍在与曹操的争锋中完全陷入被动。

从曹操和袁绍起兵之初的一段对话中我们就可以感受到两者的差别。当时,袁绍说:"吾南据河,北阻燕代,兼沙漠之众,南向争天下,庶可以济乎?"言下之意是南边以黄河为据,北边以燕代为险阻,兼并沙漠之众,向南争夺天下。可见,在袁绍的眼中,他看重的是地理优势;而曹操则说:"吾任天下之智力,以道御之,无所不可。"即要用天下的人才,来治理天下。可见,曹操看重的是人才。也就是说,处于领导地位的曹操,更加看重手下员工的能力。那么身为"四世三公"的袁绍,难道就没有优秀的员工吗?

事实上,袁绍有着显赫的家世,也正因为如此,大批贤士对他寄予厚望,慕名投奔者极多。因此,可以说,袁绍从来就不缺乏好的员工,比如他手下有四大谋士:田丰、许攸、审配和逢纪。武将也有颜良、文丑、高览、张郃等。因此,相对于曹操当时土地贫瘠、兵微将寡的窘况,袁绍可以说占据绝对优势。我们也能从《出师表》中看到诸葛亮的分析:"曹操比于袁绍,则名微而众寡,然操遂能克绍,以弱为强者,非惟天时,抑亦人谋也。"诸葛亮认为,曹操最终能够打败袁绍,不仅仅是因为时机好,而且也是人的谋划得当。那么谁的谋划在起着关键作用?无非是曹操和他的谋士们了。

如前所述,袁绍并非缺乏谋士,但最大的问题是没有人尽其用,没有发挥出手下员工的优势。同时,这些谋士与袁绍相处的时间一长,便能看出他是"终不能成大事",也就纷纷离去。比如,荀彧、荀攸、郭嘉三人都是先投奔袁绍,后又弃袁投曹操的,还有许攸,更是在官渡之战的节骨眼上投奔曹操。良禽择木而栖,贤臣择主而事的道理我们都懂。

谋士田丰之死似乎最能说明问题。田丰自幼聪慧,少时便为乡邻所器重;博学多才,在荆州很有名望。他最初被太尉府征辟,推荐为茂才,后来被选为侍御史,因愤恨宦官当道、贤臣被害,于是弃官归家。不久,成为冀州牧韩馥的部下,因为正直而不得志。公元191年,袁绍以反客为主之计智取冀州,成为冀州牧,听说田丰威名,带着贵重礼物,非常谦卑地招揽田丰,任命其为别驾,对他很是信任和器重。

田丰也没有辜负袁绍的器重,袁绍在击败另一个军阀公孙瓒的战争中,采用的就是田丰的计谋;并且曹操的挟天子以令诸侯的计谋,田丰早就想到。公元196年,曹操将汉献帝迁往许都,田丰则对袁绍说:"最好早点谋取许都,接来天子,动辄假托天子诏令,向全国发号施令,这是最好的办法。不这样做,最终将受制于他人,那时即使后悔也不起作用了。"然而,袁绍并未采取他的意见。官渡之战前,刘备袭杀徐州刺史车胄,占领了沛县,背叛了曹操。曹操亲自率兵征讨刘备。此时,田丰建议袁绍调动全部兵力袭击曹操后方,攻打许昌,但袁绍却以儿子生病为由,拒绝了这条能让曹操首尾不得兼顾的奇计,也丧失了打败曹操的最佳时机。此后,袁绍逐渐疏远田丰。

公元200年,在曹操打败刘备后,袁绍这才进兵攻打许都。而田丰劝阻袁绍说:"曹操已经打败刘备,许都就不再空虚了。而且曹操擅长用兵,变化无常,人数虽少,不可轻视。现在不如长期坚守。"袁绍哪能听得下去,但田丰仍极力劝阻,因此得罪袁绍,被关了起来。当袁绍败讯传来时,狱卒称贺田丰可免牢狱之灾,田丰却惊人地预见了袁绍既羞且妒,自己必然被害的结果。

在东汉末年的乱世中,群雄纷争,而袁绍作为东汉西园八校尉之首、十八路诸侯的盟主,也是三国时代前期势力最强的诸侯。但他却落了这么个下场。究其失败的深层原因,他手下的谋士们根本无法"建言",只好"沉默",最后离开。

这就是我们想说的员工"建言行为"和"沉默行为"。

其实,因为长期受到农耕文明及儒家思想的影响,自古以来,我国社会权力差距较大。具有高权力差距倾向的员工认为领导和下属之间的权力差距合法,即认为作为下属应该维护这种组织等级并对高权力者给予尊重和服从。因而,员工在组织中"失声"的现象也就不足为奇了。那么自然,在三国时代,袁绍显然没有让下属发声的这种意识。

到了当今社会,处在互联网时代下,这种情况或许该改变了。时代的特点对于员工建言行为会是一种促进。

有人说,人类必然要经历三个管理时代。其一是信息闭塞的"地方集权时代",其二是信息垄断的"中央集权时代",其三是信息互联后的"权力碎片化时代"。如果我们从信息的角度重新审视这三个管理时代,前两个时代信息没有充分的共享,或因闭塞而不能传播,或被少数人垄断,亦未发挥其应有价值。第三个时代,则是伴随着互联网技术的普及,信息被充分利用。信息所带来的价值被最大化。

如果我们从领导与员工的视角去看,会发现,在前两个时代,领导与个人的信息地位不对称,领导都处于绝对的信息优势地位。在"地方集权时代"或"中央集权时代",可能对于员工来说,领导就是他们信息的唯一来源。我们可以去思考一下处于领导地位的皇帝为什么会不遗余力地鼓吹君权神授思想。

君权神授思想认为皇帝的权力是神赋予的,因此具有天然的合理性,皇帝代表神在人间行使权力,管理人民。关于君权神授思想最早可以追溯到夏代,夏代奴隶主假借宗教迷信活动进行统治。《尚书·召诰》说:"有夏服(受)天命。"直至汉代,君权神授思想才有了系统的发展,认为皇帝是天的儿子,是奉天命来统治人世。很容易理解,皇帝之所以强调自己的权力是神赋予的,无疑是为了给自己的统治增加合法性,言外之意是,皇帝说什么,平民就得做什么。尽管这种观点是非常荒谬的,但是在特定的时代却极具影响力,以至于历代帝王甚至起义造反的农民领袖,无不假托天命,自称"奉天承运"或者说"替天行道"。

而在信息互联后的"权力碎片化微时代",最具特色之处可能是信息传播的琐碎和及时,每个人都是信息的接受者和传播者。那些动辄"粉丝"千万的微博大V在互联网上一呼百应,即便普通人也会有自己的"朋友圈",在那里他们也可以对身边的奇闻趣事品头论足。因此,在这个时代中,对于领导和员工来说,他们相对处于信息平等的地位,其实,这有利于员工自身作用的发挥。

同时,依据现代管理的观点,随着社会政治、经济的不断发展,组织所面临的经营环境越来越复杂多变,竞争也越来越激烈。单纯依靠领导者或者管理者的智慧,显然已经无法解决组织所面临的所有问题。因此,如何激发员工的力量,让员工为组织的发展献言献策的重要性不言而喻。从田丰之死到袁绍兵败官渡,或从现代组织中员工"失声"保持沉默现象,无不告诫我们:在传统管理范式之下员工的权力需要被重视,在这个"无微不至"的微时代更是如此!

那么,怎样才能让员工积极对组织建言献策呢?

第一,作为领导者,要想真正激发员工主动建言的积极性,可考虑从组织文化管理理念角度进行反思,让员工理解并且感受到企业文化理念中所传递、渗透出来的价值导向。

第二,员工建言献策的积极性、主动性的牵引动力在于激励机制。因此,应当针对建言行为及其预期价值,倡导并且建立起科学、合理的奖励标准,既要让员工充分表达建言意愿,又要给予必要的物质奖励、观念认同、晋升机会。

第三,员工建言的对象通常是上级领导,员工对上级领导的响应性和可接近性的感知会对建言决定产生重大影响。授权型领导风格则是通过适当授权、鼓励员工参与,给予员工一定的工作自由度和自主性,提高员工对工作的控制感。授权型领导风格同时意味着对员工的尊重和信任,有利于减弱高权力距离文化的负面效应。

在日常工作过程中,领导要充分考虑到不同层级、专业知识结构的员工所呈现的差异化建言需要,可灵活地采用变革型的领导风格或交易型的领导风格,避免"一言堂",要善于倾听。唯其如此,员工才愿意表现出更多的角色外行为,积极为企业发展建言献策。

管理学奥秘

员工建言 VS 员工沉默

管理学上认为,建言行为是指:员工直接与上级谈论如何改进目前的组织状况或写信给管理者提出解决问题的建议。这种建言行为的建立,除了会受到员工个人特质的影响,也会受到领导方面、组织情景等因素的影响。从袁绍的故事中,我们显然能发现,他根本没有给予下属"建言"的机会,对于其员工来说,毫无"建言"渠道。

与建言行为相对应的,还有一种"员工沉默行为"。典型的例子有:在开会时即使员工意识到了领导者决策中存在的问题,也很有可能不说出来,原因有很多,如担心和领导关系疏远甚至遭到组织报复,从而导致一个好的建议胎死腹中或者是一个潜藏的危险未被领导及时注意,最终的结果都不利于组织的健康发展。其实,这种现象背后可能有一个被我们忽视的原因,那就是在传统的管理范式里,我们始终不遗余力地强调领导者的作用,忽视了处于被领导地位的员工的力量,进而导致员工在组织内"失声"。可以说,这种"沉默行为"是员工权利或者说权力没有得到发挥的明显表现。

从某种程度上说,可以将员工是否建言视为员工微权力是否发挥的晴雨表。随着社会政治、经济的不断发展,企业面对的竞争越来越激烈,领导者应该鼓励员工发挥自己的微权力,为企业发展建言献策。

6 领导—成员交换理论:唐太宗与房玄龄

封建社会的君臣关系极为微妙,伴君如伴虎,稍不留意便险象环生,危机四伏。但也有人能将君臣关系处之为典范,传为千古美谈,为后人称颂。

为了稳固政权,大多数开国之君,对功臣都是采取"狡兔死,走狗烹;飞鸟尽,良弓藏"的策略。

然而,唐太宗李世民却不是这样。

李世民虽然不是名义上的开国之君,但实际上具有开国之君的作用和地位。当他发动玄武门之变谋取皇位后,并没有改变对待身边那些有功之臣的立场和态度,不仅没有找理由将他们杀掉,也没有劝他们告老还乡,而是依然坚持既有政策,对他们继续委以重任。李世民如此对待有功之臣,那些有功之臣们自然也深明大义、知恩图报,从而形成了良好的君臣关系,或者说特别的朋友关系。

就拿他与房玄龄来说吧。房玄龄系学者出身,长期供职于秦王府,"在秦王府十年间,掌管文书,每有军书表奏,立地成章,文字简约,条理清楚"。房玄龄能立地成章,可见其文字功夫非常厉害。

玄武门之变前夕,李建成畏惧房玄龄的能力,在李渊面前进谗言,导致房玄龄被赶出秦王府,"下岗"回家。

李世民得知李建成和李元吉试图在昆明湖谋杀自己的消息后，偷偷将房玄龄召回，要其帮助自己出谋划策，化解危机，房玄龄得以回到秦王府。正是房玄龄选择了玄武门之变的地点，而且通过一番语重心长的话语，消除了李世民所谓"不仁不义不忠不孝"的心魔，促使其下决心发动政变。

可以说，玄武门之变中，房玄龄虽然没有直接参加战斗，但属于最重要的智囊，可以说居功至伟。

李世民当皇帝之后，是怎样安排和对待这个有功之臣的呢？主要有两条措施，一是委以重任，二是变成亲戚。

李世民不仅对房玄龄大加封赏，而且委任其为左仆射，相当于宰相，地位仅次于皇帝。对于这一任命，李世民的叔叔淮安王李神通不满，认为房玄龄不过是个"百无一用"的书生，仅仅会写点文章而已，不应该给他如此高的荣誉和职务。李世民听了，把房玄龄的功绩当众一一列举，反问李神通究竟立下过什么功劳，有什么能耐，让李神通羞愧难当，无言以答。

李世民不仅给房玄龄升官，而且还把房玄龄的一个女儿选作王妃，纳入宫中，这样一来，房玄龄便成了他的岳父。老岳父身为宰相，为皇帝这个老板打工，虽然从辈分上讲有些委屈，但绝对会尽心尽力，不会有谋反之心。不仅如此，李世民还将自己最喜欢的女儿高阳公主嫁给房玄龄的二儿子房遗爱，可谓亲上加亲。

皇帝如此对待自己，房玄龄自然知恩图报。他在任期间，为了大唐帝国的事业，兢兢业业，鞠躬尽瘁，裁汰冗官，任人唯贤，敢于直谏，修明法律，和杜如晦、魏征一起，辅佐李世民开创了贞观之治的大好局面。

值得一提的是，虽然房玄龄一度位尊权高，但他始终保持清醒的头脑，谦虚谨慎，为人低调。他曾多次上表，请求辞去宰相职务，但都没有获得李世民的批准。李世民说，急流勇退，主动辞让，是美德。但国家需要良臣，你又是我的左右手，而且你虽年高，但依然能饭，以后就不要再辞让了。这句话或许隐含这样的意思，过度辞让，容易让人以为有点小骄傲。

总结房玄龄的一生，主要干了两件事情：一是助阵玄武门之变，二是助阵贞观之治。概括其一生的功绩，可以说是"两个没有"。即：如果没有房玄龄，就没有玄武门之变的成功；如果没有房玄龄，也就没有贞观之治的盛世。

反过来看，如果没有李世民的赏识和重用，也就没有历史上那个有口皆碑的著名宰相房玄龄。

公元648年（贞观二十二年），房玄龄病重，李世民百忙之中专门到家中探望。君臣相见,想到房玄龄不久将要告别人间,从此将失去一只左右手,李世民痛哭流涕,房玄龄更是泪雨纷飞。两人感情之深,情谊之重,由此可见一斑。

如果我们从领导与员工的视角去看李世民与房玄龄的关系,显然,作为领导的李世民与作为员工的房玄龄之间的合作非常融洽,而且他们之间的关系更是超越了一般的领导与员工之间的关系。一方面,李世民将房玄龄的一个女儿选作王妃;另一方面,房玄龄的儿子房遗爱娶了李世民的女儿高阳公主,后来房玄龄还被皇帝授予太子太傅,即太子的老师。可见,他们两人之间的关系确实超越了普通的君臣关系。

这种关系与我们通常所说的"圈内人"有类似之处,国外学者关于领导理论中的领导—成员交换理论,对这种"圈内人"有非常独到的解释。

该理论认为,领导者会以不同的方式对待下属,与不同的下属建立差异性的关系。因为领导只可能与几个关键下属发展较为封闭的联系,而与同一个团队中的其他下属保持一定的距离,这就导致了"圈内"和"圈外"的分别。

圈内的员工与领导保持着高质量的交换关系,包括物质与非物质的,超出固定职务范围内的扩展关系,其中存在领导和成员之间的高度互动、支持和信任,并形成正式和非正式的报偿机制。身处圈内的员工能够得到领导更多的支持和关注,作为交换,领导也能够得到该下属的信任、尊重和喜欢。而处于圈外的员工与领导建立的则是一种更为正式的交换关系,这种关系基于正式的组织机构,往往被限制在一些相对更为平凡的任务中,在这种情形下的交换关系显然缺乏一种积极的互动力,往往表现为下属的任务导向较高。

领导—成员交换理论告诉我们,要想让员工发挥自身的能力,显然要与其建立高质量的领导—成员交换关系,至此,我们就很容易理解李世民与房玄龄为什么会突破原来的君臣关系,不断发展。一方面,李世民纳房玄龄的女儿为妃;另一方面,房玄龄出任太子太傅等,都是君臣双方不断加深彼此交换关系的举措。李世民深知房玄龄这种贤臣要重用,因此,必然要将他拉为自己的圈内人,使其成为自己"信任的助手",而不是"普通的帮手"。因此,我们认为更大程度地发挥员工力,显然需要高质量的领导—成员交换关系。

管理学奥秘

如何找到一种更可取的交换关系？

如上所述，既然领导与员工之间高质量的交换关系能够使得领导与成员相互成就，那么在现实中，领导与员工之间的交换关系应该怎样处理呢？

现代组织中的分级管理必然造成权力的分散，领导者只能有选择地承担某些部分，更多的须交由他人帮助实现。为了既合理授权，又不因此造成各自为政的局面，领导者就必须营造出有利于授权的可信赖群体，使所要交付的人让领导者放心，而这种放心除了经济上的合同承诺保障以外，还需要相互信任上的情感承诺来支持。两者相比，后者的效用更大。

在一个相对稳定的群体内，群体成员有必要根据自己的性格特征、兴趣、爱好等选择好伙伴关系，以形成较为亲近的团体来满足人们情感上的需求。从下属的角度讲，他们期望与领导者搞好关系，希望在情感上成为比较亲近的人，以便在工作中得到更多的帮助，获得更多的支持。而作为组织领导者，如果与自己所管辖的群体在情感上格格不入，缺乏必要的情感交流，也是不可取的。营造出某种较为亲近和融洽的关系会使相互间的合作更具积极的意义，有助于化解矛盾，促进工作的开展。

如果没有李世民的赏识和重用，也就没有历史上那个有口皆碑的著名宰相房玄龄。同样，如果没有房玄龄，李世民也不一定能坐上龙椅。高质量的领导—成员交换关系下，领导和员工都能受益匪浅。

7 领导授权理论：兵败滑铁卢

我们来看看拿破仑是怎样遭遇滑铁卢的。

拿破仑是法国近代一位机智勇敢、能征善战的杰出的军事家，曾多次击败保王党的反扑和反法同盟的入侵，捍卫了法国大革命的成果。他颁布的《民法典》更是成为后世资本主义国家的立法蓝本。他执政期间多次对外扩张，形成了庞大的帝国体系，创造了一系列军事奇迹。这是一位伟大的领导，但这位叱咤风云的人物却在1815年6月的"滑铁卢"战役中一败涂地，被流放到大西洋中的圣赫勒拿岛，直至后来病死。那么，他为什么会兵败滑铁卢呢？这还得从头说起。

1815年2月26日，拿破仑从流放地——厄尔巴岛逃回法国，法国人民欢呼雀跃，拿破仑奇迹般地重新登上皇位。欧洲封建军队和英国统治阶级对拿破仑的东山再起深感恐惧，立即组织了由英、俄、普、奥、意五国反法联盟向法国进攻。法国人民深深懂得，只有拿破仑才能保卫资产阶级的胜利果实，于是他们将30万热血男儿交给了拿破仑。战争迫在眉睫，拿破仑认为，只要能击败反法联盟的主力英、普两军就能瓦解反法联盟，因此，他决定争取主动。6月15日，他出其不意地开赴比利时，打败了布吕歇尔领导的普鲁士军队。随后，拿破仑命令骑兵将领格鲁希追击普军。他说："格鲁希，你的任务就是将可恶的普鲁士人赶回老家，最好是提着布吕歇尔的脑袋来见我，其他的事就由我来做好了。""是，将军！"格鲁希坚定地回答。

6月18日，法军向英军发动了激烈的进攻，由于惠灵顿进行了周密的部署，双方伤亡都很惨重，战斗处于胶着状态，援军成了决定胜负的关键。

遗憾的是，率先出现的是普鲁士军队。原来，格鲁希由于行动缓慢致布吕歇尔逃脱，面对远处传来的枪炮声，布吕歇尔立即命令部队开赴战场，而格鲁希却无动于衷。当手下的将领向他建议，放弃追击普军，转而支援拿破仑时，格鲁希竟说："军人以服从命令为天职，将军（拿破仑）只授予我追击布吕歇尔的权力，没有授予我改变计划的权力，你们懂吗？"就这样，格鲁希无视将领们的苦苦哀求和远处传来的愈来愈激烈的枪炮声，依然命令部队按原来方向追击，白白将有利的战机送给了普军。

最后的结局大家都是知道的，滑铁卢战役终结了拿破仑的戎马生涯。

假如格鲁希当时放弃追击普军，全力支援拿破仑，那么结果会是什么？可惜，历史中从来不会有"假如"。对于拿破仑的员工格鲁西来说，他所强调的"军人以服从命令为天职"，暗含的意思是，领导下达的命令，当然不能违背。殊不知，将在外，君命有所不受。对于领导拿破仑来说，不懂得让员工在权力运用中学会使用权力，最终的结果只能是让员工画地为牢，墨守成规。悲剧就是这么发生的。

现代企业所面临的竞争日益激烈，对于员工来说，他们自身能力的发挥显然离不开领导有效的授权，组织中"权责对等"的原则，说的就是员工所承担的责任必须与其所拥有的权力想适应。没有相对应的权力，承担责任显然如空中楼阁。

类比中国的上级，其实也存在这样的"领导"，例如诸葛亮，他是一位杰出的天才，但他最大的缺陷就是不懂得向下属授权。诸葛亮的事必躬亲表现在两个方面。最重要的是在决策时，很难看到核心团队成员的决策参与，更多的是诸葛亮个人智慧的显现。另外，在诸葛亮身居丞相高位时，工作多亲力亲为，既没有注意培养下属，也没有注意保重自己。就连处罚20军棍这样的小事都一定要自己来处理，可想而知其劳累程度和下属处理事务时的自由程度。而这造成了两个直接后果：第一，对于他个人来说，造成了身心疲惫，连其竞争对手司马懿都说："孔明食少事厌，其能久乎！"果然不久，诸葛亮就积劳成疾，与世长辞，空落得"鞠躬尽瘁，死而后已"的感叹。第二，对整个蜀汉政权来讲，因人才断层，造成了"蜀中无大将，廖化充先锋"的被动局面，最终导致"光复汉室"成为一句空话。

引用管理学中的名词，这就属于事必躬亲的"蜜蜂型"领导。从这一角度来讲，一个富有才能却不懂得授权的"诸葛亮"对企业的贡献可能要远小于另一个才能稍逊却能根据下属能力针对性地进行授权的"司马懿"。而身为下层员工，从自己的个人利益出发，跟随一个善于向下授权的领导对自身能力的提高和今后的升迁更有好处。

管理学中向来有领导授权理论。关于领导授权最早起源于授权的研究，并且随着授权研究的发展，授权的含义逐渐由权力的授予发展到领导如何让员工拥有权力的同时提高能力。因此，对于企业来说，授权并不是简简单单将权力下放这么简单。

有效授权有三个标志：一是上级要尊重下属行使权力，不干扰、不干预；二是上级要对员工进行必要的监督和指导，不能"一授了之"；三是员工要了解手中权力的范围和自己的能力水平，既要放开手脚又要注意不滥用权力。

另外，有效授权不是单向的，需要上级和下属共同努力，才能达到预期目的。

对于上级领导来说，首先，最重要的一点是建立一个完善的制度体系。有了合理的制度保障，双方就能更容易地处理授权过程中出现的一些分歧和问题，也有了坚实的后盾。需要注意的是制度一定要详细且易于量化，不能模棱两可，留有过大的解释空间。

其次，采取询问方式或是进行督导。成功授权最有效的工具是提问而非直接给予指导。如果你说信任你的员工，但是却告诉他们如何做每一件小事，这就很清楚地表明你并不真正信任他们。对新雇员提问非常重要，因为这对他们如何负责任向前定了调。当员工问你在一种情形下该做什时,你应该反问他打算如何做。这样和他一起讨论,帮助员工自信地把控,从而表现自己的决心。

再次,敢于承认自己的失误和容忍员工的失误。让员工主动负责任的最好方式,就是告诉员工,即使他们做错了,但只要他们负责任,结果并不可怕。作为领导,每天都会作或大或小的决定,也不是所有决定都是正确的。领导需要对这些正确和错误的决定保持一种开放和诚实的态度。对于领导的错误决定也要让员工计算风险,并且让员工知道如果事情出错了,领导会和他们同在。

身为员工,应当做的最重要的事情就是明确自己接受的权力的权限和承担的任务。这有助于我们确定上级授权的界限,更好地达成目标,减少出错的可能。

此外,员工要有一个基本的觉悟,那便是伴随权力而来的还有责任。要确定自己的能力范围,用好手中的权力为目标服务,切忌借机为个人或小团体分得规则外的利益。

最后,员工即使获得授权也要谨记自己的身份,毕竟不是领导。这就要求员工时刻和上级保持沟通,让上级能够有效地掌握自己工作的情况,以便让上级及时发现问题并进行纠正和指导。不要因为害怕出错挨批评而隐瞒,这样只会让自己在领导心目中失分,最终不利于个人的发展。

对于组织而言,成功授权不仅能减少上级的压力,激发员工积极性,也是一种企业生存策略。领导如果采用事无巨细的管理方式,就会让员工感到窒息,也可能会错失让企业前进的最妙想法,并且会让公司错失所拥有的最好资源。事实上,好的授权不仅会让领导拥有更多自己的生活,在工作和生活中更好地建立平衡;而且可以让员工获得更多锻炼机会,对个人发展大有裨益,也更有利于企业充满活力地发展。

管理学奥秘

上级的有效授权有什么特征?

领导授权理论最早起源于授权的研究,并且随着授权研究的发展,授权的含义逐渐由权力的授予发展到领导如何让员工拥有权力的同时还提高能力。因此,对于企业来说,授权并不是将权力下放这么简单。

有效授权有三个标志:一是上级要尊重下属行使权力,不干扰、不干预;

二是上级要对员工有必要的监督和指导,不能"一授了之";三是员工要了解手中权力的范围和自己的能力水平,既要放开手脚又要注意不滥用权。因此,作为员工可以认真比对以上三个标志,检查自己的被授权感。

对于员工而言,被授权意味着自身将肩负起更大的权力与责任,这既是员工发挥自身权力的机会,也是员工提高自身能力的基础。

现代企业中,授权的重要性无需争辩。同样,对于员工来说,领导对于员工授权的过程,也是员工拥有权力的同时提高能力的过程。可以说,授权是对"微权力"极大的提升。

8　组织信任理论:崇祯皇帝的猜忌

崇祯是明朝的最后一位皇帝。

明思宗朱由检于崇祯元年至十七年(1611—1644年)在位,是一个很想有所作为的皇帝。他知道江山来之不易,于是勤于王政,旰食宵衣,生活也不奢华。他17岁时曾以果断与睿智,干净利索地解决了宦官魏忠贤的问题,被称"沉机独断、刈除奸逆"。然而,崇祯却扮演了一个亡国之君的可悲角色,最终落得个自缢的下场。究其原因,除了明皇朝代表的封建制度已近末世外,崇祯在用人方面政策失当、用人多疑也是很重要的原因。

崇祯疑心颇重,不断变幻任才标准。表面上希望忠良辅政,实际上不知怎样的人才算忠良才俊。他曾用出题测试的办法选拔良才,但这种考试拘泥于文论,不能考出真实水平,在明末阶级矛盾激化、民族矛盾急迫的客观环境下,非但难出应变之才,甚至给奸巧之人提供了弄假作弊的条件。陈演本是一个"庸才寡学"、善于拉拢奉承的人。在参加朝廷考试之前,他勾结买通宦官,窃得皇帝考试题目,作好准备,考试之时"条对独称旨",很迎合皇帝口味,被选入阁,不久任内阁首辅。他对国事"无所筹划",却贪污受贿,臭名远扬。崇祯又改为从六部和地方大员中各选人入阁,采取平均主义凑数办法,结果人非其才,如张至发以外僚入阁,不懂朝廷制度,"诸翰林多不服","一切守其所为,而才智机变逊之",崇祯也发现他不能胜任,便匆匆将他撤换,理由是身体原因,让他回籍调理,其实张至发结实得很。因此,当时民间广为流传"遵旨患病云",说是皇帝命令他生病回籍调养的。后来,崇祯又以圣人之意为理由,选孔贞运为首辅,孔贞运是孔子六十三代孙,不尚实际,只务虚名,最终还是没能逃离匆匆而去的命运。

此外,崇祯采用枚卜的方法决定内阁成员,先让大臣推荐一批候选人,然后"贮名金,焚香肃拜,以次探之",决定人选与次序,这在一定程度上也说明皇帝已失去判别人才、决定人事的能力,更谈不上知人善任。在这种心存疑惑、无所适从的状态下,崇祯一朝的阁辅大臣走马灯似地更迭。内阁与六部始终没有出现一位杰出人物。在崇祯掌权的17年中,内阁成员50余人被更换,其中近半被削职、革职,25人离职回乡,而正常致仕或卒于任所的仅6人。崇祯生性多疑可见一斑。

其实,现实情况是明朝内阁并非都是无用之辈,只不过朱皇帝多变多疑,使他们无从施展才干而多有后顾之忧。如孙承宗曾以首辅身份视师辽东,颇有成效。刘鸿训处事果敢,颇有魄力。钱龙锡协心辅理,朝政稍清。文震、孟刚、方贞介,皆有古大臣风。这些人的素质是不错的。但他们同情东林党人,崇祯便不分青红皂白一律猜疑,怀疑他们朋比为奸,将他们相继罢免。

然而,因崇祯多疑最终酿成无法挽回的损失——明朝的灭亡,便是因猜忌错杀袁崇焕。

袁崇焕字元素,广东东莞人,万历年进士。天启二年,他单骑出关赴东北考察军事、政治,回京后自告奋勇守御辽东。袁崇焕筑宁远(今辽宁兴城县)等城池抗御努尔哈赤的后金军进犯。可以说宁远之战是传奇的,传奇之处是一生没有打过败仗的努尔哈赤在宁远城下尝到了他一生中唯一的一次失败,而这次失败也最终导致努尔哈赤死亡。在努尔哈赤死后,皇太极继位,国号大清。皇太极一听说袁崇焕复职,整日食不甘味,夜不安寝,因为他知道摆在他面前的是明朝的铜墙铁壁——关宁锦防线。

就在这年,大清发生了十年罕见的旱灾,粮食颗粒无收,国力急剧减弱。没有办法,只有靠打仗来抢粮食解决,甚至有食人肉者。皇太极发动战争,让官兵向辽西抢粮食,转移社会矛盾,缓和社会危机。天聪汗皇太极借新登汗位的英气,凭远征朝鲜得胜的锐气,发动了宁锦之战。袁崇焕仍凭坚城,用大炮,出奇兵,击退了皇太极的进攻。这时的皇太极意识到必须改变作战方针。他采用了避实击虚,直捣中心的战略,在长城遵化发动攻击,直逼北京城。袁崇焕得知,星夜分兵两路援救,在北京城广渠门与清军展开激战,皇太极没想要取北京城,所以并没恋战便撤了军,当时的袁崇焕只率了几千精兵，没敢追杀皇太极。刚愎自用的崇祯听说皇太极撤军，认为是他的功劳，不仅对袁崇焕没有犒赏，反而对他未追杀皇太极怀恨在心。皇太极退兵后施了个反间计，一向生性多疑的崇祯听信阉党奸臣说袁崇焕这次是通敌引皇太极到北京，于是便以擅主谋和之罪将袁崇焕逮捕下狱，崇祯三年凌迟处死。

纵观崇祯一生，只能说是空有复兴明朝的理想，却在用人上一错再错。他的种种做法也让朝臣们处于一种两难的境地：如果大臣们表现得平庸无能，这当然会让自以为高明的皇帝十二万分地看不起，其结果肯定无法得到皇帝的欢心；而表现得精明能干却又颇易遭到神经过敏的皇帝的猜忌。总的来说，明朝灭亡的原因有很多，而崇祯的用人多疑，可以说加速了明朝的灭亡。

崇祯最大的问题就是对于朝臣缺乏信任。而缺乏信任使得有才能的朝臣非但不能发挥出自身的能力，反而还可能不得善终，如袁崇焕。如果对下属充分信任，结果可能大不相同。就拿三国时期的刘备来说，刘备对于自己的"核心团队"可以说是"用人不疑，疑人不用"。关羽，可以放弃一切荣禄，过五关、斩六将，历尽苦难回到刘备的穷困旗下；张飞，可以腥风血雨先打下一块小地盘，等着刘备来做主当家；赵云，可以冒生命危险，抢救刘备的儿子，维护刘备的家人完整；诸葛亮，受刘备临终重托，鞠躬尽瘁，死而后已。因而，刘备的家业可称是亲情凝聚的典范。刘备管理的基石就是信任感重于亲族。

皇帝作为朝廷的代表，对于大臣是否信任关系重大。关于组织信任这一概念，现代研究并没有一致的观点。组织信任主要是指组织内部的信任，表现为组织中的成员、主管以及组织整体的信任。组织信任是组织文化的重要组成部分，也是一种非常重要的社会资本，会对组织中的人的行为产生巨大影响。

古语云："自古皆有死，民无信不立"，"上下齐心，其利断金"，"士为知己者死"，无不说明相互信任的重要性。在现代，随着知识经济时代的到来，高素质的员工是企业发展的核心资源，信任在员工之间以及员工与组织之间发挥黏结和润滑的作用，能够促进员工之间的充分合作，为组织创造竞争优势。社会交换理论也告诉我们，维系员工与组织之间的社会性契约的关键是员工与组织之间是否彼此信任。因此，可以说，加深组织对员工的信任是员工发挥自身能力的关键。

那么,领导作为组织的代言人,怎样加深与员工之间的信任呢?

第一,加强沟通。沟通和变动相互作用,沟通可以促进信任,变动通过沟通来完成。信任通常分成三类:基于威慑的信任,基于经验的信任,基于鉴定的信任。企业内部的信任多是基于经验的信任。提高信任度,无论对企业、企业制度还是企业管理者而言,一个很重要的方法,就是加强内部的沟通和交流。

第二,让员工了解并参与公司决策。使员工注意组织发展,并使他们乐于参与组织发展,让他们觉得组织是可依靠的,而组织也要恪守自己的承诺。低信任度企业要做的第一件事就是评估员工的态度和努力,弄清信任度低的原因所在。为了构建一个高信任度的组织,管理层必须寻求员工不信任企业的来源,以提高员工士气。倾听员工的建议对提升员工的信任度可以发挥很大的作用,但是仅从员工那里寻求建议是不够的,必须告诉员工高管层采纳了哪些建议及取得了哪些效果,而不能简单地假定员工会留意这些变化。

第三,高管要言行一致。员工之所以对直接上级的信任度高于对高管的信任度,很重要的一点在于,信任是建立在每天的相互接触中,是靠员工的感知而转动。但不是每个员工每天都能看到高级经理。这使得员工对高管所形成的信任度往往依据所读到的和听到的高管们的广播、录像,以及从各种途径传递的谣言。因此,高管应尽可能增加平时与员工接触的机会。员工判断高管并对他们产生信任主要依据平时的形象,比如高管在某些重要场合的讲话能否打动员工。另外,高管对员工的承诺、信用也很重要。

管理学奥秘

疑人不用,用人不疑

有人将信任比作现代企业发展的原动力,这一点也不为过。只有上下相互信任才能拧成一股绳,才能面对可能发生的各种情况。但信任又是个综合性的问题:从企业的远景规划、组织架构、共同愿景的描绘到公司规章的合理、人性;从责、权、利的挂钩到处理小事的公平,信任是逐步积累的过程。

对于员工而言,得到组织的信任后,他们会对现有的工作更加投入,并展现出更多的角色外行为。正如"疑人不用,用人不疑"所言,在慎重选择员工后,就应该信任员工,不应过多干涉其工作。领导者对员工的猜忌只会挫伤员工的工作热情,降低员工的工作积极性。当然,以信任为基础的管理,首先需要该员工有值得信任的基本素质,包括职业道德、职业素养、职业能力等。

对于员工来说,组织信任与否意义重大。信任在员工之间以及员工与组织之间发挥黏结和润滑的作用,能够促进员工之间的充分合作,由此为组织创造巨大的竞争优势。

9 组织支持理论:李牧抗击匈奴

东汉以前,边境地区曾经长期面临匈奴骑兵的袭扰。在抗击匈奴的历史舞台上,出现过一个又一个光彩照人的主角。而论起抗击匈奴的第一位名将,李牧当之无愧。

李牧是如何一战成名的?

《史记》对李牧的记载,有些语焉不详。比如,他早期对抗匈奴,到底开始于何时,他又出生于哪一年,这些都没有详细资料。根据推测,李牧大约出生在赵武灵王后期。他的成名之战,便是抵御匈奴。当时,其幕府,也就是司令部,设在代地雁门郡(今山西宁武北部)。

这时,楼烦、林胡和东胡已经先后臣服于赵。但是按下葫芦浮起瓢,匈奴人随即赶来填空,不断骚扰。赵武灵王虽然修筑了长城,也就是所谓的"赵长城",但被动防御还是不顶事。在这种情况下,赵孝成王将重任赋予李牧。

李牧到达前线后,按照实战需要设置机构和官吏,当地的田赋租税都不上交中央,全部用于军费开支。此举按照当下标准,违反收支两条线原则,属于坐收坐支,但是李牧并非贪官。他下令修缮、增建烽火台,派精兵守卫值更,并派出大量的情报人员潜入敌境,打探情报。上马抓练兵,下马抓后勤,每天都要杀几头牛羊,犒劳将士。这些措施一推行,很快便锻造出能征善战的铁军。

面对匈奴,他的态度看似有些暧昧。他曾这样莫名其妙地命令部下: "匈奴入盗,急入收保,有敢捕虏者斩!"谁敢贪图捕俘立功,杀无赦!

赵孝成王闻听很不高兴,立即派使者前去斥责李牧,催促他主动出击。李牧拒不执行,结果被撤职。

继任的将军上任之后,态度很积极,匈奴人一来便开营迎敌,可是几仗下来,一次都没占到便宜。人员伤亡、牲畜损失都不说,关键是还耽误农时。

没办法,只好再请李牧出山。李牧提了条件:"王必用臣,臣如前,乃敢奉令。"赵王无奈,只得应允。

再度来到雁门的李牧还是按既定方针办,积极练兵,从不言战。他精选战车1300乘,骑兵1.3万,步兵5万,射手10万,统一编组,进行多兵种联合作战训练。眼看协同作战已经得心应手,随即部署会战:秋高马肥之际,他让百姓出去放牧,钓匈奴人的鱼。等匈奴出兵前来揩油,他只派小部队迎敌,两军稍一接触,赵军便败退而去,留下几千个百姓和牲畜,送给匈奴当鱼饵。

匈奴单于大喜过望,立即提点大军,准备狠狠地捞一票。这时,李牧的情报链就起了作用。在得知敌军的动向后,他安排人马,设好埋伏。等匈奴大军赶到,还是先取守势,以消耗敌军,迟滞其进攻:战车正面迎战,步兵集团居中阻击,射手们配备强弓硬弩,箭如飞蝗,铺天盖地地朝敌军飞去。

经过顽强阻击,匈奴骑兵进攻受阻,士气大挫。正在这时,赵军伏兵冲出阵地,加入战斗,包了匈奴人的饺子。

刀光剑影,杀声震天,旌旗蔽日,烟尘滚滚。这还是战斗吗?不是,完全成了对匈奴骑兵的简单屠杀。胡服骑射之后的赵军,骑兵的单兵作战能力大大提高,并不弱于匈奴。一场血战,匈奴骑兵全军覆没,十多万人留在赵国的土地上,再也无法体验秋风纵马弯弓射雕的痛快。经过这番打击,匈奴人再无气焰,"胡人不敢南下而牧马"。而李牧也在突然之间,成为赵国继廉颇、赵奢之后最优秀的将领,成为擎天一柱,国之干臣,还一度执掌了赵国的相印。

作为战国四大名将之一,李牧在抗击匈奴上立下赫赫战功。在抗击匈奴的过程中,李牧将战争指挥艺术发挥得淋漓尽致。但是,由于没有做好与上级的沟通,被赵王误认为消极作战,免去职务。后来,无奈于边境屡屡遭受匈奴袭扰,赵王迫不得已恢复李牧官职。事实上,李牧精通兵法,成功使用疑军之计、诱军之计,最终引诱匈奴大规模出兵,再出其不意,将其包夹围歼。可以说,作为员工,李牧的业务能力非常出众。在重新得到领导的支持后,顺利完成了抗击匈奴的任务。

这个故事说明，在组织中，员工能力的发挥离不开领导的支持。作为组织资源的实际控制者，领导在员工能力发挥中具有举足轻重的作用。尤其是对于员工的创造力的发挥，领导者更要具有指引作用。

领导的支持首先体现在领导对任务的管理。领导清晰地界定工作任务并且明确责任归属在很大程度上对员工的能力发挥具有积极的影响。其次，领导若能积极回应员工的一些工作创意，员工感知到领导鼓励创新的态度，进而就会源源不断地提出关于工作的新想法。若领导的支持性行为能够进一步落实为具体的激励措施，无疑能更大程度激发员工的创造力。

现实情况是，领导在对员工的指导和支持过程中，会经常犯两类错误，表现为"沟通不当"和"指导不当"。具体来说，领导要么不跟员工沟通，要么沟通过度，要么沟通不当，这些情况通常表现为情绪激烈、生气、责备或仅仅沟通不清晰。比如，领导未能与员工就目标沟通清楚，这往往是因为在主观上总认为下属员工已经明白公司的目标，也已经明白该在其中担任怎样的角色。另一方面，领导在给员工提供指导时，不考虑员工的反馈，不给员工授权，这些都会引起员工的误解，使员工无法专心关注问题所在。补充一点，领导在这方面最主要的错误就是给予泛泛的指导，而不考虑员工的情况、任务或具体情境。

毫无疑问，员工能力的发挥需要领导的支持，在实际工作中，往往可以这样实践：首先，员工分配的工作任务应该是有趣或有挑战性的，而且这种挑战性应该在工作之前明确告知员工。当个体感觉到工作需要创造力，这会从根本上给予他们从事创造性活动的肯定和认可。其次，在工作进程中，为员工制定清晰的目标，创造舒适的空间，同时增强社会化交流。清晰的目标主要是强调任务完成的期限，适度的时间压力会激发员工的创造力，但是却不会给员工太大的心理负担。再次，舒适的空间是指相对独立而又宽敞的办公环境，这让员工感觉到安全和自由，更容易全身心投入工作，也更容易产生创造力。最后，工作以外的交流既会使沟通渠道变宽，也有助于增进领导与员工之间的相互了解，当更多的观点可以自由共享时，员工创造力提升的可能性增加。

管理学奥秘

员工感受到的支持——组织支持感

在管理学领域,员工与组织关系的研究中,Eisenberg 在 1986 年曾提出过组织支持感这一概念。可以说,这一概念的提出,为研究员工组织关系提供了崭新的视角。因为在过去的研究中,学者们总是强调员工对组织的承诺而忽视了组织对员工的承诺,认为组织对员工的重视和关心才是员工愿意留在组织并为组织做出贡献的重要原因。

总而言之,员工感知到组织支持感,能够引导员工作出许多积极行为,对企业关心产生的积极作用也是非常显著的。首先,组织支持感能够正向引导员工的工作积极性,企业对员工的贡献的反馈,可以使员工对企业产生情感维系,并深化员工对组织的情感承诺。其次,组织支持感能够良性引导员工的工作投入,使员工将精力投入工作中,这将在很大程度上提高工作效率和质量,最终提高企业整体效益。随着企业整体效益的提高,员工能够获取的组织支持也会增加。通过这种良性循环,员工工作投入会进一步被激发。最后,组织支持感也能增加员工对组织的忠诚度。

> **微点评**
> 组织支持对员工的影响不言而喻:一方面,在具体任务管理方面,它能够为员工明确工作内容、确定责任归属,从而为员工提供实质性的帮助;另一方面,还可以通过一系列激励措施,激发员工的积极性、主动性。

10 "辱虐"管理:张飞之死

看过《三国演义》的人都知道,张飞听到关羽被害之后,"旦夕号泣,血湿衣襟",悲痛之极。为替关羽报仇,他从成都接命回到阆中,即限令所属三军三日内置办白旗白甲,挂孝伐吴。第二天,部将范疆、张达前来报到,说三日内不可能备办完毕,因而要求宽限时日。这本是实情,做不到就是做不到,据实相报,请求宽限,并没有什么不妥之处。但张飞为关羽报仇心切,哪里听得进这两位的话?一怒之下,张飞下令把二人绑于树上,各鞭背五十。

军中体罚,并不始于张飞;张飞之后,也还一路不绝。这时的张飞,一切为了复仇,一切服从复仇,就是要取仇人之首级,祭云长在天之灵,哪管得了其他?范疆、张达二人当然知道张飞的性格,知道张飞此时的心态,惧怕不能如期完成任务被杀,便趁张飞酒醉不备之机,潜入张飞帐中,杀了张飞。

我们可以看看《三国演义》中,对于张飞被杀的细节的描述。

张达曰:"比如他杀我,不如我杀他。"疆曰:"怎奈不得近前。"达曰:"我两个若不当死,则他醉于床上,若是当死,则他不醉",两人议当。张飞令人将酒来,与部将同饮,不觉大醉,卧于帐中,范、张二贼,探知消息,初更时分,各藏短刀,寓于帐中,诈言欲禀机密重事,直至床前。原来张飞每睡不合眼,当夜寝于帐中,二贼见他须竖目张,本不敢动手。因闻鼻息如雷,方敢近前,以短刀刺入飞腹。张飞大叫一声而亡。时年五十五岁……

《三国演义》关于范疆、张达的文字不多,俩人似乎与张飞也没结下多大的冤仇,就那五十大鞭,使其走上了杀帅投敌之路。

步入现代,随着文明程度的提高,体罚现象逐渐不被人们接受,但在古代,人们普遍认同甚至推崇体罚行为,对下属动辄以肉体惩罚在人们心目中是合理的。

相似的道理,现代社会,随着社会的不断进步,领导与下属之间直接的身体接触的冲突非常少见,更多表现为一种"冷暴力"现象。近些年来,西方学者提出来的"辱虐管理"就是最好的证明。

辱虐管理是领导与员工之间一种极为"不正常""不人性"的状态。现代对辱虐管理的定义是通常发生于上级对下级的接触中,指下属感受到来自上级的持续性敌意对待,表现为语言或非语言的"冷暴力",但并不包含直接的身体接触如殴打等。常见的辱虐管理包括公开批评下属,冲下属吼叫,用失去工作来威胁下属,故意截留有用的信息,嘲笑下属,漠视、侵略性的眼神交流等。可以确定的是,辱虐管理是对员工权利与权力的漠视,不利于员工力的发挥。

在我国,辱虐管理的组织层面诱因更加突出,因为员工与组织、下级与上级之间的相对关系更加不平衡,工作中遭受到组织或上级的不公平待遇时,不能向上报复,于是向下辱虐便成为发泄心中负面情绪的出口。自古以来,我国的领导就有一种高高在上的姿态,领导对下属的管理方式主要由领导决定,他们较少顾及下属的需求,普遍缺乏对下属的尊重,这在客观上形成了滋生辱虐管理的"温床"。

对于员工来说,面对领导的辱虐管理,不是所有人都有足够的胆量和智慧去合理处置，对于我国企业的员工而言，以下是三种应对辱虐的典型策略：

第一，隐忍退让。这是善于隐忍、比较传统的大多数国人采取的方式，也符合我国传统社会普遍强调的"上尊下卑"的角色关系与义务。例如，上级可对下级施加压制性的影响而较少受角色规范的约束，下级应该无条件和无批判性地尊敬、信任和服从。因此，在我国的组织情境中，持有传统性观念的员工对主管的辱虐管理可能有更强的耐受力。即便主管表现出不良的辱虐管理行为，高传统性的员工仍倾向于保持克制并服从主管，甚至会将这种行为视为主管对他的"严爱"，而不会降低对主管的信任。此时，传统性的员工更倾向于恪守自己作为"卑"者地位的角色规范与义务，遵从、信任与维护处于"尊"者地位的领导，而不会轻易有"犯上越矩"的举动。

第二，政治逢迎。逢迎是指用一定的策略（如抬高别人、送礼等）来影响别人，使其接纳自己。有效的逢迎行为能够润滑人际关系，降低主管对下属实施辱虐管理的可能性。但值得注意的是，仅仅实施逢迎行为并不一定能达到效果。逢迎只有在别人看来是可信和真诚时才起作用，而若被他人感知为不可信或不真诚的"拍马屁行为"，反而可能增加反感，弄巧成拙。只有那些具有一定政治敏感性、善于察言观色、精通人际影响和玩弄政治的人，才能依靠逢迎行为获得利益。

第三，越级申述。当下属对领导的辱虐管理忍无可忍时，强烈的"不公平"感可能会让某些"不传统"的下属奋起反抗，迫使其采取越级申述，甚至诉诸法律的办法来"讨个说法"。在一个越级申述制度建设有效、沟通渠道畅通、企业文化开明的组织中，越级申述和公开的制度无疑是组织所倡导的。但在组织制度建设不完备，传统文化影响还根深蒂固的情况下，越级申述不但不能起到积极的作用，反而会让申述者付出很大的代价。对于员工来说，通常只有在情况危急、不可挽回的情况下，才会"铤而走险"，作出"鱼死网破"的选择。公开申述得到公正结论的成数也许很高，被申述的主管固然可能受到重创，但对于申述者而言，没有人愿意重用一个申述过自己主管的人，很可能是他将来要面对的一个结局。

对于企业和领导来说，辱虐管理是一种破坏式的领导方式，不利于员工个人能力的发挥，组织需要尽可能避免这种具有暴君行为的领导；而对于员工来说，当遭遇辱虐管理时，需要直面、正视、积极处理，逃避往往不是一个好的选择。

管理学奥秘

破坏性领导——辱虐管理

领导的行为并不总是积极的,近些年来,越来越多的学者关注领导的"坏行为"。辱虐管理作为一种典型的破坏性行为对员工的负面影响十分明显。现代社会中,辱虐管理频发,调查显示,约10%—16%的美国员工会定期遭到主管的辱虐,并且这一数字在连年提高。在我国,由于受到等级制度和尊卑文化的影响,辱虐管理行为在各个组织和行业中普遍存在。相关的研究也发现,辱虐管理对于员工具有较大的危害性。受到主管辱虐管理的员工无论在心理上还是行为上都会出现消极的反应,比如出现心理困扰、偏差行为以及人际异常行为。

作为员工,不仅要对辱虐管理的危害有充分的了解,而且应该掌握适当的应对措施。

作为典型的破坏性的领导方式,辱虐管理对于员工微权力的破坏性显而易见。对于员工来说,应掌握适当的应对技巧,积极应对。如果辱虐管理无法被恰当处理,"微权力"就会成为一种奢望了。

第三节 个人与组织

一个人只要身处社会,就会不可避免地和各种组织挂钩。组织是个人发挥效能的地方,是"微权力"施展的舞台,而且发挥得当的"微权力"能够让个人与组织互利。在这一节中,我们将从个人与组织的角度来说故事、讲道理。

11 员工团队与群体:说说唐僧师徒

如果有人突然问你,最成功的创业团队是哪个团队?你的答案会是什么?马云的答案是唐僧师徒四人。

虽然这是一个文学故事,并非真实存在,但是说起他们必然是有理由的。作为我国古代浪漫主义文学作品的巅峰之作,《西游记》中的唐僧团队为了一个宏伟的目标,克服种种艰难险阻,最终取得真经。

唐僧似乎是一个不食人间烟火的圣人,在整个取经的路上言语不多,常常处于一种超然于物的状态。但不可否认的是,他心思缜密,能注意到事物的细节,最为大家熟悉的就是他的固执和对西行取经的决然。

孙悟空则刚好相反,一个典型的行动主义者,总是用最快的速度解决问题,似乎总有用不完的精力和能量,行事刚毅果敢,是西行路上解决困难的中流砥柱,不过情绪很不稳定,容易激动。

再来看看猪八戒,这个在网络上为大多数女性所青睐的人物热情奔放,总也闲不住,到处找乐子,是那种情感外露而善于交际的角色。西天取经的路上要是没有他,那将是一段多么乏味而苍白的远行。

最后就是那敦厚老实的沙和尚了,沉默寡言,随和低调,低调得差点就让人忘记了他的存在,但是也就是因为他任劳任怨,这个团队里所有的琐碎而乏味的工作基本上都落在了他的肩头,而且当其他三人发生冲突时,也是他从中斡旋。师徒四个人组成了一个相对稳定的西行团队。

如果我们从领导和员工的视角去看待这一个团队,身为领导的唐僧显然是这个团队的核心,而且也正是因为唐僧的领导才能使得作为员工的徒弟们发挥各自的神通。

在唐僧的三个员工中,孙悟空能力高强,但性格散漫,不太爱听领导的话;猪八戒为枯燥乏味的取经生活增添了欢乐,活跃了气氛,但是能力一般,自以为是,经常偷懒;沙僧在三个徒弟中能力最差,但工作态度最好,任劳任怨,最听领导的话。这三个徒弟的共同特点是,他们在有着非常突出的优点的同时又有着异常明显的缺点。而同时面对这三个优缺点突出的员工,唐僧却能够将他们拧成一股绳(虽然在这个过程中,冲突、矛盾此起彼伏)。

唐僧虽然能力不强,但意志坚定,朝着西天的目标勇往直前,从不畏难退缩、中途逃跑(这是悟空和八戒常干的事)。其次是肚量大,有包容心,不管哪个徒弟顶撞了他,他都能做到以德服人,公平对待,从不记仇,由此得到了徒弟们的尊敬,这就是唐僧的威信!再者,唐僧总是以身作则,带头遵守纪律,吃苦在前,享乐在后,经常对妖精大喊:"要吃先吃我!"所以渐渐得到了三个徒弟的爱戴,这就是领导的个人魅力!这几大优点还不足以说明为什么他能当领导吗?所以说,唐僧虽然水平一般,但相比其他三个徒弟中的任何一个,恐怕还是唐僧更适合当领导。因此,我们将唐僧师徒四人称为一个团队,而不是群体。

同样是一群人在一起合作,有些我们称之为团队,有些我们称之为群体，从某种程度说，群体与团队的区别可以看做员工微权力作用的结果。团体是指两个或两个以上的个体为一个共同的目的、利益或娱乐而联合或正式组织起来，彼此间具有相互依赖的互动关系。群体是相对于个体而言的，但不是任何几个人都能构成群体。群体是指两个或两个以上的人，为了达到共同的目标，以一定的方式联系在一起进行活动的人群。

下表详细列出群体与团队的差异。

	群体	团队
领导方面	具有明确的领导人	发展到成熟阶段后，成员共享决策权
目标方面	目标必须跟组织保持一致	除了组织目标外，成员有着自己的目标
协作方面	协作性是中等程度的，有时成员还有些消极，有些对立	充满齐心协力的气氛
责任方面	领导要负主要责任	成员也要负责，甚至要一起相互作用，共同负责
技能方面	成员的技能可能是不同的，也可能是相同的	成员的技能是相互补充的，把不同知识、技能和经验的人综在一起，形成角色互补，从而达到整个团队的有效组合
结果方面	绩效是每一个绩效相加之和	结果或绩效是由大家共同合作完成的

由此，我们之所以将这一群人称为团队而将另一群人称为群体，其中最大的差别就是这一群人作为员工发挥自身能力的不同。在团队中，这些员工掌握着互补的技能，有着高度一致的共同目标，共享决策权，更加民主化的决策所带来的结果是高效率的运作。最终的结果是在自身能力充分发挥基础上，团队效率的最大化。

可以说，团队与群体之间的区别就是由员工微权力发挥程度所导致的，在团队中，员工之间优势互补，各自能力得到最大程度的发挥。最终实现1+1＞2的效果。当今社会经济迅猛发展，逐渐突显信息化、知识化和网络化的时代特征，现代组织在复杂多变的内外环境面前，传统的组织结构模式难以适应当前形势，扁平化和灵活性成为组织结构变革的趋势。在此过程中，团队模式的工作方式应运而生，成为现代组织中应对日益动荡环境和激烈竞争的有效组织形式。

那么，对于员工来说，怎样才能组成一个团队呢？或者说怎样进行员工的团队建设呢？

第一，加强培训，提升团队学习力。注重培训，快速提升团队成员的综合素质。团队成员的素质决定了团队整体素质水平,而且成员之间的素质差距过大,很可能会影响合作的质量,也可能导致团队目标无法顺利完成,影响团队内部的凝聚力。在此基础上倡导团队学习,一个团队学习的过程,就是团队成员思想不断交流、智慧火花不断碰撞的过程。如果团队中每个成员都能把自己掌握的新知识、新技术、新思想与其他团队成员分享,团队的学习力就会大于个人的学习力,团队智商就会大大高于每个成员的智商。要注重在团队中营造和谐的内部氛围,让团队成员能主动分享所掌握的业务知识和技能,形成团队合力,提升团队学习力。

第二,加强沟通,提升团队协作力。一方面,员工应主动与管理者沟通,及时将工作中遇到的难题或者好的建议向团队管理者反馈,即便团队领导不能接受下属成员的建议,也能让管理者理解其观点,沟通的结果自然得以改善。另一方面,团队负责人应该积极与部属进行沟通,通过与员工进行经常性的沟通,在团队内部形成一种民主氛围,使得员工敢讲真话与实话,这样既能解决团队中存在的问题,又不致挫伤员工积极进取的锐气,从而在团队中真正形成合力。

第三,加强引导,提升团队竞争力。既要增强团队的外部竞争意识,也要增强团队的内部竞争意识。团结协作虽然是团队的核心,但这并不意味着团体内部没有争论、没有竞争。"鲶鱼效应"在团队建设中同样起着重要的作用。

第四,加强创新,提升团队成长力。现代管理经验告诉我们,创新可以提高组织的竞争力,管理者在管理团队时要适当鼓励成员个体优势的发挥,要达到个性与共性的和谐搭配。要提高团队的综合竞争力,就必须不断让团队充分展示自我,最大限度地发挥其才能,这样才能形成团队独有的竞争优势。

管理学奥秘

员工团队知多少

团队的组织形式强调对共同目标的理解和认同以及在实现目标过程中团队成员的充分沟通和密切协作,赋予团队模式对变动环境强大的反应能力,大幅提高组织的工作效率。

其实,"团队"这个词距离我们从来就不遥远,不妨想一想在远古的狩猎时代,人类族群的形态多是需要自我管理的小团体。那时候,人们天然喜欢劳动,因为劳动和温饱直接相关,这就使人类有着强烈的自主性和内驱力。回到现在,我们接下来要做的一件重要的事情,也是不断放大工作中员工可以自主的部分,这也是让工作本身产生内驱力。让员工自主工作,主动发挥自身的能力,这与过去领导督促员工的工作方式有着天壤之别。移动互联网时代,团队只是让员工自主发挥能力的开始!

之所以我们将一群人称为团队而将另一群人称为群体,就是因为在团队中员工能够保证对共同目标的理解和认同,以及在实现目标过程中的团队成员充分沟通和密切协作。这也可以看作是团队与群体"员工力"的差异。

12　组织公民行为:弦高退兵的故事

这个故事发生在春秋时期。

晋文公打败了楚国,会合诸侯,连一向归附楚国的陈、蔡、郑三国的国君也都来了。郑国虽然跟晋国订了盟约,但是因为害怕楚国,暗地里又跟楚国结了盟。

晋文公知道这件事,打算再一次会合诸侯去征伐郑国。大臣们说:"会合诸侯已经好几次了。咱们本国兵马已足够对付郑国,何必去麻烦人家呢?"

晋文公说:"也好,不过秦国跟我们约定,有事一起出兵,可不能不去请他。"

秦穆公正想向东扩张势力,就亲自带着兵马到了郑国。晋国的兵马驻扎在西边,秦国的兵马驻扎在东边。声势十分浩大。郑国的国君慌了神,派了个能说会道的烛之武去劝说秦穆公退兵。

烛之武(郑国)对秦穆公(秦国)说:"秦晋两国一起攻打郑国,郑国准得亡国了。但是郑国和秦国相隔很远,郑国一亡,土地全归了晋国,晋国的势力就更大了。晋国今天在东边灭了郑国,明天也可能向西侵犯秦国,对您(秦国)有什么好处呢?再说,要是秦国和我们(郑国)讲和,以后你们有什么使者来往,经过郑国,我们(郑国)还可以当个东道主接待使者,对您也没有坏处。您瞧着办吧。"

秦穆公考虑到自己的利害关系，答应跟郑国单独讲和，还派了 3 个将军带了 2000 人马，替郑国守卫北门，自己带领其余的兵马回国了。晋国人一瞧秦军走了，都很生气，有的主张追上去打一阵子，有的说把留在北门外的 2000 秦兵消灭掉。晋文公说："我要是没有秦君的帮助，怎么能回国呢？"他不同意攻打秦军，却想办法把郑国拉到晋国一边，订了盟约，撤兵回去了。

留在郑国的三个秦国将军听到郑国又投靠了晋国，气得吹胡子瞪眼，连忙派人向秦穆公报告，要求再讨伐郑国。秦穆公得到消息，虽然很不痛快，但是他不愿跟晋文公扯破脸，只好暂时忍着。

过了两年，也就是公元前 628 年，晋文公病死，他的儿子襄公即位。有人再一次劝说秦穆公讨伐郑国。他们说："晋国国君刚死去，还没举行丧礼。趁这个机会攻打郑国，晋国决不会插手。"留在郑国的将军也送信给秦穆公说："郑国北门的防守掌握在我们手里，要是秘密派兵来偷袭，保管成功。"

秦穆公召集大臣们商量怎样攻打郑国。两个经验丰富的老臣蹇叔和百里奚都反对。蹇叔说："调动大军想偷袭这么远的国家，我们赶得精疲力乏，对方早就有了准备，怎么能够取胜？而且行军路线这样长，还能瞒得了谁？"秦穆公不听，派百里奚的儿子孟明视为大将，蹇叔的两个儿子西乞术、白乙丙为副将，率领 300 辆兵车，偷偷地去打郑国。

次年 2 月，秦国的大军进入滑国地界（在今河南省）。忽然有人拦住去路，说是郑国派来的使臣，求见秦国主将。孟明视亲自接见那个自称使臣的人，并问他前来干什么。

那"使臣"说："我叫弦高。我们的国君听到三位将军要到郑国来，特地派我送上一份微薄的礼物，慰劳贵军将士，表示我们的一点心意。"接着，他献上 4 张熟牛皮和 12 头肥牛。

孟明视原来打算在郑国毫无准备的时候，进行突然袭击。这样看来，要偷袭就不可能了。

他收下了弦高送给他们的礼物，对弦高说："我们并不是到贵国去的，你们何必这么费心。你就回去吧。"

弦高走了以后，孟明视对他手下的将军说："郑国有了准备，偷袭没有成功的希望。我们还是回国吧。"说罢，就灭掉滑国，回国了。

在上面这个故事中，秦穆公带兵到郑国驻扎在东边，郑国国君派烛之武去劝说秦穆公退兵的这种行为，从人力资源的角度来说，是一种员工执行领导指挥，完成任务的角色内行为。这种行为是依据组织制度和工作职责而产生，对于员工来说是"分内之事"。而对于弦高来说，退敌并不是弦高的职责，退敌之后也没有要郑王的任何奖赏，弦高的这种行为指向了一种非常有意思的人力资源现象——组织公民行为。这是一种典型的角色外行为，这种行为不包括在员工的工作描述中，完全出于个人意愿，不一定要得到组织明确的回报。组织公民行为有助于提高组织的有效性，常见的组织公民行为有：主动帮助新员工、员工主动学习新知识等。

现代，很多企业对于员工的认识可能还停留在"经济人"假设上，"经济人"是早期的人性假设理论，认为在企业中人们行为的主要目的就是追求自身，而工作的动机是为了获得经济报酬。因此，这些企业不遗余力地建立各种奖惩措施，试图最大程度激发员工努力工作，认为兢兢业业完成角色内的行为即可，不必大费周章去激发员工更高层次的工作行为。

在人力资源领域，员工敬业度这一概念是指员工在情感和知识方面对企业承诺和投入的程度。员工敬业的最高境界是员工不但全心全意地投入工作，而且愿意付出额外的努力促使企业成功。但是令人遗憾的是，据盖洛普2011—2012年对142个国家和地区"员工投入程度"的调查显示，东亚地区的员工敬业率最低，其中中国（包括香港）的敬业率尤其令人担忧，真正敬业的员工占比只有6%。换句话说，员工真正愿意付出额外努力的并不多。像这个故事当中的组织公民行为可能就更少了。

毫无疑问，每个企业/组织都应该重视员工的角色外行为的发挥，因为任何组织系统的设计都不可能完美无缺。如果只依靠组织规定的员工的角色内行为，一方面，员工的潜能不能完全开发，另一方面，组织目标也将难以实现。

组织应采取哪些措施激发员工组织公民行为这样典型的角色外行为呢？

第一，重视组织公平。相关研究发现，员工感知到的公平感与组织公民行为等角色外行为存在因果关系。当员工感知到企业中的公平感时，他将表现出持续的组织公民行为，以作为对组织的回报。

第二，重视领导行为对员工的影响。在中国背景下，领导人对员工的行为会产生极大的影响。员工更加重视与领导人的关系。那些与领导人有着高质量的"交换关系"的员工会由于被领导重视，从而得到更多的激励，并注意自己日常的行为规范。他将认真工作，为组织付出更多的努力并产生更多的组织公民行为。因此,企业的管理者应改善其领导行为,多做有利于组织公民行为发生的领导行为。企业管理者的领导行为对员工的心理感受产生直接影响,好的领导行为利于员工自发地形成对企业的忠诚感和责任感,使员工个人价值的实现与企业的发展有机结合起来。同时,通过他们为员工树立榜样,关心员工的工作与学习,改善员工的价值观、思想观,更有利于激励员工使组织利益超越自身利益,更加投入到工作中去。

第三,重视企业文化对员工的影响。组织公民行为是一种在组织成员的角色要求之外的行为,管理者有时不容易觉察到员工的这些行为,也不易于通过正式的奖惩系统促使员工实施这些行为。在这种情况下,组织文化的作用就显得尤为重要。好的组织文化意味着组织成员有着共同的行为准则及企业价值观。因此,管理者应该运用各种组织文化建设方法,在组织中创建鼓励和支持组织公民行为的文化,使得组织公民行为作为潜在的行为规范固化在组织的文化中。

第四,加强对员工的激励。企业应根据行业和企业的特点,建立起有效的激励机制,从而鼓舞员工的工作热情,促进员工挖掘自身潜力,发挥主动精神,产生有利于个人绩效和组织绩效的组织公民行为。在管理过程中应加强对员工的激励和关心,重视员工高层次精神需要的满足。企业管理者的领导行为将对员工的心理感受产生直接影响,好的领导行为将利于员工自发地形成对企业的忠诚感和责任感,使员工个人价值的实现与企业的发展有机结合起来。

第五,重视员工职业生涯培养。企业想要提高员工组织公民行为,让他们在短时间内全身心投入到工作中,尽快与企业合二为一,则需加强对员工职业生涯的规划。对员工职业生涯的培养,可以使员工感到被企业尊重、关注,形成一种强烈的归属感,激发员工的主人翁意识,使得员工更有意愿为组织付出。

管理学奥秘

你是组织的"公民"吗?

员工组织公民行为的展现对于企业的正常运作以及持续发展都会产生积极的影响。当组织中的员工主动地表现出利他行为,帮助新员工学习工作技能,可以使新员工熟悉业务,降低成本。当组织中的员工表现出尽职尽责行为和公民道德行为时,必能准时完成上级的任务,致力于发挥对组织创造价值的行为。所以,促使员工表现组织公民行为可以有效降低经营成本,加强员工的团队合作竞争,充分挖掘人力资源潜能。这里,我们以组织公民行为的量表①,测一测员工是不是组织中的好公民。

(1) 我愿意帮助新同事以适应工作环境

(2) 我愿意帮助同事解决与工作相关的问题

(3) 当有需要的时候我愿意帮助同事做额外的工作

(4) 我愿意配合同事工作并与之交流沟通

(5) 我愿意挺身而出保护公司的名誉

(6) 我会热心于告诉外人有关公司的正面新闻并对一些误解进行澄清

(7) 我会及时提出建设性的建议以促进公司的运营

(8) 我会积极地参加公司的会议

(9) 我时刻遵守公司的规章和程序,即使没人看见并且没有证据留下

(10) 我认真对待工作并且很少犯错误

(11) 即使下班时间快到了,我也会将手上的工作认真完成

(12) 我经常很早到达公司并马上开始工作

(13) 我会主动与同事建立良好融洽的关系

(14) 我会主动探望生病或者有困难的同事,需要时为他们捐款

(15) 我会协助解决同事之间的误会和纠纷,以维护人际和谐

(16) 我有时在背后议论同事或领导

(17) 我有时会在工作时间处理个人事务(例如炒股、网购、浏览网页)

(18) 我经常使用公司资源做个人的事情(例如用电话打长途、打印或复印个人的资料、将办公用品带回家中自己使用)

(19) 我认为病假是有利的,有时会寻找借口请病假

这些题项分别测量了组织公民行为的 5 个维度:利他主义(1—4),公民美德(5—8),责任意识(9—12),人际和谐(13—16),保护公司资源(17—19)。

作为典型的角色外行为,组织公民行为对组织意义重大。组织对于员工的期望当然不仅仅满足于员工完成"分内之事",显然,像组织公民行为这种典型的"分外之事",组织总是希望多多益善。

---

① 贾波. 职场排斥对员工组织公民行为影响的实证研究[D]. 辽宁大学,2014.

13 公忠与私忠：晏子的故事

忠诚在中国具有悠久的历史渊源和独特的文化内涵。中国文化是一种高权力距离的文化，并且受家族主义长期影响，强调长幼尊卑的伦理道德。具体到企业或组织内部，讲究的是组织对主管和下属的照顾和体恤，下属对组织和主管的忠诚和回报。

在我国传统的政治环境中，一直存在这两类忠诚形式：一是对国家社稷的忠；二是对君主个人的忠。延伸到当今组织中，分别称为对组织的忠和对主管的忠。

公忠的对象是个人所在的组织，要求是有敬业精神，恪尽职守，在企业中一般体现为认同企业的基本价值观，对企业负责。"能上尽言于主，下致力于民，而足以修义从令者，忠臣也。"而私忠的对象则是某个人或某个小集团，在企业中一般体现为受某个领导者个人品质或个人权威影响，抑或受其金钱利益诱惑而忠于其个人，典型的体现便是当一些企业的管理人员离职时，往往能够带走部门中的一批中坚力量，这些人可以说就是对该领导私忠而非对组织忠诚。

因此，对于一个企业来说，如何建立员工对企业价值观的认同是获得员工"公忠"的一个重要手段；而身为员工，也要确认自己的立场。现在我们就通过历史上的一些实例来进行说明。

周灵王二十四年（公元前548年）五月，崔杼决定乘晋国联合众诸侯意欲大举伐齐之时杀死齐庄公，全国震动，许多大臣抱着为君尽忠的想法自杀，又有许多闻讯前来吊唁的大臣被杀死在崔杼家中，一时间齐都一片腥风血雨。

听说齐庄公被崔杼所杀，晏婴不顾个人安危，毅然带着随从前往齐都去吊唁齐庄公。晏婴来到崔杼家门前，他身边的下人担心地问他："您将为国君殉而葬吗？"晏婴说："难道是我一个人的国君，我应该为他而死？"随从又说："那么我们何不逃跑呢？"晏婴说："难道国君的死是我的罪过，我要逃跑？""那么我们还是回去吧？"晏婴说："国君都死了，我回到哪里去呢？作为万民之主，难道只是为了利用他的地位来高跨于百姓之上？应当主持国政，作为君主的臣下，难道只是为了获取俸禄？应当保卫国家！所以君主为国家而死，那么臣下就应该为他而死；君主为国家而逃亡，臣下就应该跟他逃亡。如果君主只是为自己的私欲而死，为个人的事情而逃亡，不是他宠爱的人，谁敢承担责任，为他而死，为他而逃亡呢？可是我现在又能回到哪里去呢？"说罢，晏婴径自闯进崔家，脱掉帽子，捶胸顿足，不顾一切地扑在齐庄公的尸体上，号啕大哭了一场，然后起身离去。

杀死齐庄公后，崔杼便和另一个大贵族庆封拥立齐庄公的异母兄弟杵臼为国君，这就是齐景公。为了巩固权势，树立威信，他把满朝文武大臣都驱赶到太公庙上，派兵内外把守，逼迫大家歃血为盟，表示效忠于他。稍有违迕，即被处死。轮到晏婴时，他从容举杯，义愤填膺地对天盟誓："我只忠于君主和国家。凡为虎作伥、助纣为虐者均不得好死！"说罢，一饮而尽。崔杼恼羞成怒，恶狠狠地用剑顶着晏婴的胸膛，要他重新发誓。晏婴毫不畏惧，厉声回答："崔杼，你读过《诗经》吗？诗曰：'莫莫葛藟，延于条枚，凯弟君子，求福不回'（意为葛藤一片到处长满，蔓延缠绕树枝树干。和乐平易好个君子，求福有道不邪不奸）。不管你是用刀砍头，还是用剑穿胸，我晏婴决不屈服！"

在晏子的故事中我们注意到一件事，就是他虽然并不畏惧死亡，却没有按当时的忠臣标准为君殉葬，而是继续为国效力。后来，楚国大夫曾用此事质问他，晏子正色反驳道："做大事的人，不必拘泥于小节，人无远虑，必有近忧。我只知道君主为国家的社稷而死时，作臣子的才应该与之同死，而今先君并非为国家社稷而死，那么我为什么要随随便便从先君而死呢？那些死的人都是愚人，而非忠臣，我虽不才，但又怎能以一死来沽名钓誉呢？况且在国家有变时，我不离去，乃是为了迎立新君，为的是保存齐的宗祖，并非贪图高位呀，假使每个人都离开了朝中，国家大事又有谁来做呢？……"显然，对于齐国这个组织来说，晏子是一个典型的公忠型的员工。

让我们再来看看豫让的故事。豫让是春秋时代晋国人，最初曾在范氏和中行氏处当过臣下，但均未受到重用。直到他投靠智伯门下，才受到尊重，而且主臣关系很密切。晋哀公四年（公元前453年），智伯被韩、赵、魏三家攻灭，赵襄子把智伯的头盖骨涂漆后做成了酒杯。豫让万分悲愤，立誓要为智伯报仇，刺杀赵襄子。

他先是改换姓名，混入罪犯之中，怀揣匕首到赵襄子宫中做杂活，因行迹暴露而被逮捕。审问时他直言："欲为智伯报仇！"赵襄子觉得他忠勇可嘉，将他释放。豫让获释后仍不甘心，他将漆涂在身上，使皮肤肿烂，剃掉胡子眉毛，同时吞吃炭块，使嗓子变哑，使人认不出他的本来面目。豫让摸准了赵襄子的出行路线和时间，埋伏在一座桥下，赵襄子过桥坐骑受惊，让手下人去打探,果然又是豫让。豫让知道生还无望,无法完成刺杀任务,请求赵襄子脱下外衣让其象征性地刺杀几下,然后,仰天大呼:"吾可以下报智伯矣!"遂自刎而死。

史书记载,捉了豫让后,赵襄子责备他说:"你以前曾经在范氏和中行氏手下工作,智伯消灭了他们,你不但不为他们报仇,反而投靠了智伯;那么,现在你也可以投靠我呀,为什么一定要为智伯报仇呢?"豫让说:"我在范氏、中行氏手下的时候,他们根本都不重视我,把我当成一般人;而智伯却非常看重我,把我当成最优秀的人才,是我的知己,我非替他报仇不可!"

可见,领导有魄力,对员工尊重,就容易获得员工的私忠;相反,如果员工感到不被上级所重视,那么自然也就不会对上级有什么归属感,进而也难以对组织产生公忠思想。

显然,对于企业来说,最好的情况莫过于自上到下各级员工的公忠和私忠保持高度一致,即所有人都对组织怀有高度忠诚。员工要实现公忠和私忠并重的前提,是上级与其所在企业的利益、目标一致。这样,当员工做出贡献时,既是自己人生价值的实现,同时也为组织谋取了利益,提高了上级的地位,三者之间是协调一致的。这时,员工的智慧、才能得到充分的展现,同时也表现出对组织的忠诚。

引用一个真实故事作为结尾。一位管理学者曾在中部地区访谈了一位年轻的总经理。两年来,他雷厉风行、大刀阔斧的改革为公司带来了翻天覆地的变化,赢得了投资者和员工的一片喝彩声。坐在他的车里,发现车座旁有根棒球棒,感到很奇怪:"你打棒球?""不,防身用的。""为什么?"被逼无奈,总经理向他讲述了自己如何冒着生命危险,与各种地方邪恶势力、贪污盗窃分子做斗争的经历,跌宕起伏,凶猛险恶。学者问:"老板离你1,500公里,又难得才来一趟,干吗对他如此忠诚?"答曰:"他从来没有要求过忠诚。只是他对我如此信任,我觉得应该对他给我的这个岗位负责。"

管理学奥秘

我们先忠主管?还是先忠组织?

按照常理,组织更加希望员工能够忠于组织,而不是忠于个人。可能的解释是,主管个人与组织之间也存在着代理问题,主管并不一定能够代表组织。但是相关的研究发现,仅仅强调对组织的忠诚并不奏效。甚至,仅忠于组织而不忠于主管对组织是不利的,忠于主管在忠于组织与员工之间起着桥梁作用,也就是说,没有忠于主管的作用,无论员工忠于组织的程度有多高,对组织都是不利的。①

实际上,与主管相比而言,员工与组织的关系比较模糊,员工与主管的互动程度更高,在心理和空间上更为接近,关系也更为密切。组织不像主管那样可以感知到员工的工作行为并对其进行绩效反馈,并且员工绩效考评的结果在很大程度上取决于上级主管的主观评定。可以预见,组织中的员工大多会更加倾向于效忠主管。同时,在中国,员工受到"滴水之恩,当涌泉相报"的文化和价值观的影响,效忠主管更多地表现在尽职、奉献和情感依附上。

 当员工融入不了企业的时候,就会出现忠诚度不高的问题。忠诚对于企业的重要性不言而喻。同时,在中国独特的背景下,我们更要强调的是员工"公忠"与"私忠"的统一。

14　反生产行为:以吕布、庞涓为例

在讨论这个话题之前,首先让我们了解一下什么是反生产行为。反生产行为亦称反生产工作行为或反生产力行为,是指个体表现出的任何对组织或者组织利益相关者的合法利益具有危害或者存在潜在危害的有意行为。这种行为定义的核心内容落在"有意"两字上。

让我们再次把目光转回到纷乱的三国时期,这一时期大家公认的武艺最高强的将领莫过于吕布了,所谓"马中赤兔,人中吕布",足以见人们对他的评价之高。

吕布最初在丁原手下处事。《后汉书》《三国志》均说:"吕布字奉先,五原郡九原人也。以骁武给并州。刺史丁原为骑都尉,屯河内,以布为主簿,大见亲待。"(注意:吕布并不是丁原的义子)

史料上首先介绍的是吕布的"骁武",也就是说吕布以"骁武"著称,当初是以自己的"骁武"投奔并州的,接下来介绍的是刺史丁原却给了他一个"主簿"的职位,如此骁勇的武将,却做了一个文官,这意味着什么?

---

① 李胜兰,陈小锋,高日光. 仅忠于组织而不忠于主管对组织有益吗? [J]. 当代财经,2014(2):79—85.

现实中有很多这样的例子，员工越是文凭高、能力强，越是受到各方力量的排挤，比如，同事会给你白眼，讽刺挖苦你，上司会认为你想出风头，一旦你超过上司，那么他的地位就会不保，所以他会处处给你小鞋穿，安排给你并不擅长的工作。如此，员工就会产生怨恨，就会有怀才不遇的感觉，也就容易产生反生产行为了。

吕布凭着自己的一技之长投奔到刺史丁原帐下，本以为平生所学能够得到施展，自己的抱负能够得以实现，然而让他始料不及的是，领导只给了他一个"主簿"的差事。主簿是什么？是辅佐主吏的文职官员，让一个舞枪弄剑的人成天同笔墨纸砚打交道，这是什么行为？领导用人不当，直接导致优秀员工反而损害了集体利益。

有了以上背景，就不难理解吕布的处境，就不难理解董卓为什么能够说服吕布而让他杀掉丁原。

《三国志》说："卓以布见信于原，诱布令杀原。"怎么引诱的？《三国演义》中说，当李肃自告奋勇要当说客的时候，只提出用"赤兔马"作为诱饵，金银珠宝并未强求，而董卓欣然与之，更与黄金一千两、明珠数十颗、玉带一条。这充分说明董卓对人才的重视，蔡邕哭董卓也能证明这一点。如此重礼对当时还是小吏的吕布来说，其诱惑力是难以抗拒的。当本就心怀不满的员工爆发时，其破坏力难以想象。

再看看李肃与吕布的对话。吕布说的尽是些"委身于丁原实出无奈……恨不逢其主"等一类的牢骚，这表明了他怀才不遇的境况和心情。李肃说，像我这样没什么本事的人都当上了虎贲中郎将，你吕布的才能，肯定贵不可言。金银珠宝，高官厚禄，英雄有了用武之地，又能让自己的仕途大进，这对于初涉江湖、以技能求职的吕布来说，夫复何求？所以，吕布跳槽，那是迟早的事。即使他依然能继续忍受，也绝不会尽心尽力，甚至有意破坏。杀丁投董只是其反生产行为达到最大化的一个体现。

不管是丁原还是董卓，造成吕布有意损害组织的诱因都是对上级领导的不满，逐步发展，最终对整个组织产生了巨大破坏，这属于直接损害组织层面的反生产行为。接下来我们再看一个从损害人际关系层面间接危害组织的案例——庞涓与孙膑之事。

我们要说的是庞涓的"小心眼"。孙膑与庞涓是同学，一起拜鬼谷子为师。后来，庞涓到魏国闯荡，得到魏惠王赏识，提拔他为将军。但他自认为个人才能不及孙膑，就故意派人请孙膑到魏国，说要向魏惠王推荐孙膑。孙膑没有防范心理，高高兴兴地到了魏国。庞涓嫉贤妒能，害怕孙膑在魏国受到重用，终于露出豺狼面目，故意找岔子，诬陷孙膑犯法。欲加之罪，何患无辞！可怜一代军事天才，落得个残疾人的下场，被庞涓削去了膑骨，而且脸上还被黥面，留下了一辈子抹不去的污点。庞涓迫害孙膑的目的，就是要让孙膑永远得不到重用，永远发挥不了才干；就是要让孙膑不能爬到他前面，让这世上只知庞涓不知孙膑。

庞涓确实达到了他的大部分目的，而最终的结局大家也都知道。庞涓以他个人的反生产行为不仅使组织失去了一位栋梁之材，后来还为组织和自己带来了深重的灾难。

以上两个故事都是发生在历史上，回到现代，员工的反生产行为，或轻或重都会造成企业的效率和效益的损失。除了经济损失之外，反生产行为对于员工的消极影响不容忽视，它不仅会造成员工工作满意度降低、组织认同感下降，更会引发员工的频繁离职、企业社会形象受损等。那么，我们应该采取哪些措施防止员工的反生产行为呢？

一方面，我们要注重企业文化的力量。企业文化是指一个群体的行为规范和共同的价值观念。从行为的角度看，企业文化其实说明了组织认可的行为。那些明显与组织倡导的行为相悖的行为，将会引起组织成员共同的不满。组织形成的强大舆论氛围，使人们不敢轻易尝试反生产行为。

另一方面，要在企业内部倡导尊重。随着知识水平的提升，员工大都有着良好的教育背景，其需求也呈现出多样化的趋势。工作对于个体而言已不仅仅是个人价值的追求，人们还渴望与他人合作和沟通，并且希望通过展示自己的才华，得到别人的认可和尊重。为了顺应员工的这种需求变化，组织应当注重营造倡导尊重的心理环境。正所谓"人敬我一尺，我敬人一丈"，在一丈与一尺之间，或许我们可以说那九尺就是积极的组织公民行为。反过来，对员工的蔑视甚至侮辱必定会导致人们的消极行为。

管理学奥秘

反生产行为的四种类型

目前，对组织反生产行为维度的构建中，具有代表性的、系统的是Robinson和Bennett所建立的两维模型。这两个维度分别是：反生产行为的严重性程度和反生产行为的伤害是指向人际间的还是指向组织整体的，在这两个维度的基础上,他们构建了一个二维坐标,并命名了四个象限:生产变异、财务变异、政治变异、人际变异。下图中列举的行为是一些比较明显的例子。

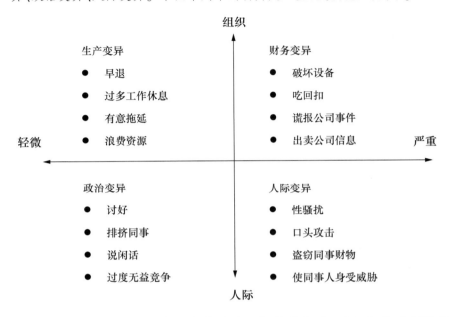

总而言之,反生产行为作为典型的职场偏差行为,对组织的破坏性显而易见,相关的研究也表明反生产行为对工作绩效等具有显著的影响。无论如何,员工都应该竭力避免卷入反生产行为。

几乎每个企业都遭遇过员工的反生产行为,反生产行为会给企业带来巨大的损失。对于企业来说,应该提高管理者以及员工对于反生产行为的性质和后果的认识。合理引导,积极处理,将反生产行为对企业的负面影响降至最低。

15 员工绩效管理:君主们的烦恼

绩效管理一直被认为是激励员工的重要手段,对于组织来说是非常重要的一个模块。历史上同样发生了一些非常有趣的故事。我们先从水浒传中的宋江说起,做一个"抛砖引玉"。

《水浒传》中有段著名的"梁山泊英雄排座次"的故事。宋江在指挥了几场胜仗之后,认为时机已经成熟,有必要总结一下工作,按照自己的招安思路进行组织建设。可是,如何根据好汉们的绩效贡献来排座次呢?虽然前几位的次序大致可以确定,但后面的排序要想理个清楚,恐怕会惹来诸多纷争。如果操作失措,就会造成组织的动荡。这个典型的绩效评价问题,想必是让宋江非常棘手。于是,才有了书中"忠义堂石碣受天文,梁山泊英雄排座次"一幕。有了这"天书"撑腰,宋江才为这次绩效排序定调子,"众头领各守其位,休再争执,不可逆了天言"!各路英雄也连忙表态:"天地之意,物理数定,谁干违拗?"宋江是这场戏的幕后策划者,他一定是认识到绩效评价是如此之难,所以才巧妙地回避了它。

相反,如果在绩效评价方面处理不当,最终可能出现赵惠王那样的局面。

首先,从和氏璧说起,这是一件奢侈品,"价值连城"说的就是这个宝贝。但秦昭王"愿以十五城请易璧"的报价是明显缺乏诚意和契约约束的,这个交易也未真正发生。蔺相如的业绩是,运用自己的勇气和智慧使赵国保住了和氏璧,让国家免受攻击。在另一次外交场合,蔺相如使自己的老板保住了颜面,维护了国家的尊严。就这样,蔺相如"坐直升机"成为了赵国的"上卿"。故事的另一个主人公廉颇是著名的攻城掠寨的高手,享有国际声誉,用一个例子可以说明他在赵国的地位举足轻重。秦王邀请赵惠王访问秦国,赵国内部的判断是,这次会面风险很高,赵惠王很可能有去无回,但不去又恐招人耻笑,最终决定赴会。廉颇送行的时候说:"王行,度道里会遇之礼毕,还,不过三十日。三十日不还,则请立太子为王,以绝秦望"。能够与现任领导探讨领导继承人问题的,必然是重臣。但这样一位重臣,经过一系列的绩效评价之后,他的地位却排在了蔺相如的后面。

赵惠王在如何评价廉颇和蔺相如的绩效贡献以及确定职位排序方面,想必是缺乏明确的绩效评价和职位任职资格标准的,而且显然与绩效评价决策的关键利益相关者廉颇的沟通不足,否则,廉颇也不会抱怨:"我为赵将,有攻城野战之大功,而蔺相如徒以口舌为劳,而位居我上,且相如素贱人,吾羞,不忍为之下"。"将相不合"的事情闹得沸沸扬扬,蔺相如的手下甚至认为他过于懦弱而要求辞职。

赵惠王作为领导者,造成将相不合的关键责任人,不知这个时候他是否有所作为?如果不是自己的两个手下廉颇、蔺相如胸怀坦诚,这件事情又会如何收场?

同样被绩效问题弄得头大的还有汉高祖刘邦。西汉建国之后,刘邦为了尽快稳定这来之不易的大好局面,避免再起战火,立即根据将士们的绩效贡献进行封赏。首先,他对在打败项羽的战争中具有突出贡献的、相对独立的各路军事统帅进行分封,给予最高封赏,即所谓的"封异姓王"。因为这个群体功劳最大,也是最不稳定的因素。然后,是分封爵位。这个过程充满了争议,焦点是"一线业务人员"与"二线的支持与管理人员"的绩效贡献大小问题。刘邦认为,萧何的功劳最大,所以得到的封赏应该最多。而一线的功臣们则认为,自己在战场上出生入死,却没有一个舞文弄墨的行政后勤官员得到的多,大呼不公。这样争争吵吵持续了一年,才封了二十几位功臣,其余的人仍然没有得到封赏。舆论导向开始对刘邦不利,未被分封的大臣们开始抱怨刘邦"所封皆萧、曹故人所亲爱,而所诛者皆生平所仇怨"。中国历史上颇具领导人格魅力的刘邦身陷"绩效门"危机。

无论是传说,还是历史,都证明,做好绩效管理对于组织和员工来说都是非常重要的。绩效管理是一套建立在组织与个人间有序的管理活动,主要用来评估员工的工作能力与表现及其结果的实现程度,希望通过提供给员工适当的成长发展训练,以提升目标达成的可能性与整体组织的效能。对于员工来说,绩效评价具有一种导向作用,简单地说,员工会依据"怎样被评价"以及"评价后果的预期"来调整自己的行为以适应组织的偏好。

绩效评价被认为具有多重目标和功能,只有当对绩效评价目的这个本质话题有深刻认识时,才能从根本上提升绩效考核的有效性。绩效评价导向指员工感知到的组织使用绩效考核工具的最终目的。国外学者认为,绩效考核具有"双重性质",组织实施绩效考核主要有两方面的目的和取向:一是管理目的,强调绩效评价结果的运用,即衡量比较员工的优缺点和绩效,以决定员工的去留、升迁或降职、加薪或减薪及职务调动等奖惩措施;二是发展目的,强调绩效评价的过程与反馈,即帮助员工发展职业,为员工提供绩效反馈,寻找员工改善业绩、发掘潜力的空间,并作为员工职业生涯发展规划的依据。

我们可以从三个方面更加系统全面地分析比较管理型和发展型绩效评价的特征与区别:(1)在着眼点上,管理型绩效评价着眼于对过去的评估,发展型绩效评价着眼点是将来的发展;(2)在结果应用上,管理型绩效评价主要用于薪资调整、奖金发放以及职务聘任等,发展型绩效评价则主要运用于培训开发和员工发展方面;(3)在对员工的关注上,发展型绩效评价强调信息性以及发展性的反馈,而管理型评价并无信息反馈。

因此,发展型绩效评价通过定期的正规反馈,分析员工工作中的不足,帮助员工理解努力的方向和方法;帮助员工发掘自身的潜力,以提升其能力。它能使员工更深刻地理解自己的工作,认清自己职业发展的需要。而管理型绩效评价仅仅将绩效评价用作考核评估的手段,绩效评价也只是方便管理者加强员工监控和增加权力的一种工具。绩效评估仅仅涉及员工的优劣,并据此决定员工的各种奖惩等利益分配措施,使员工的个人目标之间发生冲突,并且缺乏有效的绩效反馈和指导,员工则可能会作出消极反应,甚至会抑制员工的创造性水平。

管理学奥秘

绩效评价需重视

在日益主张自我管理、弹性与创新、鼓励合作的今天,对于员工来说发展型绩效评价显然更具现实意义。因此,在绩效评价过程中,应该注意以下两点:

首先,重视绩效评价的取向,在绩效管理系统构建中应强调绩效评价的发展型导向。在企业对员工实施绩效评价时,不应过分关注对员工过去绩效的评价以及奖励分配,而应该更多地着眼于未来,强调绩效反馈,将绩效评价运用于发展目的,确定发展导向。因为同样的绩效评价系统可能会对员工产生不同的取向感知,因此还要在绩效管理实施过程中加强对员工绩效评价系统的宣传和引导。

其次,必须提高绩效评价的公平性,这是绩效管理系统发挥作用的基本条件。具体而言,可以给员工提供有关绩效评价足够的事前信息;让员工参与目标制定、参与绩效评估;在事实基础上作出判断,要求评估者对所有的被评估者使用相同的标准,以此提高员工绩效评价公平性感知。

> **微点评**
>
> 绩效评价是一把"双刃剑",一方面,它可以通过有效反馈对员工的创造性产生促进作用,另一方面,它可能通过"挤出效应"对员工的创造性产生抑制作用。绩效评价的两面性使得对员工实施绩效评价系统时陷入"两难困境"。对于企业来说,如何根据自身状况,建立并完善绩效评价体系,既是机遇,也是挑战。

第三章
从当代企业实践看"微权力"

说了历史,自然也要说说现代。历史上的小人物们,虽然大多处于被动的状态,但却也能看到他们的自我管理、自我发展,看到他们集合起来"能载舟、亦能覆舟"的力量——这就是"微权力"的萌芽状态。到了现代,小人物的这份力量得到了越来越多的关注,企业组织们渐渐认识到,身处变化多端的互联网时代,面对需求多样的用户与顾客,依靠机械重复的工作、一成不变的思维是无法"逆袭"的,需要结合员工们的智慧,员工必须掌握更多的权力。因此,企业顺应时代、顺应"微权力",作出了许多新的实践。

第一节 集权的终结——组织架构与领导方式之变

当我们把视线从历史人物和故事转向当代社会中的各个企业,会发现一种现象,叫做"权力的终结",或者说,是集权的终结。无论是企业的组织架构还是领导方式,都走向了变革:组织趋于扁平化,员工能够直面高层领导与企业外的客户、用户;领导趋于松散化,员工的工作自由程度大大提升。我们很乐于见到这种现象,因为这代表"微权力"更容易发挥作用。

1 小米的"极速"——互联网+三层式架构

成立五年多的小米公司,已经是一家估值超过 450 亿美元的公司,五年时间,从无到有,小米速度之快,史无前例。

为什么小米如此雷厉风行?雷军和他的小米团队怀揣着互联网思维,他们认为,互联网时代要贴近客户,要走进客户的心里,企业就必须缩短与消费者间的距离,要和消费者融合到一起。只有融合到一起才能跟消费者互动,把消费者变为小米产品的推动者,变成小米的产品设计研发人才。

为了实现这个想法,小米的做法是:组织"超级"扁平化,使得组织只剩下三个层面。

首先，7个合伙人各管一摊，形成一个自主经济体。然后，在组织架构上，基本只有三级，即核心创始人——部门领导——员工，这样一来，任务就能一竿子插到底地被执行，员工直接面对用户。小米的团队从来不会过大，一旦达到一定规模就要被拆分，变成项目制。这样一来，小米内部非常灵活，一切围绕市场与客户价值，领导与员工自动协同，承担各自的任务和责任。

这种尽量简化的组织符合互联网时代很重要的一个理念：简约、速度。同时，还能培养出员工的责任心。

本来，"责任感"在企业中是个看不见摸不着的东西，小米却硬是把员工的责任感给培育了出来，一定程度上，可以说这得益于小米的扁平化组织结构。在小米，除了7个创始人有职位，其他人没有职位，都是工程师。扁平化架构下，工程师都会与用户也就是我们所谓的"米粉"积极互动、直接沟通，所有工程师都会通过论坛、微博和QQ等互联网渠道与用户取得直接联系。工程师每发布一项新功能，都能获得用户的反馈。工程师能够直接看见其工作的价值，责任感也就会上升。这也符合小米的价值观：对用户价值负责，为用户创新。这也就是为什么我们不仅仅称小米的组织架构为三层式架构，而是互联网+三层式架构。

可以说，因为组织扁平化了，管理上就能很容易做到极简化。小米很少有繁杂的会议，除了每周一例会，小米很少开会，公司成立前三年，合伙人只开过三次集体大会。小米也没有打卡制度，没有考核制度，完全强调员工自我驱动，强调各自的责任感。所有人都是工程师，采取的是透明的利益分享机制，基于每个人的能力和贡献分享利益，员工甚至也不需要去考虑怎么能升职这样的杂事，一心都放在了为公司创造价值上。小米一直是6×12个小时工作制（也就是被许多人妖魔化的小米"火坑"），坚持了近3年，靠的就是大家的自觉。

古语道"大道至简"。小米采取了最简单的完全扁平化的组织结构，有声有色地运营着企业。确实，在互联网时代下，这样的极度扁平化组织能够最大限度地发挥员工的力量，如小米的工程师就是依靠那样的组织架构直面用户，开发出最符合用户需求的产品。

其实，小米一直是个充满争议的企业。一些大企业怒斥小米的专利问题不清不楚。小米从来不予理会。现在，小米又不满足于只做手机，一脚踏进了空气净化器领域。其实，早在此之前，小米就已经开始推出电视、路由器、手环等产品设备,雷军想要将小米打造成一家智能家电公司的意图已经相当明显。许多网友表示看不明白,捉摸不透。说白了也很简单,对于小米,什么赚钱就做什么。雷军自己也说,他绝对不会做对投资者、对员工都不挣钱的事情,他说"做企业不挣钱就是犯罪"。

　　用我们的视角来看,扁平化和以项目为主的组织结构下,小米进军新产业并不是很难,它能够随时随地与用户进行接触,了解用户需求,从而打造满足用户需求的产品。互联网时代让小米这样的组织获得成功不是没有道理,在过去,传统行业的核心是渠道,而互联网来临后,随着信息和竞争的透明,渠道扁平化了,买家和卖家直接接触,扁平化的组织结构显然能更贴近买家。

　　接下去,小米会不会成功,我们不得而知。只是,由小米这些事,我们必须明白两点:第一,互联网的力量不容小觑,它会带来无限可能;第二,组织扁平化的趋势已经随着互联网时代一同来临了。

　　那么,这种极端的三层式扁平组织架构到底有什么好处?值不值得广大企业去学习?我们总结了这样几点:

　　第一,由合伙人、中层到员工的三层扁平化的组织结构的最大优势在于:能够真正与用户零距离,构建了一个充分挖掘用户需求,充分与用户进行参与互动的一个基层员工和用户做朋友的组织机制。

　　第二,这种组织结构有利于对用户需求进行长期跟踪,从而充分加强组织对于用户需求和市场的响应能力。以小米手机的系统为例,每周五都会例行更新,这些更新的细节正是来自小米用户的反馈。

　　第三,员工在这样的组织结构下能够充分发挥自己的权力。因为员工是组织的中心,是真正和用户零距离接触的人,为企业创造辉煌的业绩。如此一来,员工会有充分的参与到企业战略中的感受,并不断受到激励,形成正向反馈。

　　当然,还要说明的一点是,在这种架构中,由于员工直面用户,员工的业绩激励、业绩考核和用户的反馈都直接挂钩。根据用户的反馈来考核员工的业绩,让用户来激励团队,这也会带来一定的压力。

　　所以,是否应该学习这种组织架构,要根据各个企业的自身情况而定。

管理学奥秘

你愿意成为无边界组织中的一个细胞吗？

小米是一个企业扁平化的例子，也是许多互联网组织的一个"范本"。扁平化背后蕴含的道理实际上就是无边界行为理论。

无边界理论认为，企业组织可以被比作生物有机体。生物有机体存在各种隔膜使之具有外形或界定，虽然生物体的这些隔膜有足够的结构强度，但是并不妨碍食物、血液、氧气、化学物质畅通无阻地穿过。得益于这些现象的启发，该理论认为企业组织也可以像生物有机体一样，信息、资源、构想和能量也应该能够快捷便利地穿过企业的"隔膜"。虽然企业各部分的职能和界定仍旧存在，领导也仍然存在，有特殊职能技术的员工，有承上启下的中层管理者，但组织作为一个整体的功能，却可能已远远超过各个组成部分的功能。为了达到这样的效果，许多企业对组织架构进行重新定义与规划，垂直上，将组织的层级压缩，打破权威和地位的边界，职位让于能力，以谁提出的建议更有价值为标准，提高"可渗透性"；水平上，设计能够穿越部门边界的工作流程和结构，使信息和资源工作进程在部门之间顺畅流动和快速交接，也让员工穿过企业隔膜，尽量与市场、用户接触。扁平化组织就是结合了该理论的各项要素，这就是为什么它看似简单，却存在着。

值得注意的是，当个人处于这样的组织之中，职业生涯通道也会有所改变。通常会形成网状职业生涯通道，即纵向发展的工作序列与横向发展机会综合交叉。

在小米公司的"极速"背后，我们看到的是互联网的思维浪潮对传统企业带来的巨大冲击，扁平化的组织结构下，释放的是员工巨大的潜能。只有扁平网络化的企业，才能适应极速变化的世界。

2 德邦之变革——矩阵式 + 项目式二合一

互联网时代来临了，造就了一批顺应时代的、草根范儿的企业，比如小米，用极简的组织形式应对一切挑战。那么别的企业呢？

无论任何企业，即使不为适应互联网的需要，组织模式也要跟随企业不同的发展阶段而有所变化。在这里,我们要说的企业是德邦快递。

1996年创立于广州的德邦,选择了一种介于合约物流(大客户物流)和快递之间的物流模式,主要服务于中小企业。每票订单的重量不大,但订单量很大,德邦采取的是标准化的服务形式,将不同托运人的货物拼车运输,零收整发。

起初,为了适应业务,德邦在组织架构的设计上,专业极度细分,从总部层层"下沉"到区域,形成一条封闭而系统的垂直链条式的管理模式。这给德邦快递带来了强大的执行力。

但是,这样的模式暴露出了一个严重的问题:缺乏区域层面的横向整合,运营效率下降,产生协同上的矛盾。具体来说,其实是总部和基层先产生了矛盾。总部将指标分配到基层,也就是一线市场后,基层只能硬扛着指标干活,没有指挥权,无法横向互动,当市场出现变化时,无法应对。举例来说,经营部门的指标是收货量,面对客户,则偏重收入,恨不得24小时收货,但运营部门的考核指标则不同,需要考虑能够及时中转和运输的问题,不主张大量收货,难以考虑前端客户的需求,这就导致了横向部门上的冲突。

这样的矛盾促进了德邦的组织变革。2011年,德邦的组织体系向扁平化发展:经营部门和运营部门合并,成为利润中心,强化横向的协调,支撑公司业务发展;总部则转型为专业化后台,化身为规划中心和服务中心。扁平化的组织结构带来的好处是:原本的矛盾解决了,决策都会站在公司全局的立场上,没有再出现"各自为政"的情况。

德邦的体系更像是一个平台。最大的好处不仅仅是原本的矛盾消除了,在这个平台中,每个员工都能发挥出自己最大的力量。原本垂直化的管理模式下,往往会出现"闭门造车"的情况,无法实现对外交互,限制了沟通和协作。而组织扁平化之后,跨部门协作的机制慢慢形成。其实是整合之后,调动相关部门更方便了,协作文化也因此逐渐形成。

在组织结构变革的最初,员工也是不习惯的。但德邦的老板崔维星要求员工必须接受变化、拥抱变革。员工在结构和氛围的影响下,逐渐转变,最后反而离不开这种协作的机制了。德邦在2014年又成立了项目管理办公室(project management office,PMO),为的是从日常目标分解中识别出"项目性需求",调动各个相关部门一起寻找新的举措。

PMO是一个矩阵式的组织架构。在德邦,任何一个项目,都能从不同部门调派人手,临时组织起来,项目结束大家再回归原位。可以说,在其中,员工的能力得到了充分的挖掘和运用。比起为了项目招聘新人,这种方式既高效又节约成本。

我们常说,互联网时代让人与人之间的关联变得轻松、简单。协作正是互联网思维的重要特征。虽然不是互联网企业,但是德邦快递却运用了互联网的思维对组织进行了扁平化改造,让组织更顺应其发展阶段和市场需求,让员工不再"单兵作战",通过协作让员工手中的权力得到最大利用,也发挥出了对组织的最大效能。那么,这种矩阵式和项目式的组织结构有什么优势?

第一,内部沟通和协作大大加强了,各部门不再各自为政,决策都能站在公司全局的思维上执行。企业内部各部门员工之间关系微妙,如何沟通协作至关重要。正如2013年,微软公司砍掉了持续多年的员工排名系统一样,因为员工排名系统无意中增加了员工之间的内耗,它更鼓励竞争而不是合作。

第二,这种矩阵加上项目的同时运行,让企业的组织架构更加偏向平台化。如此一来,员工的调动更为方便,比起为了一个项目去招聘新人,组织的效率来得更高。进一步地,员工资源得到最大化挖掘,员工更有组织主人的感受。

第三,和小米的组织结构类似的是,这种组织架构也能让企业更加灵活、高效地适应市场变化,每当市场出现机会时,通过不同部门之间的协作能够更好地把握机会。沟通协作与资源的利用在这种组织架构下得到了放大。

管理学奥秘

矩阵式组织结构内涵——人才像"水"一样流动

矩阵式组织结构不算一个太新的理论,但在近年来,不断被接受、被采纳、被改进,自然有它的道理。

一个大型的矩阵式组织结构往往是纵横交错的,例如按品牌体系、涉及行业而划分事业部、业务单元等,同时也有按研发、销售等划分的职能部门。但这些部门虽然交错,却自有章法。同时,这种组织结构下,每当面临新的业务,项目负责人能迅速召集一批不同部门、不同领域的人马,围绕具体项目,展开通力合作。这样的团队中,没有人是绝对主导,而是各抒己见、相互协商。

因此，我们总结了它的许多优点，包括带来内部沟通协作、灵活应对市场变化、充分挖掘人力资源等。而在这些优点背后，其实矩阵式组织结构带来的是一种"按需流动"的理念，是广大"微权力"主体所乐意接受的一种理念。

从员工的角度来说，"按需流动"，即员工可以"流动"。越过部门的界限，有了更多的机会去接触和认识企业中的各类资源，或许能够找到向其学习的前辈，或许能满足社交需求等。总而言之，员工是自由的，而谁又不渴望自由呢？另外，也可以发挥自己的各项能力，得到同伴的信任和尊重。这种灵活性、自由性，正是现代管理所需要的。

> **微点评**
>
> 未来组织架构的趋势，或许是扁平化，或许是项目式，但它们一定都有一个特点：灵活、迅速地响应市场。因为互联网时代下，信息飞速流动、人们直接联系的可能性大大提升，你不快，就会被别人赶超。因此，不仅仅是互联网公司，传统行业的企业也需要变革。德邦这种能随时协作、互联的结构正是满足了时代需求，响应了互联网时代的挑战。

3　全员创客在海尔——平台式架构与"去领导化"

如同生物进化一样，任何组织都必须不断创新才能生存下去，发展起来。这种创新涉及产品、服务、渠道，甚至包括组织结构、管理模式。只是后者这类大刀阔斧的改造，很少有企业敢尝试。

海尔却勇敢地成为了"第一个吃螃蟹"的企业。

海尔的发展经历了许多变化。早期，为了让自己能够立足于家电业，海尔采用的是名牌战略和多元化战略。那时，海尔采纳的事业部制，集中决策、分散经营。这虽然支持了海尔的多元化战略，却也带来了事业部各自为战的混乱，最终没有逃过"大企业病"，阻碍了海尔之后的国际化进程。

这说明，对于海尔来说，科层制已经走到了尽头，需要改变。

现在，海尔颠覆了传统的层级式的企业形态，转型为一个"平台"。海尔创造了两个平台：一个是投资驱动平台，一个是用户付薪平台。所谓投资驱动平台，是指把企业从管控型组织变成一个投资平台，不再有各种部门和事业部，通通都要变成创业团队，公司与这些团队只是股东和创业者的关系。平台上只有股东和创业者，即平台主和小微公司、小微成员，平台为小微们提供资金、资源、机制和文化等支持。用户付薪平台，是指员工们不再直接由企业发工资，而是与用户交互，通过为用户创造价值获取薪酬。以往，卖货越多，工资越高；现在，团队获取的用户资源越多、好评越多，薪酬才越高。

过去，组织架构通常是一个正三角形，是马克斯·韦伯提出来的科层制。科层制组织最大的特点就是整齐划一、指令一直到底，要求所有人都贯彻到位，强调的是执行力。每个员工处在不同岗位、不同职位，薪酬往往只与职级相关，所以并不关心用户需求。如今，随着互联网时代的来临，用户个性化、市场碎片化，海尔颠覆了整齐划一的组织形式，从一个正三角、金字塔形变成了一个扁平化的倒三角结构。领导变为平台，提供资源，员工成为创客，在前方直面用户，自演进、自优化、自驱动，更好地满足用户需求。

这种平台式的架构正是海尔在组织架构上的创新探索，同时，辅以新的管理模式，概括而言，就是"企业平台化、员工创客化、用户个性化"。在这种变革中，最关键的是领导方式变了。

第一，员工不再是被动地接受任务，而可以进行自我领导。海尔主张，"人人都是SBU"，即strategic business unit，战略事业单位。这种思想被运用在海尔的平台化战略之中，每一个人不再对他的上级负责，而是对他的市场负责。所有人之间的关系是一种市场关系，人人都有一个市场，人人也都是一个市场，每一个员工都是上道工序的市场。其机制是SST（索酬、索赔、跳闸），这可以描述为：我给你提供了更好的服务，你应该给我相应的报酬，如果我干得不好，下道工序应该向我索赔，如果既不索酬也不索赔，第三方就会跳闸。

分享权力，分享利益，这样一来，员工就成为一个创业者、一个终端，积极性被极大地调动了起来：他们手里握住了权力，要主动为自己的市场负责。举例来说，如果销售人员只是作为员工，只关注自己的利益，他可能会不惜影响品牌形象，大幅降价，表面上看似薄利多销，实际上他只会关注自己的提成；当他作为自己市场的经营者时，他不仅仅会关注绩效结果，还会关注为企业带来的价值，维护品牌形象；否则，他不仅无法得到薪酬，还会被其他终端甚至平台抱怨投诉，无法获得需要的资源。这种方式下，员工必须利用好手中的权力,进行自我领导。

第二,领导不再是一种绝对的权力。海尔的这种平台化机制,员工在最上面,直接面对用户需求;领导在下面,提供资源和平台。领导不再高高在上,而是成为服务中心,辅助员工工作。同时,在海尔,领导者不是由上级来任命,而是采取"官兵互选"的方式,任何人都能拿出实施方案,公开竞聘经营体长。经营体长被选出后,可以组建自己的团队。如果没有实现预期目标,员工有权力让其"下课"。

这样看来,领导力不是绝对的,能力在海尔才是最重要的。"去领导化"是海尔全新模式的核心,这让海尔的员工不再着眼于职位上的利益,而是致力于管理好自己的市场,为用户创造价值,也就是为企业创造价值。

我们很难说海尔这种全新的平台化模式是好还是不好,但是它却非常适合海尔以用户价值为本的宗旨。为何?

因为"去领导化"的做法让员工可以进行更好的"自我领导"。具体而言,当员工没有了领导权力的压制,没有了千篇一律的任务和指标,员工能够有效地进行自我导向、自我激励,可以拿出更好、更贴合用户需求的方案,成为自己市场的经营者。当把握住自己手中的权力,员工敢于并且能够进行自我领导时,对企业将会产生无限的好处,更有利于创新。

不过,海尔这种"大费周章"的尝试,被很多人讥讽,认为海尔"步子太大""管理过度""不成功便覆灭"。

当全世界都在学习丰田管理模式时,德鲁克在《已经发生的未来》中提到,他之所以没有高度评价丰田模式,是因为他认为丰田没有体现出目标管理和自我控制的精髓:第一,没有体现出个人尊严;第二,没有体现出机会公平。员工现场做得很好,下班后也在作技术创新、技术改进,但都受指令于领导而并非自发,没有体现自己的价值。笔者认为,海尔这种全新的模式反而体现了个人尊严和机会公平,领导不再绝对,人人手中有权力,人人是企业的经营者,这就是个人尊严;人人都在为用户创造价值,人人有机会提出建议、发明创新、成为领导,这就是机会公平。

我们很难提出绝对的评价,但可以套用克莱纳什在《管理百年》中的一句话:管理上没有最终的答案,只有永恒的追问。

管理学奥秘

你是一个优秀的自我领导者吗？

在管理学中，有一个非常著名的理论叫做"自我领导"。随着知识经济的到来以及管理学科的进一步发展，自我领导理论成为研究前沿课题，也是企业越来越重视的一种员工特质。

顾名思义，自我领导就是自己领导自己。员工拥有自我领导的能力，即他们能以一种负责任的方式和态度来迎接各种挑战。

其实，自我领导指的是一种为了实现自我导向和自我激励、获得预期的行为与结果而进行的自我影响的过程。相关研究也证实了实施自我领导可以对企业管理效能产生积极影响。对于个体而言，自我领导不仅能够充分激发个人工作自主性与进取性，满足个体自我实现的需要，也能激发主管能动性与创造力。自我领导还能带来更大的"企业空间"，为何？找到了领导力的特殊替代品，企业能将更多的精力用于企业发展的战略性思考和举措上。

员工如何才能进行有效的自我领导？个人素质和能力的提高以及企业的信任和授权都是前提。在这里，我们引用了一份测试自我领导力的量表。[1] 你可以评价下列题项的描述与你的实际情况的相符程度，从 1 到 5 分别代表从"完全不同意"到"完全同意"。

(1) 我思考工作中如何进步
(2) 我特别留心自己一贯的工作表现
(3) 我关注自己的工作表现
(4) 我牢记目标
(5) 我把工作中取得的进展记录下来
(6) 我关注我给自己的忠告
(7) 我尽力扩大职责范围
(8) 我关注如何扩充岗位职责
(9) 我思考能够承担的新责任
(10) 我努力去做超越本职工作的任务
(11) 我考虑增加自己的责任

---

[1] Prussia G. E., Anderson J. S & Mans C. C. (1998). Self-leadership and Performance Outcomes: The Mediating Influence of Self-efficacy. Journal of Organizational Behavior, 19(5), 523—538.

（12）我寻找能够超越现有职责的工作重任

（13）我积极行动自行解决问题

（14）我喜欢靠自己解决问题

（15）如果出现问题，我自行解决

（16）我在脑海中寻找解决问题的方式

（17）我靠自己想出解决问题的办法

（18）我思考各种解决问题的办法

（19）我决定对工作方式作出改进

（20）我努力思考工作中可能的积极改变

这份量表包含的维度是行为聚焦策略（题项1—6）、自然回报策略（题项7—12）和建设性思维策略（题项13—20），分别代表的是聚焦于自我评价、自我奖励和自我约束；伴随任务完成个体所产生的积极感受和体验；以一种可行的方式来建立和改变思维模式。这三者都是构成自我领导的策略，分数越高，自我领导行为越积极。

海尔的全员创客，去领导化是要将员工真正变为创新者、创业者，让员工自己去发现机会，自创意、自组织。人人创客化的背后，是海尔从"制造产品"到"制造创客"的转变。

4 扎克伯格的王国——"云"端领导与"云"力量

如果脸谱网（Facebook）是一个国家，它将位列世界第三。人们上网的每7分钟里，就有一分钟是在脸谱网上。超过10亿条资讯在脸谱网上被人们所分享。

毋庸置疑，马克·扎克伯格带着他创造的Facebook改变了世界。

为什么是脸谱网？中国有人人网、开心网这样类似的社交网站，为什么不是咱们中国的企业改变了世界？社会商业的开拓者Ekaterina Walter提出了脸谱网的5P：激情（passion）、目标（purpose）、人（people）、产品（product）、伙伴（partnerships）。

在这里，本文要探讨的是"人"这一要素。企业要获取长期的成功，没有比人力资本更重要的因素。脸谱网马克·扎克伯格和他的员工会如何做？

员工能够凭借能力争取自己的权力——脸谱网有新员工训练营,针对新进公司的工程师,公司会教授他们"像扎克一样思考"和脸谱网的工作生活方式。在短期适应后,新员工会接受修复脸谱网网站漏洞的任务。一旦漏洞被修复后能被正常使用,新员工就能得到授权作出相应的修改。

员工能够自由地发表观点或者意见——马克·扎克伯格渴望自己的领导风格能够完全透明。每个周五下午,会举行开放论坛,大家坦率地进行提问与回答。不仅仅是员工分享他们自己的观点、想法以及故事,马克·扎克伯格也同样要这样做。

员工可以开展活动,进行创新——脸谱网每月都会举行通宵达旦的黑客马拉松,这是一种智力和创造力的练习。工程师可以提出任何想法或者项目,唯一的规则是,工程师只能做其他人提出的项目。这非常符合脸谱网鼓励新观点的核心文化。更重要的是,项目原型一旦被作出,包括扎克在内的其他人会对其进行评估,如果通过,就可以在网站上运行。解决问题的办法往往不止一种,每个人都能就解决方案畅所欲言。你一定会认为是马克·扎克伯格来发起这样的活动,而实际上,这些活动从来没有预先安排,只要有人说:"嘿,想不想来一场黑客马拉松?"其他人加入进来,约定时间,活动就开始了。

马克·扎克伯格给予员工充分的权力,脸谱网的员工能够自由地发表观点(话语权),可以凭本事争取到权力为企业出力(行动权),也可以进行创新(创新权),而这创新有极大的成为现实的可能性。这很符合脸谱网的文化特征——"透明"和"授权",带来的是奉献精神、忠诚和信任。信任公司文化和领导的员工,愿意付出百分百的努力去推动公司前进。

传统认知中的领导,往往是将权力掌握在自己手中,下达指令,员工照做即可。而当大部分的权力转移到了员工手中,那么领导者应该做什么?马克·扎克伯格自然也有他独特的想法。他说道:"我一直致力于两件事:其一,明确公司的方向和目标;其二,尽可能组建最好的团队……如果能将这两件事都做好——明确工作目标,组建优秀团队执行目标,那么你的公司会做得很棒。"

在马克·扎克伯格看来,他要做的是建立优秀的团队。作为领导者,他做了这样几件事情:

(1)用合适的规模支持扁平化管理。脸谱网的规模不大,这样一个成功的网络公司拥有大约4000名员工。和许多世界百强企业相比,脸谱网可谓是"小蚂蚁"。但这样的规模支持着脸谱网的扁平化管理结构,让员工权力得到充分发挥。脸谱网的第五位员工 Matt Cohler 说:"我们致力于将事情尽可能扁平化。我们给员工提供的创新环境越差,我们落后得就越快。"

(2)创造创新的文化、快乐的氛围。Zappos 的创始人谢家华曾说:"就个体而言,性格即命运;组织而言,文化即命运。"马克·扎克伯格将脸谱网的企业文化定义为"黑客之道"。黑客意味着快速开发或是挑战能做到的极限,代表一种不断改进和衍生创新的方式。公司希望每个员工都是积极主动的,具有独立精神和创造精神,而这种文化支持着脸谱网的员工积极思维,积极创新。另一方面,脸谱网的氛围是快乐的——在脸谱网的办公区,有多个会议室配有音乐和游戏设备。无论白天还是晚上,脸谱网的员工会抽出时间一起玩耍,甚至和团队领导也打成一片。这种快乐的氛围能令员工保持高度的积极性。

(3)吸纳合适的人才与解雇不合适的员工同等重要。Jim Collins 在《从优秀到卓越》(*Good to Great*)一书中提到,领导者要"请合适的人上车,送不合适的人下车,给合适的人安排合适的座位——然后再决定行驶的方向"。脸谱网在招聘人才时,所有员工都会深度参与。招聘程序的制定者会拜访校园、参与技术聚会,甄选适合公司的人才。马克·扎克伯格设计了严格的招聘筛选过程,但一旦进入公司,脸谱网会给予员工最佳的待遇,基于贡献和价值表现的职业路径。然而,脸谱网也不会"姑息"和企业理念与文化背道而驰的人。亚马逊前任执行官 Owen Van Natta 曾受雇脸谱网,负责商业开发。尽管他将公司的营运收益从 100 万美元提升至 1.5 亿美元,但仍然被解雇了,因为他一直推动将脸谱网出售给雅虎,这并不利于脸谱网的发展。

脸谱网的领导者让公司一直保持着最优规模,每位雇用的员工都是适合公司的、最优秀的人,用独特的文化和氛围支持着员工创新能力的发挥。可见,领导者将其智慧发挥在了团队构建上,而非发号施令上。

领导者构建了优秀的团队,员工拥有了充分的权力。这让新颖的、有价值的观点得以实现,听从指令埋头苦干不再是一种主导。员工的点子一旦实现,他们将更信任企业,为企业付出更大的努力,更可能将手中的权力化为企业的成绩,这将成为一种良性循环。

60 个工程师的团队可以完成其他企业 600 人的团队都无法做到的任务,这就是马克·扎克伯格和他的奇迹王国。接下来,让我们从马克·扎克伯格和他的脸谱网回到本书想要说的"云"端领导以及"云"力量。

"云"这个词在互联网时代常常被用到,云计算、云储存……鲜有人能确切说出"云"的含义。如果我们用比喻来描绘:闲置的资源或是力量,就像天空中的云,它们是散落的;实际上,需要的时候它们可以随时聚拢、延伸、应用,产生巨大的能量。

企业中,员工或许有着特别的才华、能力、潜力,这些自我力量往往在制度流程之外,如果员工仅仅需要听从领导指示、按部就班地工作,他们根本无须动用这些力量。试想,这些力量如果能一起发挥,能产生新的想法、应用,对于企业来说,会是一笔多么大的财富。然而,这些力量就像"云",在每个员工身上存在,却是分散的。如果没有合适的管理和引导,"云力量"无法发挥大作用。因此,企业需要对"云"力量进行领导——这也就是我们说的"云"端领导。

看看脸谱网的领导者是如何做的,他们将权力赋予员工,本身则致力于构建一个最优秀的团队,建立合适的组织架构,挑选和保留最合适的员工,并且用文化和氛围来引导企业,向着使命进发——一切都激发了员工的"云"力量。员工被赋权,他们拥有的不仅仅是福利,还有话语权、创新权等。他们就是"云"力量,乐于积极思维、自主创新,让企业的绩效翻倍。可见,这种领导力与传统的领导力已然不同:不再集权,不再发号施令。

互联网时代下,"云"力量需要被重视,"云"端领导或许值得一试。是否大胆放权?是否放下领导架子?是否要冒险尝试?或许可以以马克·扎克伯格的一个观点来结尾:"冒险不一定成功,不冒险一定意味着失败。"

管理学奥秘

"云"思维来袭:如何激发"云力量"

最早,我们对"云"思维的印象来自于"云计算"。云是网络、互联网的一种比喻说法。用户可以通过电脑、笔记本、手机等方式接入数据中心,按自己的需求进行运算,这种运算集结了众多的闲置力量,力量是强大的。

如果我们将这种思维代入到管理学之中,"云思维"就是一种对人才(闲置)力量的集结。这种集结很适用于这个碎片化的时代。对于个人而言,通常都期望发挥自己的光和热,成为一片"员工云",受到信任和尊重;对于企业而言,如果能对"云力量"进行有效管理与激发,那么将收获巨大的才能、财富。不过,目前为止,并没有人提出这种激励以及"云"端领导到底应该如何进行。

每个人的期盼不同,每个企业的背景、愿景与现状也不同,无法一概而论。但可以明确的是,要实行"云"端领导,确实有一些要素,我们进行了总结:

一方面,"云"端领导需要放权:"专治"不再,管理者权力转向了员工权力,这是为了激发员工的"自驱动力"。随着时代变迁,企业员工的主体开始从两百多年前的产业工人,向目前的知识型员工转变,员工的知识越来越丰富。同时,伴随着互联网技术的发展,员工能够获取知识的渠道也越加丰富。员工越来越成为"解决问题"的主体。赋予他们一定的权力,即是加大他们的自驱动力,让他们乐于进行自我管理,激发"云"力量。当然,同时要注意的是,真正给员工"授权"还意味着接纳了冒险和偶尔的失败。

另一方面,"云"端领导需要软着来,而不是硬着上。马克·扎克伯格与员工打成了一片,他让员工不仅仅只是为了报酬而为公司服务,而是让员工基于对企业目标和价值观的认同、对上级能力以及合作体验的认同,甘愿与企业共同进退。

> **微点评** "云"力量与我们说的"微权力"不谋而合,在每个员工身上散落的、零星的力量,看似微不足道,其实,企业如果能够合理引导,或许,下一个脸谱网就会出现。

第二节 当员工被赋予权力

当集权被终结后,我们会问,真正的"权力"去哪儿了?"微"——即我们企业中的小小员工,是否真的拥有"权力"?从目前各种企业的情况来看,答案是肯定的,并且,员工手中的权力也越来越大。

从表面来看,"微权力"只是小小的权力,谁不拥有一点权力呢?但是从更深的层次来说,"微"的含义其实是小人物、小员工的力量。这种力量不仅仅是被授予的管理、决策的权力,更是来自员工被授权之后,能够带来的对企业绩效的提升,例如,解决管理问题、产品创新等。这一部分,我们来看看,当现代企业的员工拥有管理权力,拥有话语权、决策权、创新权等时能够迸发出的力量,以及企业应该如何做才能最大化这种力量。

5 西南航空有多自由？——让员工成为企业的主人

年轻的律师兼创始人之一的赫博·凯勒赫经过几年的努力,使西南航空公司终于结束了长达几年的法律纠纷,并于1971年实现了首次航行。

关于这家企业,它区别于众多竞争者的显著特点,就是一线员工的自由程度。首先,赫博·凯勒赫以自己的"怪异行为"为企业树立了榜样。他与潜在的诉讼人掰腕子以提前化解一场法律纠纷,或者在凌晨两点钟来到飞机修理棚,身着用羽毛装饰的围巾和服装对他的技师们发表讲话。这在许多严肃的领导人看来根本是胡闹啊。而员工呢,也跟随着领导一起"胡闹",机组服务人员有着极大的创造性。比如,机组人员在发表联邦航空局要求发表的声明时,采取了各种各样的形式,从诗歌朗诵到歌曲演唱,同时他们还扮演各种各样的角色,从阿诺德·施瓦辛格到唐老鸭。好像这样还不够,企业还举办种类繁多的聚会,可能没有任何一个公司的聚会次数能超过西南航空公司。企业总部墙上贴满了数千张照片,这些照片都是公司成员在不同的聚会上照的。当然,年纪最大的聚会参与者是公司的总裁兼首席执行官赫博·凯勒赫。你可以看到,在西南航空,哪怕是一个普通的机组人员,都是自由的,可以按照自己的方式进行工作。

在这里,不得不提到西南航空公司的价值观,强调家庭、爱、快乐和无私精神。而员工这些自主、自由的行为和西南航空的价值观是符合的,深深浸润在企业的价值观中,为企业服务。

除了自由的工作方式之外,西南航空的员工们更是被当成了企业的真正主人。西南航空作为以廉价航空为特色的航空公司,要实现这样的目标:用比竞争者更少的服务人员,实现2/3的航班在20分钟或更短的时间内起飞或着陆。为了实现这个目标,公司投入更多的飞机进行运营,同时,每公里平均资本投入在行业内是最低的。更重要的是,这种转变需要管理者和员工都要具有团队精神。在西南航空,哪怕是管理者、CEO,通常也都工作在公司的第一线。但是员工不会因为仅仅是员工而被剥夺了"权力":西南航空公司非常重视员工对具体问题的判断,而在管理实践上也强调员工主动、积极地寻求解决问题的对策。伴随着这种观念,西南航空有一个特别的、与其他服务公司完全不同的"原则":它并不认为顾客永远是对的。顾客难道不是上帝吗?赫博·凯勒赫对此说道:"实际上,顾客也并不总是对的,他们也经常犯错。我们经常遇到毒瘾者、醉汉或可耻的家伙。这时我们不说顾客永远是对的。我们说：你永远也不要再乘坐西南航空公司的航班了,因为你竟然那样对待我们的员工。"

可以看到的是,在西南航空,企业就是员工的家,而员工则是家的主人,整个组织的气氛是快乐和谐的。西南航空公司建立在一种开放政策的基础上,管理层走近员工,参与一线员工的工作,倾听员工的心声,支持和尊敬一线员工的工作,甚至宁愿让员工去"得罪"无理的顾客;而员工在一线被充分授予话语权、管理权,得到了足够的尊重,能够诚心诚意、全心全意地把企业当作自己的家庭来看,而谁不会为了自己的家庭付出呢？这想来就是在其他公司都亏损时西南航空公司却不亏损的根本原因吧：大多数航空公司和西南航空公司拥有同样的飞机,并且他们都有着同样的库存管理模式,但是他们不具备同样的人力资本。

从管理学的角度来看,西南航空之所以能够让员工成为企业的主人,全心为企业服务的原因,可以总结为这样几点：

第一,决策者是价值观的维护者。虽然各不相同,但是每个公司的价值观都非常明确,在员工之间经常交流,并且被广泛地共享。这些价值观是一个非常谨慎的选择流程的基础：公司给员工提供大量信息和公司的前景规划,员工可以利用他们占有的信息判断出公司的前景规划是否符合实际。这些公司之所以成功,是因为他们把怀有共同的抱负和信念的管理者和一线员工很好地融合在一起。

第二,注重价值观的交流。这些决策者总是不断地经历并且与员工交流各自企业的价值观,让员工能够以企业的价值观为准则行动。赫博·凯勒赫正是把价值观作为他个性的延伸,因为西南航空的员工的工作方式虽然自主自由,却不会违背企业的价值观逆行。不要小看这一点,这点在管理授权中非常重要。如果员工被赋予了决策权等管理权,却无法按照企业的价值观决策、行事,甚至与其背道而驰,那么授权永远无法达到预期的效果,企业难以实现其宗旨。

第三,结合以上两点,保证一线员工有充分的自主权。商场如战场,总是以瞬息万变的战机变化令人对其生畏。正所谓"让听得见炮声的人决策"。一线员工的自主权必须保证。当然,向一线员工放权的做法也是建立在这些企业完善的基础管理、高素质的员工的基础之上的。当一线的员工和管理者拥有充分的自主权时,他们更加拥有动力去代表公司为客户的利益努力工作,实现目标。

其实,总而言之,企业是一个经济组织,企业一切活动的最终目标一般是利润与宗旨的实现。企业的利润是从哪里来的?归根结底只有一个来源,就是通过人的劳动来创造,所以,人力资本是企业发展的关键要素。人在怎样的条件下才能够最大限度地为企业创造利润?除了要使每一个员工的劳动都确保有效,最大限度地消灭无效劳动外,就是要使每一个员工都能够心情舒畅地、全身心地投入到工作中去。而它的实现办法,就是让员工成为企业真正的主人,掌握管理权力,这不失为一种最大的激励。

管理学奥秘

管理授权理论是什么?

这个案例是这一节的开篇,说的是授权问题。在这一节中,我们会看到企业员工被授予各种各样的权力——管理权力、话语权力、创新权力甚至是"失败"的权力,运用这些权力,员工能够展现出乎意料的能力。可以说,过去,高耸的集权制是普遍现象,现在,随着组织结构的变化,授权代替收权,越来越成为一种流行现象。

为什么提倡"授权"?究其原因,管理真是一件复杂的事:一家大型企业,大事小事千头万绪,光靠领导者去处理,哪怕是孙悟空七十二变,恐怕也无济于事。因此,为了追求效率和绩效,为了追求员工主动性,授权来了、放权来了。在这背后,其实就是"管理授权理论"。

在管理授权理论中,一般认为管理授权是指管理者与下属的权力分享。管理学家早在上世纪20年代就开始探讨企业的授权措施,认为管理授权是有助于改善企业绩效的。授权理论的奠基者肯特认为,员工在组织内部如果无法获得信息、支持和资源,就会产生无权感,认为自己没有发展机会,不能参与企业的管理决策。他们没有权力,却必须对自己的工作承担责任,往往会产生沮丧感和失败感。如果员工觉得自己可获得信息、支持、资源和发展机会,就会产生授权感。高度授权的员工会与他人分享自己的权力,激励同事努力工作,提高工作效率,为企业做出较大的贡献。其实,授权即是从主观上增强了员工的控制感、个人权力感、自我效能感和自主决策感。

时代在变化,员工已经成为企业最重要的资本。要让员工全心全意地为企业工作,最好的办法不是命令他们去工作,而是让他们成为企业的主人。掌握管理权力不失为一种最有效可行的激励。

6 海底捞真的学不会吗?——"一线授权"的艺术

海底捞起家于四川简阳的一家火锅店。只要去一次海底捞,你就会产生几个深刻而直观的印象:第一,顾客特别多,排队两小时吃上一顿火锅是家常便饭;第二,服务非常好,筷子的长度让人烫不到手,有专门供勺子搭着的钩,排队时还有人帮你擦鞋,饭桌上刚准备做手势,服务员小妹已经心领神会地跑来了;第三,服务员总是保持微笑。这些经营特色,成了它火起来的资本,让别的餐饮企业竞相模仿。但是,这些企业最终也只是学了九分像,无法像海底捞那么成功。

这是为什么?黄铁鹰先生曾经出版一本书叫《海底捞你学不会》,介绍了海底捞的成功要诀是"把人当人看"。

早些年,餐饮行业基层员工中流传着一句话:起得比鸡早,睡得比狗晚,干得比牛累,吃得不如猪。而在很多餐饮企业的员工还住低矮的平房、潮湿的地下室,一个月的基本工资只有七八百元的时候,海底捞的员工早就住在宽敞明亮的公寓里,里面配备空调、电视、冰箱、洗衣机、热水器、宽带等,而且还有专门的宿管员负责打扫卫生,员工的基本工资每月可以拿到1400元。

海底捞对员工很是关爱,甚至不仅仅关爱员工本身,也关注他们的家庭,让他们没有后顾之忧。海底捞创造了"企业+员工+员工家庭"的"金三角"管理模式,使得员工的流失率大大降低,据说近八年来海底捞店长级以上员工的流失率是零。

但最重要的不只是吃、住、爱。就像马斯洛的需求层次理论说的那样,基本需求和爱是不够的,人们还需要尊敬。尊敬又是什么?员工见到老板鞠躬、给领导鼓掌?那不是发自内心的尊重,是对地位和权力的畏惧。对人的尊敬是信任,信任你的品德和操守,就不会把你当贼防;信任你的才干和能力,就会把重要的事情委托给你。人被信任了,才会有责任感。而在企业中,信任的唯一标志就是授权,海底捞不仅仅给予火锅店普通员工物质回报,还给了他们信任和授权,让他们拥有幸福感,以及成就感。这种授权是上至副总、总监下至基层员工，都安排到了：从上往下看，大宗采购部长有 30 万元的签字权，店长有 3 万元的签字权，而最重要的是，基层服务员，无论什么原因，只要觉得有必要，就可以给客人免一个菜或者加一个菜，甚至免一餐。这种授权是很聪明的做法，因为客人进店，从始至终都是和服务员打交道，给服务员权力，让他们能在能力范围更好地服务客人，客人满意度就会上升。如果客人有不快，服务员还要叫经理来解决，一般只会让客人更加不快。

授权给最基层的员工，这种"一线授权"在民营企业中是很难得的，这是海底捞"把人当人看"的思想中最核心的部分，考虑到员工真正需要的是什么：不仅是吃、穿、住，还有爱和尊重。海底捞的总裁张勇先生跨出的这一步，为餐饮行业带来了新的视野，但同时伴随着一个难以控制的问题：并不是所有人都值得信任的。因此，授权是要承担风险的。权力在没有监督的情况下一定会被滥用。海底捞也有滥用权力的员工。当海底捞赋予服务员给客人免单权的同时，就意味着公司必须承担极少数有劣迹的员工滥用权力的风险；同时，还必须承担当少数人的滥用得不到制止时，权力有可能被大面积滥用的风险。

滥用权力的员工一个最通常的做法就是"吃单"。比如，有的服务员告诉收银员，由于某些原因，他给客人免一个菜，可是他向客人收的却是全款，他把免单的菜钱"吃"了。这些漏洞难以控制，那些学海底捞的餐馆最终还是不敢冒风险，把免单权交由少数高层管理人员行使，虽然避免了漏洞，他们的员工也没有了海底捞员工的激励。

那么，海底捞如何防漏洞？

海底捞有一套成熟的系统。首先，海底捞员工的主体是向上的，相信双手改变命运，海底捞有特殊的干部选拔制度作为一切的基础：除了工程总监和财务总监之外，海底捞所有干部必须从一线服务员做起。员工把海底捞当成家；家好了，自己自然也会好。因此，即使有人想那么做，他也会顾及被同事发现。另外，海底捞还有举报人保密和奖励举报人的制度。服务员本身都是刚走入社会打工的青年，做了亏心事，总是不自然，很容易被发现。最后，还有一套成熟的监察流程制度，比如，当这个店对不上单的情况超出正常范围，那就一定有人吃单了，管理人员排查一遍，基本就八九不离十了。

这也许就是海底捞"一线授权"的艺术，大胆授权、谨慎监督。从管理学的角度来看，"一线授权"的艺术中，有三点特别重要：

首先，要信任员工，敢于"放权"。海底捞正是对基层员工充分信任，才会授予权力。信任是一件双向的事。保罗·费得曼在《魔鬼经济学》中讲过这样一个关于面包圈的故事，保罗·费德曼是一位农业经济学家，每拿到一个研究合同时，他总会买点儿面包圈分给大家，当作一种奖励。后来，费德曼渐渐养成了习惯，每到星期五都会在办公室里放一筐面包圈，让大家随便吃。办公楼里其他单位的员工知道了，有事没事也都过来拿几个面包圈。筐很快就见底了。费德曼只好下回多买些，最多的时候一周拿来100多个面包圈。这样下去，费德曼自己觉得很不划算。为了收回买面包圈的成本，他在面包筐旁放了一个空的用来装钱的篮子，上面标有建议价格。结果这个没人看守的收款篮收回了95%的面包钱。没有收回的5%，费德曼相信只不过是有些人一时疏忽才没有付钱。许多事情都是这样，将心比心地对待别人、信任别人，大部分人也会还以真心和信任。海底捞正是这样，想员工所想，信任员工，给予员工真正所需要的爱和尊重，员工则自然会给企业创造价值。

其次，量能授权。授权的含义是：给下属足够的权限去自己决策。但是，这个授权必须是合理的，也就是要根据员工能力大小和知识水平高低进行适当授权。授权太少，员工的工作主动性受挫；授权太多，工作则杂乱无章，容易出现纰漏，企业运行失控。看看海底捞，经理能做什么，店长能做什么，基层服务员能做什么，都是在合理范围之内。你也许会问，这不就是死板地分配职责吗？其实不然，是海底捞根据员工的能力进行了合理的授权，并将其"系统化"了。

最后，"授权"需要背后成熟的制度来支撑，保证权力没有被滥用。海底捞董事长张勇认为，大多数人是有道德自律的，滥用权力的是少数，如果分配与监控得法，滥用的人就更少，授权的利就大于弊。这也是海底捞比别的餐饮企业成功的地方，拥有一套成熟的监察流程制度来避免授权带来的漏洞。其实，不仅仅要做好事中、事后的监督，在授权前，也应该要做好目标的设定和责任范围的明确，从组织制度上保障授权在可控或可监督的范围之内。

管理学奥秘

一线授权看起来很美，实际很难！

一线授权是管理授权中的一项分支。说它"美"，是因为它的理念不错——让一线员工具备处和解决客户问题的能力，而不是事事都要层层请示、汇报，这样对问题的响应和处置就更加及时、有效了。说它"难"，是因为，实际操作很难，可能带来风险，一线员工能力跟不上或者"胡来"怎么办？案例最后，我们也给出了一些解决方案，例如给予信任、量能授权以及建立监督制度。

这些要素其实与授权的两个维度相关，即组织授权与心理授权。

授权可以从工作环境中产生，也可以从员工自身心理中产生。工作环境，主要是指组织结构，从宏观角度出发，关注组织结构和政策，将授权视为组织所采取的一系列分享或移转权力的管理措施，或是一方对另一方控制的减少，这种取向也称为自上而下的授权，强调了组织中的授权行为，反映的是领导者的行为方式。

而授权措施能否真正发挥作用，在很大程度上取决于被授权者的心理感受，即员工心理有没有真正获得授权感。心理授权从微观角度出发，认为只有当下属感受到自己"被授权"时，他们才有可能产生态度及行为上的改变，关注个体对工作及自己在组织中的角色的知觉或态度。心理授权强调员工对这种行为或情境的解释或反应，将授权视为一种内在激励。[①]

这就是这些解决方案的理论依据所在。

> **微点评** 赋予员工权力，即管理授权，其实并不是一件容易的事。首先，信任员工就是许多企业难以跨过的一道坎。其次，授多少权、怎么监督，更是需要企业慢慢去摸索，并非能够一蹴而就。

7 通用电气的"无边界沟通"——让员工"说话"

说过了管理权力、决策权力的基层授权，咱们再来说说话语权、监督权。

---

① 巩振兴，张剑. 组织的结构授权与心理授权[J]. 理论与改革，2015(2)：29—32.

话语权、监督权显然和沟通分不开,而说到管理沟通,杰克·韦尔奇是必须要提到的一个人物。和通用电气(GE)相关的人物中,杰克·韦尔奇是我们最熟悉的一员了,他为解放员工的话语权做出了极大的贡献。

不少管理者认为,应该避免用一些感情色彩强烈的词语。然而,杰克·韦尔奇就不是这一观点的支持者,他经常使用一些使他的感情强烈外露的词语。"痛恨"就是他嘴边出现频率颇高的一个词。当韦尔奇说这个词语的时候,其宾语大多是"官僚体制"。为何?官僚体制阻碍了员工有效发挥其话语权和监督权,它就像是封上了员工嘴的胶带,想传达的东西根本无法传达到上层。韦尔奇经常嚷嚷:"当你穿着6件毛衣出门的时候,你还能感觉到气温吗?""任何等级都是坏的等级。""官僚体制就是我们的那6件毛衣!"因为极其痛恨这种官僚体制,热血的杰克.韦尔奇还差点离开了GE。多亏他没离开,不然不知道是不是还有后来的企业全球商业偶像。

想当年,杰克·韦尔奇刚担任GE的CEO时,GE有40万员工,其中有5万经理,5万中更有500名资深经理人、130名副董事长或更高的职位,从生产的工厂到CEO,管理的层级达12个之多。经理们整天忙着例行报告,把韦尔奇烦得够呛。后来,韦尔奇当上了一把手,就开始大刀阔斧地改造GE的组织结构,从1981年到1992年,该公司被裁撤的部门多达350个,甚至连副总也难以幸免,副总裁由130名缩减至仅仅13名。最终,通用电气变成今天的三四个管理层级,正如杰克·韦尔奇自己说的:"管得少就是管得好。"这样的体制让员工离建言献策更近了一步。

这还不是我们的重点,重点是,杰克·韦尔奇在通用建立了"无边界"的沟通理念。脱离了官僚体制的束缚,这种沟通理念解放了员工的话语权,让每一位员工都可以畅所欲言。在这其中,群策群力(work out)是一种特别有效的沟通办法。韦尔奇曾说,没有它,通用电器可能达不到今天的地位,它是通用电器DNA中的一部分。始于20世纪80年代初的群策群力,是由时任CEO的韦尔奇亲自发起并持续开展至今的全员创新活动。其实施方式是这样的:公司鼓励员工提出创造性想法,并通过名为"群策群力"的会议组织与问题密切相关的跨部门的员工和经理参与,对员工充分授权,进行组织开发和实施。这样一来,员工掌控了话语权。

GE群策群力在初始阶段主要是以"解决问题"为目的,即公司员工在"解决问题"顾问的参与下无所顾忌地讨论他们所面临的共同问题,而相关部门主管则在会议最后一天到场,对所提出的问题与大家一起研究解决方案,并在会后着力推进方案实施。

随着相关全员创新活动的开展并获得成功,1990年GE设立了"最佳实践"活动,开始学习其他企业的领先经验和内部组织的最佳实践,然后在集团内推广,推动知识经验的全员共享。目前,GE群策群力的全员创新活动把"解决问题"和"最佳实践"两种活动结合起来并上升到管理理论,通过内部咨询顾问的推动,使企业各部门不同员工之间的知识信息能够及时充分交流共享,达到创造性解决企业各种技术难题和管理难题的目的。

至今,GE公司已经举行过成百上千次群策群力的会议,而且涉及范围非常之广,包括全球数十万员工、业务范围从喷气发动机到电灯泡和信用卡的公司。群策群力帮助GE精简机构、向员工授权,并彻底改变许多旧的交易方式,也使得全员创新成为GE公司DNA的一部分。依托群策群力的全员创新的实践,GE已经实现了新产品推出达到25%的年增长率。

如果要总结为何群策群力能够给通用带来今天的成就和地位,恐怕是因为它解决了无论是管理理论还是管理实践中都最重要但也最难解决的沟通问题。沟通是指为了达到一定的目的,将信息、思想和情感在个人或群体间进行传递与交流的过程,这个过程既是信息的传递过程,也是对所传递内容的理解过程。沟通看似简单,实际上却非常重要,我们可以通过两个数字至关地感受沟通在企业中的重要性。这就是两个70%,第一个70%是指,企业的管理者实际上70%的时间都用在沟通上;另一个70%是指,工作中70%的问题是由沟通障碍引起的。

而通过群策群力,通用电气的员工可以实实在在地掌握话语权,表达对管理、决策的看法,并提出建议,这其实从另一个角度来说,也是一种管理权和监督权的获得。因为从本质上说,通用的群策群力就是鼓励员工参与决策,增强员工主人公意识,让员工从被动接受管理的地位,走向前台。员工从某种程度上同样被赋予了对企业运行的管理与监督方面的权限。

不管是管理学中还是管理实践中,我们必须承认沟通是非常重要的。无论你去翻阅哪一本管理类著作,都会告诉你,沟通管理是企业管理的核心内容和实质,无论是上下级之间的还是同级之间的。当员工之间可以进行有效的沟通,员工可以将有用的话语传递给上司,就能够在组织中营造平等自由、无拘无束的环境,可以有效凝聚组织的智慧。与此同时,就可以带来高度有效的解决企业问题的方法。尽管沟通如此重要,很多企业仍然缺乏对沟通的足够重视,企业内部部门之间因沟通问题出现的扯皮已司空见惯。

那么，问题来了，如何建立一个畅通的沟通渠道？

在这一点上，对企业的一个建议是，要充分考虑本企业的特点，也包括组织的行业特点和员工的心理结构，正确选择正式沟通和非正式沟通。就像通用电气，考虑到要解放原本被官僚体制束缚的员工的话语权，需要他们充分思考、提出建议，才有了以解决问题为主的群策群力的无边界沟通机制。

另外，到了"微权力"越来越强大的今天，不可忽视的一点是，员工的话语权是核心，沟通渠道的设置最终目标就是要赋予员工这份应有的权力。当员工被授权，就能积极参与到企业的决策之中。领导此时更多地不是布置任务、控制员工，而是去引导员工，让他们发挥最大的力量。

管理学奥秘

"群策群力"的正效应体现在哪儿？

自从杰克·韦尔奇提出无边界管理之后，研究者对沟通、畅通沟通以及无边界沟通的关注越来越多。"无边界沟通"也成为一个重要理论。按照该理论，一切阻碍沟通、阻碍找出好想法的"高墙"必须被摧毁。群策群力正围绕着这个目的展开，它可以：

第一，赢得员工的信任。通过向员工表示企业确实需要他们的想法和解决问题的办法，并且重视他们的想法，如此一来，员工就会信任企业，更加愿意将想法说出来，这会形成一个持续的、有效的沟通氛围，形成一个良性沟通循环。

第二，赋予员工权力。员工的意见常常能够成为解决问题的主要方法，真正赋予员工权力，让他们表达观点、提出可能可行的方法，就有利于组织的发展。不仅仅单纯听从领导的指挥，这实际上对于传统管理观念是一种颠覆。

第三，消除多余的、不必要的工作。"群策群力"机制下，经理被要求及时作出决定，从而避免了冗余的、繁杂的程序，使得公司内部形成了高效的流程化运营。

第四，创建一种平等、自由、坦诚的企业文化。沟通机制打破了存在于企业内的壁垒，拆除了部门与部门、人员与人员之间的墙壁，最终形成了一种"无边界"的企业文化。

无论是通用电气的"无边界沟通"还是群策群力,最终无非是要实现全体员工平等的、无边界、无障碍的沟通环境。在这样的沟通环境中,通过员工话语权、管理权、监督权等权力的实现来凝聚员工智慧。

8 宝马看似混乱的会议——横向沟通的力量

既然说到了话语权、监督权,我们又要提到另一个非常著名的企业——宝马。

宝马,一个我们所熟知的豪车品牌,是世界上以生产豪华汽车、摩托车和高性能发动机闻名的汽车公司,总部设在德国慕尼黑。

宝马的一个特点就是"创新",企业曾经荣获美国产品开发与管理协会授予的"杰出创新企业奖"。宝马为什么能创新?这个特点就要从宝马的横向管理方法上说起。

每个星期五的下午4点,当大多数德国工人驾车远行度周末的时候,慕尼黑宝马研发中心大楼内的一个个小咖啡厅里,挤满了工程师、设计师和市场营销经理,伴随着他们无止无休的讨论,公司提供的牛奶和咖啡全被喝光了。

"午餐和休息的时候,大家也在讨论各种观点和方案,这在常人看来有点儿像发疯,但这会让事情进展得更快。"宝马首席设计师艾德里安·范·霍伊顿克说。

这种情景的背后,有着宝马最新的行为管理理论支持,高层顾问和专家说,这种"非正式网络"在大型组织里引起的喧哗和混乱,对创新来说极其重要。宝马特别想让知识存在于几万名员工的头脑中,而不是在他们的计算机里。

这是宝马的"跨部门联手"。跨部门的团队看上去一团糟,好像没有效率,其实他们更能有效地解决难题。这是一种"非正式网络",用来提升员工能力,也是它超过竞争对手的诀窍之一。关键是这种联手带来的沟通。这种形式下,员工可以自由地组成跨部门团队。这种团队主要是横向交流,而不仅仅是上下层级的沟通，撞倒了壁垒，就和杰克·韦尔奇在通用电气打造的无边界公司有一样的效果。员工掌握了充分的话语权，自由地表达自己的观点。每个观点都有实现的可能性。

在宝马巴伐利亚的汽车厂，员工在他们上班的第一天就被鼓励建立人际关系网络，以加快难题的解决，在研发、设计、生产或营销等方面都如此。沟通异常重要：要推动创新，就要丢掉正规的会议、层级，就不能唯命是从。每个员工很快就感觉到，提出新鲜的观点是首要任务。

曾经，拥有巨大的资本和控制力的公司可以统治市场，但是在今天，规模大小已经不再是成功的通行证。官僚体制的慢动作可能会成为企业发展的阻碍。此时，横向沟通就非常重要。我们会在理论篇说到，"员工力"包括执行力、监督力以及创新力，不过，这些力量若只是单体的，终究是不够的。横向交流则是促进了这种个人力量的联合。我们可以从知识交换的角度去理解这个个体间力量的联合。尤其对于来自不同部门的员工而言，更是如此，来自不同部门的员工，各自拥有的专业技能、知识存在很大的互补性。通过横向沟通，在不断接触中能够实现知识、技能的沟通、交流。对于员工来说，这种横向交流也是新知识、新技能获取的一种有效方式。企业的经营机会总的来说来自于企业内部或内部的知识和技术，这两方面的知识、技术都非常重要，但企业仅仅依靠吸收外部的知识是不够的，企业利用内部知识的能力对于企业保持持续的竞争优势并不充分，这是因为，外部知识同样可以被其他企业所理解，相比较而言，内部知识并不是其他企业可以广泛理解的，因而构成了企业持续独特的竞争优势。获得内部知识的一个重要渠道就是跨部门的横向沟通、交流。这种横向沟通、交流对于隐性知识的传播、新知识的产生的重要性不言而喻。

但在实际的企业运行中，上下级沟通较为常见，横向沟通却比较少，部门之间一般都存在着"壁垒"。人们总喜欢在自己熟悉的领域内工作，因此必须把人们从习惯之中拉出来，互相交流，才能摩擦出新的火花。

如何在企业内建立合适的横向沟通机制呢？

首先，部门管理者要带好头。各部门的管理者，在很大程度上直接影响着部门间的有效沟通。如果部门管理者之间存在分歧或私人恩怨，这将严重影响部门之间的沟通。因此，部门管理者之间，除了应建立正常的工作关系之外，还应建立较好的私人关系，要带头交流，引导、鼓励部门成员与其他部门成员的交流，建立融洽的部门关系。

其次,这种横向沟通应形成一个机制。在沟通机制里应明确跨部门间的沟通内容、沟通方式、沟通步骤以及沟通双方的权利和责任。建立这样一种流程和制度对于确保跨部门间的有效沟通是非常必要的,因为在信息沟通过程中尤其需要注意尊重对方的职责和权限,不要超越对方的职权而去直接干涉别人的工作。当然,这类机制应包括正式或非正式的,正式的如会议,非正式的如聚会、座谈会等,需要注意的是既然是机制,就一定要具有连续性,不能三天打鱼两天晒网。

最后,建立起利于沟通的企业文化。企业文化具有强大的导向作用,其核心是企业全体员工共同的价值取向。共同价值观的形成,为全体员工提供了一个统一的价值判断标准,使员工在不同的问题上具有一致的看法,从而增加相互间交流的内容和范围,促进组织内部信息的传递。企业的价值观越明确,就越能吸引企业中每个员工的注意力,使员工对部门利益的关注转移到企业目标上来,从而能大大减少部门本位主义对跨部门间沟通所产生的负面影响。为此,公司要大力倡导沟通,要形成沟通文化,使沟通成为全体员工共同的价值取向,成为实现团队目标的一种信念,成为日常工作中的一种常态。

管理学奥秘

平面还是流水线?

无论是通用电气还是宝马,它们倡导的都是一种让员工发话、充分表达想法以获得好点子的理念。这种理念与平面管理理论是类似的。

所谓平面管理,就是要求业务部门、生产部门乃至整个公司的所有人员,在生产经营过程中都处在一种平面相交的环境中,即在他们之间没有层次、没有等级的隔阂,以此实现领导与员工、上级与下级间的相互信任和相互尊重。与之相对的则是流水线管理理论,流水线管理模式其实来自于泰勒的管理思想,工人在工作和工时上都是标准化的,没有多样性和自主性,等级制度也是严明的。这样的情况下,别说各抒己见了,沟通也是一件困难的事,人的"社会人"属性会退化。

现在,员工的知识素质越来越高,需求也越来越多样化,平面化管理还是流水线式管理何种更适宜,读者会有自己的答案。

通过横向沟通实现跨部门联手,打破部门之间的壁垒,实现员工之间观点的交换,知识的互补,经验的交流。

9 腾讯管理模式——构建实现员工创新的平台

在这个移动互联网时代,诞生了层出不穷的新事物,也涌现了各式各样的创新,互联网+、大众创业、万众创新,可以说,创新力越来越得到重视,企业也需要赋予员工更大的创新权。

赋予创新权力说说容易,做起来却很难。创新权是什么样的权力?该赋予每个员工还是一部分人?当产生了创意、创新点子,该如何对待?我们来看看腾讯的做法。

腾讯在业内其实是个备受争议的企业,许多人指责它抄袭。但《福布斯》在2011年却评腾讯创新能力为全球第四,超越了苹果和谷歌,这又如何理解?

实际上,QQ打败了ICQ、腾讯游戏打败了联众世界、各类网络游戏打败了同类游戏等,靠的并不是"大创新",而是"微创新"。这些产品和服务,看似类似,但开发本质不同。腾讯最大的特点就是关注用户价值,根据用户体验对产品进行开发和创新,以腾讯游戏为例:改造了界面,去掉了广告,使得界面简洁清爽;免费自动找座位,方便了玩家……腾讯通过细节上的创新创造打败了对手,因而吸纳了一大批忠实玩家。

在所有互联网的"大象"企业中,可以说腾讯是最执着于创新的,并且腾讯的创新靠的是所有普通员工的力量。截至2013年第一季度,腾讯拥有25000多名员工,其中超过一半是研发人员,累计申请专利7000项,在全球互联网企业中仅次于谷歌和雅虎。

腾讯高级副总裁、人力资源负责人奚丹曾说:"人不是雇员,也不是生产力,而是腾讯最有价值的资源,是腾讯的第一财富。"为了让员工发挥最大的创新力量,腾讯本着"以人为本"的价值观,建立了一系列的措施和制度。

腾讯最大的变化是组织架构。腾讯进行过两次架构调整。第一次是在2005年,腾讯在看到网络游戏、网络媒体、移动互联网等市场机会萌芽后,进行了新业务布局,并以"打造一站式在线生活平台"为战略方向,将公司按照功能模块分工转为业务系统制,在此之前,腾讯是按功能模块分工的组织架构。第二次架构调整是在2012年,从原有的业务系统制转为事业群制。

这种组织架构的变化首先是将中心放在了产业发展的角度上,分工越来越明晰,使得腾讯更加聚焦用户,满足用户层出不穷的新需求,打造优秀的产品和服务;同时,这种变化趋势是趋向于扁平化的。扁平化组织减少了层级限制,控制更多会转向授权赋能,同时权力距离被缩短了,员工和领导的关系更加协调、互动。这种组织架构有利于员工的能动性,发挥其创新能力。这样的架构调整显然符合腾讯"以人为本"的价值观。

除了组织架构之外,腾讯还设置了一系列内部的渠道来支持员工的创新行为,让"微创新"能够聚合成巨大的力量,这就是我们要说的重点。到底是什么让"创新"成为一种全企业员工的行为?

在腾讯,每个产品都设置内部的交流平台,分为两部分,一部分类似留言板,由产品主管发布项目的进度、动态;另一部分是论坛,向公司内部所有人开放,接纳反馈。这形成了一种群策群力的活跃氛围,利用这个平台跨项目提意见,或是项目组内部交流思维碎片都很常见,促进了新思想的融合。

腾讯也致力于开发一些项目来激发员工的创新意识。腾讯有一个"创意马拉松"项目,这与Facebook的"黑客马拉松"形式相似:以小团队为单位、围绕一个主题、以自由的方式、在规定的时间进行开发活动,参加者需要在33小时内自由组建团队,进行产品策划和开发,最后向公众展示作品或者产品原型,由专家评审评选出优秀项目。这个项目让员工在团队合作的基础上,尝试使用在成熟的产品中不会用到的新技术,检验这些技术是否可以成为常用的开发语言,推动了创新。更大的价值在于,"创意马拉松"能让创意被激发并且落地。高压之下,很多人会脱颖而出,成长为创新、管理的骨干力量。在员工的激励体系中,创新也占有一席之地。腾讯的微创新奖鼓励日常的小的创新点;年度创新大奖则奖励那些公司级别的有颠覆性的产品,微信是第一款获得这一奖项的产品。

腾讯已经形成了一种完全开放的创新机制,这不体现在规定和绩效考核之中,而是一种潜移默化影响所有人的文化。每个部门、每个人,无论做什么,只要创意有价值,就可以变成现实。在腾讯总部大楼二层的展示大厅里,最为显眼的是巨型LED屏幕上模拟群星闪烁的"腾讯星云",显示QQ在全国的同时在线情况,从亮点密布的东南沿海城市到星星点点的边疆等地,每秒钟数以万计的上线、下线,整个图景给人极大的震撼。不过出人意料的是,这个创意并不是来自QQ团队,而是来自于用户研究与体验设计部,结合技术部门和大数据的支撑，最终形成了这个产品。在腾讯，只要有创意，没有部门的限制。

说到这里，我们会发现，腾讯支持员工创新的最根本措施是赋予员工实现创新的权力，为他们构建创新平台。因此，腾讯员工乐意去创新。每一个"微创新"都有可能实现，成为产品或服务的下一个改造方向，甚至成为一个全新的产品或服务。这对于员工来说，就是一种最好的激励。

这就是腾讯新型管理模式的本质，也是不断刺激员工创新的因素，即创新能变为现实。用更为广泛的视角来看，腾讯鼓励员工提出建议和思考，并且努力提供条件让他们的想法"成真"。

在这种模式中，第一个层面依然是鼓励员工敢于"发声"。

在历史篇中，我们提到过员工的建言行为和沉默行为，而这种行为除了和员工本身的特质有关，和组织情景与领导氛围等要素也密不可分。很多员工之所以会保持沉默行为也是一种员工弊害的表现，因为他们担心会冒犯领导，导致彼此之间的关系疏远甚至会招来报复。因此，在这一层面上，我们需要做的就是打消员工的疑虑，让员工明白他们可以"知无不言""言无不尽""言而无罪"，鼓励他们"发声"。

第二个层面则是，让想法变为现实。就像腾讯公司的"创意马拉松"项目，员工在规定的时间里呈现出自己的创新方案。一旦这种方案被认可，对员工就是一种鼓舞与激励。

相反，如果管理者对于意见、建议不闻不问，久而久之，员工就会得到一种隐性暗示：老板对我们的建议根本没有兴趣，或许我们保持沉默才是对的。

如果员工的好想法、好创意能够变为现实，那么他们就会感受到被尊重、被重视，感觉自己真正参与到了企业发展中，就会更积极地思考、创新。这就形成了一种"正反馈"。

所以，再度回看腾讯，员工被赋予"创新权"，实际上背后还是有这种"鼓励发声""实现创新"的机制的支撑。建立一个能够让员工提出创新点子、点子能够被实现的机制或者说系统是核心。腾讯就是抓住了这一点，有着大平台优势，发挥着小公司精神，重视每一位员工的思想、创意，让创意变为现实。因此可以说，腾讯在业务上的彪悍发力，和背后高素质、有创造力的员工分不开，而员工力量的发挥，又和腾讯独特的管理机制密不可分。

管理学奥秘

创新人才如何"内部孵化"？

腾讯建立的创新平台实际上就是一种创新人才孵化的平台。企业的创新人才内部孵化是创新管理的一种新形式。

随着环境和产品的快速变化，企业最高管理层的任务就是建立一个能够不断孵化出绝妙经营创新的组织结构，设计出新的环境刺激创新的发生，因此就出现了各种各样的创新管理方式。

企业中，员工特别是底层人员和中层管理者，往往凭着对市场、技术、产品的直接接触，可以敏锐地发现一些以往不为人注意的新市场，开发一些新技术和产品。但他们的创新很难得到上层管理者的注意和垂青。在层层上报的审查中，任何一个"不"字都可能葬送价值千万的好创新。此时员工可能只好选择放弃，久而久之，企业文化中就不会再有创新精神，或者他会选择离开企业，那么企业在人力资源上就会有重大损失。这对于个人和企业都是不利的，也是为什么我们需要创新人才的内部孵化机制的原因。

按照创新管理理论的总结，企业内部孵化模式的基本流程是：员工提出创新意见，企业帮助员工就此意见创业并提供资金和管理帮助；甚至还可以有内部创业的公司，完全以市场化方式运营；创业者保持原企业员工的身份，即使失败还可以回到原企业继续就职。当然，这种模式不一定是固定流程，也能对这种模式进行创新。总而言之，当有了创新人才的内部孵化平台，之于企业，能够获得具有成长性的人力资本；之于个人，能够减小个人创业的风险性。[1]

> **微点评** 从通用的群策群力与腾讯的微创新，我们看到的是自下而上、全员参与的开放式创新。对于员工来说，创新也是一种权力，员工能被赋予创新权更需要企业鼓励创新的机制作为支撑。

---

[1] 朱近，宣国良. 创新管理的企业内部孵化模式[J]. 研究与发展管理，2001(6):40—45.

10　3M 的创新源泉——给予员工失败的"权力"

3M 公司成立于 1902 年,全称"明尼苏达矿物及制造业公司",是世界五百强企业之一。

这个企业的名字你可能未必听过,但你一定用过它的产品。从婴儿纸尿裤到道路运输反光标识,乃至女孩子脸上用的痘痘贴和汽车上普遍使用的隔热膜,还有我们身边最常用的记事贴……

在过去 5 年,3M 在全球推出了 7 万种创新产品,平均每年推出 500 多种新产品——平均 16 个小时推出一种。其 35% 的销售来自过去四年里开发的新产品。

7 万种商品,数亿用户,如此复杂的产品线,却有如此高频率的创新。113 岁的高龄企业居然还能像少年一样拥有激情和活力。

这究竟是怎样做到的呢?

3M 将员工的创新力量发挥到了极致,用内部的机制不遗余力地支持着员工创新。

(1) 15% 规则——3M 公司鼓励每一个人开发新产品、提出新建议和方法。有名的"15% 规则"就是允许每个技术人员在工作时间内可用 15% 的时间来"干私活",即搞个人感兴趣的工作方案,不管这些方案是否直接有利于公司。当然,这并不是说如果员工每天工作 8 小时,就完全按照 1.2 小时的时间来做自己感兴趣的事情。只要完成了本职工作,员工完全可以研究自己喜欢的事,提出创意。另外,当员工产生一个有意思的构思时,他可以直接与相关部门联系,看是否可以付诸于实践。这些行动都是被上司直接认可的,无须通报。总而言之,这倡导了一种创新与日常工作的互动关系。早期,3M 的员工富莱就是运用这个"15%"的原则锲而不舍地进行黏着剂研究,而后小小的记事贴风靡全球。

(2) 自由创新科研小组——无论是谁提出的有趣构想,当这个构想有可能变为现实的时候,员工都可以与其他部门的同事自由组合,成立创新科研小组。小组成员始终和产品待在一起,直到它成功或失败,然后回到各自原先的岗位上。公司还特别保证,创新小组具有独立自主权和工作保障,这为新产品从研究开发到可能的产品上市的整个流程进行了保驾护航。特别是研究人员、市场开发人员与销售人员的三边沟通模式,使得创新到实践进行得有模有样。

（3）知识共享平台——知识共享平台其实指的是3M的技术论坛，目的是鼓励信息的自由交换，为研究人员相互交流心得和解决疑难问题创造条件。这个平台并不是简简单单的网络论坛，而是一个具有管理框架的大型志愿者组织，共有成员超过一万名，并且拥有自己的主席和成员，这些成员有他们自己的兴趣与项目组，很多创意如果得到公司支持就会投入正式的研发。3M在全球27个国家都成立了技术论坛，通过公司内部的电视系统，向各地的分部传送活动情况，相互联络。这带来了一种相互信任、相互交流与学习的氛围，有利于激发员工的创新意识和能力。

（4）激励措施——3M创立了12种奖励制度，以奖励那些对公司发展有贡献的员工，最高档次的奖项被称为公司诺贝尔奖，是以第五任总裁理查·卡尔顿命名的卡尔顿奖。该奖项颁发给被认定为创新研究成果对公司发展有着巨大贡献的功臣，至今已有130多人获卡尔顿奖。同时，3M公司的奖励制度，不论是对整个小组或个人，都有鼓励作用。当他们的产品发展计划越过重重障碍有所成就的时候，小组每位成员都会因此获得晋升，这不仅激发了员工个人对创新的重视，更是为小组塑造了一种团结的氛围。在3M，独树一帜的终生雇佣制度也起到了激励创新的作用。即让包含研究技术人员的所有员工，基本上都能享有年功晋升和终生雇佣的待遇。员工一旦进入3M，几乎很少有人在退休之前离职。

归根到底，3M公司内部一系列的措施、机制、激励都是在鼓励员工敢想、敢做，把创新进行到底。在3M公司的价值观中，几乎任何新产品构想都是可接受的。不屈不挠、坚持到底，在3M公司，终有成功的一天。在这样的环境下，员工的创新能力被发挥到了极致，3M公司的创新能如此层出不穷也就可以解释了。

这些虽然是实现员工创新权的过程中重要的机制，但都不是我们要说的重点。我们想说的是3M的全体创新机制中一个特别的点——允许失败。创新人员失败后，薪金、待遇甚至晋升都不会受影响，使得员工创新、冒险无后顾之忧。在公司隔离胶带产品开发时，经历多次失败。每次失败后，研发人员得到的不是打击，而是鼓励与支持。正是在公司宽容失败的鼓舞下，研发人员反复试验，最终隔离胶带成功上市，并很快成为公司的核心产品，每年给公司带来上亿美元的销售额。说到底，3M公司是勇敢的，致力于为员工创造成长和自由发挥的空间，接纳他们的每一个点子，哪怕多么"奇葩"，在这同时也意味着,要接纳失败带来的一些损失。这种"宽容"培养了员工的"韧性",也可谓是对员工创新一种独特的激励,员工最乐意看到的就是,自己的点子被公司重视,自己的努力被公司肯定,这代表了公司对个人的尊重。当创意成为现实,员工自然愿意投入更多去工作、去创新。

其实,3M公司允许失败也可以看作对于员工失败的权力的尊重,因为创新活动与生俱来伴随着失败的风险,而且在很多情况下,失败的风险远远超过成功的几率。如果员工失败后面对的是公司的不管不问,甚至是冷嘲热讽,那么员工不会有创新的动力。可以说,只许成功、不许失败的时代,早已过去。所以,允许失败是创新萌发的一种保证,也是创新权有效实施的前提之一。

但3M公司的"宽容"也是有原则的。3M公司允许失败,但决不允许重复同样的失败,这或许可以理解为避免重复的浪费,鼓励经验的共享。公司将创新视为"金矿",要求创新人员及管理者深入认真地挖掘失败的经验与教训,并作好总结,在组织内部共享,为公司再次创新及其他人员创新提供帮助与借鉴。这一做法充分重视与利用了"失败"的价值,为再次创新奠定良好的基础,大大地提高了效率。

我们说,失败也是一种权力,也是员工应该拥有的。既然想要创新,就要接纳一定程度的失败。那么,这种权力如何给予?

一方面,失败是有范围的。如果员工在任何领域都被允许失败,反而不是激发创新,而是培养了一种不严谨的气氛,让企业走向败落。

另一方面,失败是有限度的。从成本的角度来考虑,企业也不能容忍重复的失败和无限的失败。这种类型的失败毫无意义。企业真正允许的失败,是在创新过程中不可避免会遇到的失败。

最后,如果要用几个字来总结3M公司的员工的话,就是:小员工、大力量。不过要将这种力量发挥出来,除了需要机制的支撑,譬如说,让点子能够变为现实的机制,也需要宽容自由的环境等。不是每个创意都会成功,变为产品,但,允许失败,就是允许成功。

管理学奥秘

创新需要允许失败的存在

创新为何需要失败的存在?其实我们可以联系企业文化与氛围来看。

3M 致力于营造容忍失败和允许犯错误的具有良好创新氛围的知识工作环境。创新成果美好,但过程曲折,因而进行创新要鼓励冒险,允许失败,但决不允许重复同样的失败。这已经完全形成了一种企业文化与氛围。

我们知道,影响企业创新人才孵化的因素多种多样,除了个人因素,例如个人新知识的掌握能力、潜力以及个性素质等,还有企业因素。[①] 其中企业文化和工作氛围就是很重要的因素。就企业文化来说,独特的企业文化不仅能够吸引创新人才,它对每个员工的影响都是潜移默化的;就工作氛围来说,宽松、灵便的工作环境对于创新人才成长来说也是必不可少的。

那么,在科学的宽容态度下,允许失败的文化和氛围正是这样一种能带来正面效应的力量,让人才可以大胆创新。

另一方面,一些研究也证明了从失败中学习可以提高创新绩效。可以说,失败学习对创新有一种作用机制,因此,个人的创新失败为什么不能适度接受呢?[②]

> **微点评** 从 3M 允许员工失败的做法,我们更应该看到的是只许成功不许失败的时代已经过去。或者说,3M 公司当下允许员工失败,更是为未来员工的成功。

第三节 企业文化与员工力量

文化可谓是企业的灵魂,什么样的企业文化适宜员工力的成长?严肃,到底多严肃?活泼,到底多活泼?自由?天哪,这个度更难描述,我们来看看实际中企业的做法。

11 华为的"狼性文化"——文化让员工保持活力

2015 年 3 月 10 日,苹果智能穿戴产品 Apple Watch(苹果手表)问世,这是继 iPad 之后时隔四年多苹果推出的最具颠覆性的产品。但令苹果仍然感

---

① 李倩文,晏敬东. 影响企业创新人才孵化的因素分析[J]. 科技创业月刊,2014(4):75—76+85.
② 杜维,周超. 制造企业服务创新过程中失败学习路径研究[J]. 科技进步与对策,2015(3):85—89.

到遗憾的是,其实早有企业在这款产品上"捷足先登"——此前一周,在2015世界移动通信大会(MWC)上,华为Watch高调亮相。

我们总把苹果看成是数码届的"创新大佬",没想到,这回华为跑在了苹果前面。

而这并不是一种偶然。华为2014年的年报显示,超过17万名的员工中,研发人员占45%,不仅如此,华为公司规定每年5%的研发人员做市场,5%的市场人员做研发,实现研发与市场紧密结合,持续推出创新性产品;华为10年来研发投入1900亿元,2014年研发投入408亿元,较2013年大幅增长29.4%。有多少企业能像华为一样,每年都坚持把10%的销售收入用于研发,把创新当成是一种理念不断坚持下去?

众所周知,华为的员工是华为创新的主要力量。各类人才是华为发展壮大的最大支撑。或者说,正是营销类、技术类、销售类等各类员工的合力才有了我们今天看到的华为。那么,又是什么让华为的员工始终保持活力?或者说,华为用什么去激发出员工力量?答案是"狼性文化"。

狼是一种凶猛的动物,比它们的凶猛更可怕的是,狼成群行动,这凶猛程度得乘上好几倍,再强大的动物,也难以招架狼群的攻击。

华为崇尚的就是"狼性文化"。在任正非眼中,华为人的狼性应该是这样的:第一,嗅觉敏锐,能够及时发现客户需求,把握住市场机会;第二,拥有团队意识;第三,强烈的进攻性,不放过任何机会,就像狼闻到肉味会奋不顾身扑上去一样。华为人的这种"狼性"让华为异常凶猛,在竞争对手异常多且强大的电信设备市场上生存下来,并成为强大的一员。

华为每位员工从入职起就接受"狼性文化"的熏陶。华为对新进入企业的员工会有一个为期五天的文化培训,围绕企业文化展开,讲清楚为什么公司会出台相应的政策和制度,它反映出的文化、价值观是什么。华为还有一篇《致新员工书》,是任正非在华为创业之初写的文章,把华为的文化和对新员工的要求全部融入其中。还有一部新员工必看的电影——《那山,那狗,那人》,讲的是一个山区邮递员的故事,影片倡导的敬业精神,正是华为追求的价值观。员工还会有一位"思想导师",给予其工作和生活上全方位的帮助,"狼性"必然也会传达给新员工。

"狼性文化"也体现在华为的绩效管理上。在华为,没有大锅饭,绩效档次被拉得相当开。除了高薪,持股也作为一种奖励模式。但这一切都要靠绩效取得。"狼性"就是要拼搏,华为不养懒人,这种绩效管理模式让华为识别出最优秀的员工,给予其最优秀的资源。华为还将应用型的研发机构均定位为利润中心,强调利益要向创造业绩的一线"奋斗者"(研发人员是其中最重要的主体)倾斜。

研发就更不必说了,西方调查显示华为研发人员的年均工作时间大约为 2750 小时,而欧洲研发人员的年均工作时间是 1300—1400 小时。华为投入 1 元钱研发出来的东西,欧洲公司需要投入 10 元钱才做得出来。结合华为的绩效考核来看,对于员工来说,你不拼命厮杀,你就会被淘汰。

在华为,"狼性文化"全方位地包围着员工,影响着员工,让员工时刻保持奋斗。其实,这遭到了很多人的诟病,拼命三郎般地工作、严酷地考核与淘汰,让华为位居最危险职业榜单。华为的"床垫文化"也被屡屡提到、屡屡抨击,说的是华为员工入职,先要去领张床垫,通宵加班累了,可以躺一会儿。但不可否认的是,这种文化让员工从不松懈、保持奋斗,能力得到最大利用,让华为在众多企业中脱颖而出。

企业文化的影响力是巨大的。作为企业在长期发展过程中逐渐形成的共同信念,企业文化具体表现为企业风范和企业精神。员工会不自觉地受到企业文化的影响,表现出企业期待的行为。可以说,企业文化直接影响员工的价值发挥。首先,企业文化具有约束能力,是无形的,健康的企业文化促使员工积极遵守各项规定,具有积极的工作态度,对员工思维能力和工作能力都会有所裨益;其次,企业文化营造出的感情氛围,为员工精神上带来满足感和认同感;最后,企业文化对员工的价值发挥也有影响,优秀健康的文化有利于员工更长远的发展。

我们再次回到华为的企业文化,"狼性文化"非常适合华为的成长需求。且不论"狼性文化"的好与坏,它确实让华为人身上充满了能量,始终保持着旺盛的斗志。华为一位研发工程师表示:"所有人都欣赏谷歌的办公环境,员工能穿拖鞋、带宠物上班。可去了硅谷会发现,那是世界上竞争最激烈、工作最拼命的地方。"成功,其实与穿不穿拖鞋没有直接关系,在华为,员工在以奋斗为本的"狼性"文化引领下,继续向前。

管理学奥秘

企业文化建立之策

企业文化理论作为一种全新的企业管理理论,发祥于日本,形成于美国,是继古典管理理论、行为科学管理理论、丛林学派管理理论(又称管理科学)之后,世界企业管理史上出现的第四个管理阶段的理论,也被认为是世界企业管理史上的"第四次管理革命"。现在,但凡重员工的企业都非常重视建立合适的企业文化。一来,企业文化是企业不断发展的不竭动力,也是吸引人才的源泉;二来,对于"微权力"个体而言,合适的企业文化能激发他们的力量。不过,建立合适的文化,并不是一件容易的事儿,简单来说可以分为这样一些步骤:

(1) 评估需求,不同企业需要建立不同的文化,首先要明确企业的需要;

(2) 编写学习材料,这是企业文化建设的重要环节;

(3) 组建企业文化建设机构,一般企业文化的主管机关应为人力资源部,也有企业专门组建企业文化建设委员会,主抓企业文化工作;

(4) 硬件建设,如公司的装饰、员工的服装等;

(5) 动员工作,要让员工充分理解企业文化建设的重要性与必要性;

(6) 逐步推进企业文化建设,企业文化建设是不能一蹴而就的,需要长期积淀。

华为之所以能在强手如林的电信设备市场中胜出,得益于它将狼的特性融入企业文化之中,形成独树一帜的狼性文化。特别是,在华为的实力还不足以站在这个行业的顶端的时候,狼性文化发挥了奇效,成为华为的核心竞争力,让员工带领华为杀出了一条血路。

12 惠普的"以人为本"——企业文化的聚拢效应

1983年,英国女王伊丽莎白到美国访问时,她只参观过一家企业——惠普,它被美国人称为"使硅谷诞生的公司"。

惠普诞生于一间简陋的汽车房,此后70多年间,惠普在IT基础设施、全球服务、商用和家用计算机以及打印和成像等行业成为领导者,位居世界500强前列。

细究惠普的成功之道,与它"以人为本"的企业文化密不可分。

"相信任何人都愿意努力地工作,并能创造性地工作,只要赋予他们适宜的环境,他们一定能成功。"这样的企业文化引领惠普创造一种开放、舒适的工作环境和氛围。

正是在惠普公司"以人为本"的企业文化的影响下,惠普在日常管理中处处践行着这样的理念。早在20世纪80年代末,惠普更换了一批高档的办公家具,每把椅子价值三千元,每张桌子价值一万元,在那个年代的物价标准下相当昂贵,而惠普之所以这么做,是有着自己的考虑的。公司必须对员工的健康负责,如果椅子不好,时间长了员工会落下职业病,所以惠普宁愿在这些办公桌椅上多花点钱。

惠普对于员工的信任从来都不是停留在口号上,惠普允许员工在工作中任意使用实验室的工具,并允许他们拿回家去使用。在惠普看来,无论在工作上还是在家中捣鼓这些,都能让员工学到一些东西甚至得到灵感,公司何乐而不为呢。在工作时间方面,惠普员工有灵活的上班时间,个人可以很早或者很晚来上班,在做完事情之后离开,这种灵活的工作时间也是对员工信任的一种体现。同时,惠普给予员工充分的安全感。员工工作表现良好,公司就不会解聘员工,甚至离开公司的员工,也还能再回到公司。

此外,惠普公司创造了一种独特的"周游式管理办法",鼓励部门负责人深入基层,直接接触广大职工。因此,办公室布局采用美国少见的"敞开式大房间",即全体员工都在一间开放式的办公室,各部门之间只有矮屏分隔,除少量会议室、会客室外,无论哪级领导都不设单独的办公室,同时不称头衔,即使对董事长也直呼其名。这种方式解放了员工的话语权,打破各级、各部门之间的无形隔阂,最终能够提高工作效率。

在企业文化的影响下,惠普采用人性化的管理方式,促进上级与下级、员工与企业相互之间融洽、协作的关系,营造一种快乐、进步的环境,为员工之间带来公开、自由、诚实的沟通。这对于员工来说,一方面是一种保障,保障他们能够更好地完成自己的工作;另一方面,也是一种激励,鼓励他们充分利用自己的权力与能力,因为企业会充分尊重他们。

尽管没有轰轰烈烈的运动,没有时髦的口号,但多年来,惠普一直坚持不懈,通过具体的管理措施处处体现"以人为本"的企业文化。

根据惠普公司自己的解释,他们认为惠普是"一只以价值和行为为基础、以文化为控制内容的箱子",也就是说,他们是以惠普文化来塑造企业、塑造企业中的员工。企业文化能够以"润物细无声"的方式,让员工潜移默化地接受企业主导的观念,这是在人们心目中产生一种潜在的说服力,从而把组织意识变为人们自觉的行动的长期过程。当惠普员工处于轻松、自由的企业文化与氛围之中,员工感受到公司对于自己的信任与关怀,员工自然会付出更多的努力。这种宽松的氛围,并没有带来管理上的混乱,而是让员工更加信任企业,将企业视为"家",心甘情愿为家付出。

这其实就是一种文化的聚拢效应。只有来自文化的力量才能使人自觉,而文化的聚拢不仅使人自觉,而且还会形成约束性和选择性的团队氛围,物以类聚,人以群分,群聚效应就是文化判断、选择以后的聚集,这是文化积累、文明形成的普遍机制。惠普的企业文化风格"温柔",和华为"狼性文化"的凶猛成为一种对比,但两种风格的文化都带来了好的效果,因为他们都产生了这种聚拢效应,组织内员工受到文化影响,自觉向企业战略靠拢。

这种聚拢或者说群聚效应同样有利于"微权力"的成长。员工是一个个"微权力"主体,文化让他们聚在一起,形成一股合力,形成更大的力量。"水能载舟,亦能覆舟"的力量有时候正来源于此。

企业文化是否真的那么举足轻重?是的。曾经有人认为:小型企业靠营销,中型企业靠管理,大型企业靠企业文化。似乎只有大企业才能理解企业文化的重要性。企业家最清楚:那种自然萌发的文化发育和长久酝酿的文化攻略有时候会取得相似的效果,但正像打仗一样,一个没有长期发展战略的企业就像打一场没有准备的战役,最后注定要失败。

管理学奥秘

从深层次认识企业文化

每个成功的企业都有各自独特的企业文化,囊括共同信念、价值观、决策前提等各种无形概念。文化虽因企业而异,看不见摸不着,却都能起到凝聚员工、引导员工、激励员工等作用。这是为何?

经过实证研究,从员工个体的角度来看,企业文化缘何可以有这种作用?主要是以下这几个效应的关系:[1]

第一,企业文化增加个人的认同感。很显然,企业文化对个人的影响主要是思想方面,对于员工组织认同有着重要影响。

第二,企业文化激发个人的工作积极性。通过自身独特的要素,企业

---

[1] 王磊,徐洁怡.企业文化作用文献综述——基于理论与实证研究[J].才智,2015(11):320—321.

文化给员工带来归属感,从而激发员工潜能,发挥精神力量,调动工作积极性。

第三,企业文化能够培养个人的忠诚度。企业文化一般是通过影响组织承诺负向影响员工的离职倾向;换句话说,企业的文化一致性高,员工的组织忠诚度也就越高。

> **微点评** 惠普以人为本的企业文化在潜移默化中影响着、塑造着员工。这种企业文化的聚拢效应,让员工的"微权力"形成合力,迸发出惊人的力量。

13 罗孚汽车的神话——学习型组织及其文化

1983年,壳牌石油公司的一项调查表明,1970年名列《财富》(*Fortune*)杂志"500家大企业"排行榜的公司,有1/3已经销声匿迹了。依壳牌石油公司的估计,大型企业的平均寿命不及40年。总结正反两方面的经验,人们发现,大部分公司失败的原因在于,组织学习方面的障碍妨碍了组织的学习及成长。因此,90年代最成功的企业将会是"学习型组织"。

到了现代,互联网时代加上知识经济时代,学习型组织的优势会更加得到体现。管理学大师德鲁克在《后资本主义社会》中,早就预言了"知识社会"。知识社会最大的特点是不再有"阶级",没有"无产阶级"和"资产阶级"的对立,只有各种知识之间的碎片关系,这些碎片之间不可能形成利益长期一致的任何阶级。这就是说:每个人只拥有一小片知识,社会交往是由许多这样微小的知识之间的交流构成的,所谓"微小叙事",不再有"宏大叙事",对组织来说亦如是。知识社会是这样的社会,无法再靠强权去维持知识碎片,那么学习就尤为重要,让知识从独占变为分享。正如壳牌石油公司的德格(deGeus,1988)所说:"比竞争对手学得更快的能力也许是唯一持久的竞争优势。"

罗孚汽车Rover就是一家通过学习型组织建设摆脱困境、全面提升竞争力、建立市场优势的企业。

上世纪80年代晚期,英国最大的汽车制造厂商罗孚陷入了困境:每年亏损超过一亿美元,内部管理混乱,产品质量江河日下,劳资矛盾恶化,员工士气低落，前景一片黯淡。而时至今日，罗孚摇身一变成为全球最富生命力的汽车制造厂商之一。在过去的几年里，罗孚汽车全球销量几乎扩大了一倍，在北美和亚洲，其产品供不应求，罗孚不仅扭亏为盈，还盈利颇丰。与此同时，员工的满意度和生产率也创历史新高，并且持续高涨。最近的一次对罗孚公司34000名员工的调查表明，超过85%的员工对自己的工作感到满意，认为受到良好的培训，并且愿意齐心协力提高团队的绩效。这与几年前的境况简直判若两人，而这一切变化竟然发生在如此短暂的时间内，更是令人匪夷所思。

在罗孚遭遇危机时，是Graham Day先生临危受命，他和其他高层认为，在全球汽车业动荡的环境下，罗孚这只小鱼如果游不快，就会葬身鱼腹。因此，只有奋力拼搏，才有望在激烈的市场竞争中得以生存和发展。凭着对企业的透彻了解和远见卓识，Day先生认为，除了成为学习型组织，罗孚别无选择。

罗孚走的第一步是于1990年5月在公司内部成立了专司学习管理的机构——学习事业部(Rover Learning Business, RLB)。作为一个独立的实体，RLB的主要职责是促进全公司范围内的学习，力求使学习成为公司内每个人和每个单位乃至全公司工作不可分割的一部分，并为学习提供必要的支持与帮助。通过RLB的工作，员工、团队、部门乃至全公司都可以从不断增长的知识、经验中获益，从员工之间的交流之中获益，从而使公司不断进步。

不过，在本书中，我们要说的是，在构建学习型组织的过程中，企业文化和氛围的重要性及其塑造。罗孚公司为了显示公司成为学习型组织的信心，在公司内部大力推广关于组织学习的观念与信仰，并在此基础上推行全面质量管理和顾客满意项目。公司倡导的观念和信仰是：第一，学习是人类的天性；第二，学习和发展是创造性、凝聚力与贡献的"燃料"；第三，每个人都有两项工作——现在的工作和改善它；第四，谁发明，谁受益；第五，要重视人、尊重人；第六，创造性和独创性说起来容易，用起来难；第七，管理不能解决所有的问题。

从这几句话中，我们会发现，罗孚旨在营造这样一种氛围：以人为本、重视学习与创新，努力抛弃旧有的命令式管理。总体上来看，这种以人为本、以人制胜的企业文化与氛围非常有利于学习型组织的建设与发展，这是因为以人为本、以人致胜的企业文化倡导尊重人、关心人、使人全面发展，学习型组织的精髓则是使组织以及员工都得到最大程度的发展。如何达到这样一种文化氛围?

一方面,罗孚公司精简了组织层次,方便组织沟通,提升了学习效果。另一方面,罗孚授权赋责,让有能力的员工放手去干;还为每位员工制订了工作保障计划和员工个人发展计划,实行浮动的工作职责(能上能下),鼓励每一位员工全心全意投入工作,充分调动每一位员工的积极性和创造性,提高了员工的满意度。最终,组织内形成了以人制胜的企业文化和管理哲学,形成了良好的学习氛围。氛围的形成能够带来良性循环,更多的员工更乐意投入到学习之中。

其实,今天,有越来越多的企业在向学习型组织发展。学习型组织有利于员工之间的知识共享,更大程度上发挥个人能力,为组织、为顾客解决问题,也是"微权力"能够发挥作用的极好平台。

管理学奥秘

学习型组织文化之构建

随着时代的发展、科技的进步,产品、技术等企业赖以生存的东西老化的周期越来越短。这个原因,已经足以成为许多企业转向学习型企业的关键。哪怕不成为学习型组织,许多企业也会将学习型组织文化融入到自己的文化之中。

具体而言,学习型组织文化有这样的特点:

(1)鼓励员工自学和自我超越的企业文化,这是学习型组织企业文化的基础。

(2)促进企业构建共同愿景和组织学习的企业文化。共同愿景带来的使命感让员工导向更广阔的奉献与关怀。

(3)强调开放、创新、应变的企业文化。学习型组织的企业文化是一种开放型的文化,鼓励开放、交流和学习是学习型组织企业文化的一个重要理念。

因此,在构建时,可以运用这样一些途径:

(1)营造学习氛围,特别是要鼓励知识共享,并建立一种共享机制,这样会带来整体学习能力的提升。

(2)培养个人的主体意识,这对于"微权力"个体来说,是非常乐意的,当他们被充分调动主观能动性后,也就会积极充当知识的传播者。

(3)加强培训等措施,这是共享价值观、学习理念的重要途径。

> **微点评** 通过学习型组织,授予员工权利责任,鼓励员工全身心投入到工作中,调动员工的积极性与创造性,最终形成以人致胜的企业文化与管理哲学,从而摆脱困境并不断成长。

第四节 "微权力"的激励之道

现代企业实践中,有一点不得不提到,各个企业有着五花八门的激励机制。其实,适当的激励,不仅能够激发员工的积极性,对于微权力同样有着微妙的作用。在最后一节,我们将选择具有典型代表性的大型企业,看看他们到底是怎样实施"微权力"激励之道的。

14 微软的留人之道——人才培养

微软,被称为"致力于 PC 软件开发的世界上最富有的公司",它的市场价值达 2000 亿美元,名列全球第二。

可以说,它是伟大的。Windows 操作系统、Office 系列软件从来都是大部分人的选择。而在这一切创造的背后,是什么呢?

"微软创新就是靠人创新"。微软公司正式员工人数是 3 万左右,有一半的人在做软件开发,大概 1 万人在为其产品进行营销计划,剩余的几千人则是分配于各管理部门和法律部门。员工是微软最有价值的财富,硕大的微软真正关注的是如何才能让它的员工发挥出自己最大限度的才能,而不是雇佣更多的员工。

这就是微软的人才培养之道。

微软对于员工是精挑细选的,在最初就要选择最适合微软的、最具有潜能的员工。因此,微软有着严格的招聘制度。为了招聘人才,微软公司每年亲自走访美国大约 50 所大学,招聘人员既去名牌大学招聘,也留心地方院校和国外院校。他们对刚毕业的学生情有独钟,认为刚走出校门的学子朝气蓬勃,敢想敢做,和微软的创新思维不谋而合,有利于微软的软件开发和新产品的研发，也能为微软的发展创新提出新的见解，贯彻完善微软的发展理念和软件开发态度。

不仅如此，微软还特地以"挖墙脚"的方式成立了"招聘人才快速反应小组"，以这种方式去发现和吸引优秀的人才。这个小组的人负责收集世界各地那些潜力十足而又无用武之地的人员的信息，联系他们，拉拢他们来微软发展。

微软的招聘过程也很复杂，通常都由高级员工亲自面试候选人。年轻人进入公司前，校园内就要经过反复考核，大约耗时一天，接受至少来自四个部门职员的面试。下一轮面试前，前一位主试人会将应试者的详细情况和建议通过电子邮件传给下一位主试人。最后，有希望的候选人还要再到微软公司总部进行面试。复杂的招聘程序帮助微软吸纳了全国技术、市场、管理方面的许多优秀人员。前期确实耗时耗力，但寻找到和微软匹配的人才反而为以后节约了成本，例如解聘、人力不足，或者不适合，需要去市场寻找现成人员等。

微软拥有独特的员工培训体系，通过"职业模式＋能力/技能差距＋业务需要"的模式来决定培训的内容、时间、对象。70%的员工的发展通过直接工作经验和在职培训获得。20%通过导师的辅导完成。10%通过其他培训形式获得。微软提倡随时随地学习，遵从"明确需要学习的知识技能，到执行学习计划，再到构想达到下一个目标需要的新的知识技能"模式，如此循环，以逐步实现学习的目标。此外，经理会和每个员工讨论他们的职业发展规划，为员工制订涵盖软硬技能的培训计划，利用微软的平台为员工提供职业发展道路。无论员工希望个人职业怎么发展，公司都会提供最大的帮助和机会。

此外，微软还有导师制。员工可以自由申请或者为员工指定一位经验丰富的员工做搭档，他将帮助其制订个人职业规划，并在其所专注的那些领域帮助员工成长。搭档关系可以帮助双方增强技能、实现目标，并在公司内提高个人能力和职业能力。

员工经过学习能够掌握足够的技能，无论是技术上，还是管理、沟通等软实力上。但这只是基础，微软培养员工的宗旨是要努力激发出员工最大的潜能。因此，微软还在员工培养方面采取了这样几个措施，我们用三个关键词去总结：

（1）自由——微软给予员工一个自由换岗的平台。当达到应有的要求时，员工可以申请跨岗位，这个跨岗位甚至可以跨国界，去自己想去的岗位。在技能学习之后，如果员工发现不适合新岗位，依然可以回到原来的岗位。微软并不怕内部的岗位调动，而是更愿意看到员工找到适合自己的职位，充分发挥自己的才华。

（2）压力——微软会让员工保持合理的压力，让优秀的员工更加卓越，平凡的员工也能因竞争而不平庸。例如，每半年的总结和新目标的制定，都是每位员工必须经历、必须认真对待的。经理会和员工讨论如何达到目标，员工也会向公司反馈需要什么资源与帮助。

（3）学习——微软也鼓励员工保持密切联系，加强互动式学习，这样能实现资源共享，激发员工的潜能。

微软的工作并不轻松，但大部分员工都不想离开微软，因为在微软，只要你想学，任何技术都可以；只要你想做，什么产品你都可以接触到。微软是无私的，会将任何信息与员工分享，为了员工获得最大程度的发展。"释放信息"的背后，微软创造了一种独特的员工培养之道，也是员工潜能开发之道。

在人力资源管理中，员工培训是极为重要的一个模块，也是许多员工在挑选工作时极为看重的部分，因为这关系到员工的职业发展道路，是员工的重要权利。

企业对员工进行培训，无非是希望借此增加员工职业技能，提高员工综合素质，最终实现提高企业竞争力的目的。而对于员工来说，他们也渴望在企业中有所发展，能够承担更重要的任务。企业对于员工的培训显然是员工不可多得的机会，将员工培训做好，对员工而言，也是一种激励。

所以，可以这么说，员工培养对于企业和员工来说是一种双赢，企业尽管付出了成本，却收获了高素质、高潜能的员工，而员工通过培养，本身就是一种成长。

员工是企业最重要的财富，是最具能动性、积极性的财富。员工之于企业，是同呼吸共命运的，特别是对于软件技术行业这种知识密集型产业来说，员工的潜能承载着企业未来发展的可能。帮助员工成长、发展、达到个人目标，其实就是在帮助企业本身。

管理学奥秘

培训是激励还是福利?

员工培养为什么有着这样神奇的力量?为什么有些企业的培养卓有成效,有些企业却毫无起色呢?大多数人认识到的培训与教育,不过是人力资源管理中的重要模块而已。殊不知,培训有着"双性特征",既是一种福利,也是一种激励。

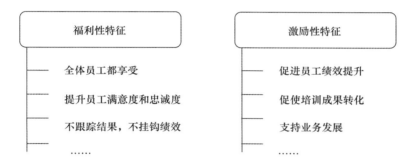

因此,对于"微权力"个体来说,培训有着非同小可的重要意义。于福利上的意义来说,大家都享受,如果不好好施展培训,那么大家都无法满意;于激励上的意义来说,如果没有有效的激励性导向,不会有人重视培训带来的作用,更不会产生任何绩效上的提升。于是乎,企业就需要平衡好这两项,作出正确的培训决策。

过去,我们对于培训的看法往往是,员工"不行了"或者员工多了要下岗了,就送员工去培训,将培训员工视为安置员工的紧急措施。其实,完善、完整的员工培训也是一种很好的激励措施。

15 谷歌如何俘获人心? ——福利驱动

我们知道,员工的工作状态能够决定企业的生存能力和竞争力,而一系列的制度设计能够让员工表现出企业需要的状态,其中,福利的设计就是制度中一个重要的项目。

"福利不就是发发东西,看来看去还是奖金实际。"许多企业都会有这样的想法,特别是国企和中小型民企。

确实,福利本是一个隐私话题,不像经营业绩一样可由外界随意评说,也因此许多企业并不重视福利。但是,在多数标杆企业,福利与业绩成正比,员工敬业度、忠诚度和工作绩效比同行更高,而离职率更低。这三高一低,或许值得企业重新审视福利的重要性。

这里,笔者想要说的福利是广义的福利。广义的福利说的是员工从企业能够得到的,除工资奖金之外所有好处的总和;狭义的福利仅仅指的是五险一金、各类补充保险、过年过节发的物资等。广义的福利包括的内容很多,例如工作体验、学习与成长等。

以谷歌为例。谷歌是一个凡是互联网使用者几乎都知道的工具,作为全球搜索领域的先驱,越来越多的人离不开它所提供的服务。与谷歌的产品与服务一样出名的是谷歌优厚的员工福利制度。

谷歌的员工有非常好的工作体验。例如,员工无论住在哪,都能享受到免费接送;谷歌内有 Techstop 为员工提供 24 小时的技术支持,用最好的 IT 专家为员工解决技术难题;员工还能随时获得免费的食物;谷歌总共有 25 家咖啡吧,150 英尺之内就能找到食物;员工表示,这些免费食物不仅节省了钱,还帮他跟同事建立了友好关系;除此之外,员工还能带着宠物上班,这些都为员工带来了轻松愉快的工作环境、氛围。

在生育福利方面,谷歌还为新晋父母们提供了宽裕的假期,初为人母的女员工可享受 18 周的假期,初为人父者假期为 12 周,远远超过了一些州规定的标准假期。谷歌甚至每月都举行新生儿送礼会,讲授育儿经。此外,每名初为人父母者还会收到 500 美元,公司称之为"宝宝感情培养费"。这笔钱会存入这些员工的账户,用于支付宝宝诞生头几个月中洗衣、清洁,甚至园艺等各项费用。

最夸张的是谷歌不同寻常的"遗嘱福利"。如果员工不幸去世,其配偶还能在未来 10 年享受到去世员工的半数薪酬;他们的未成年子女还能每月收到 1000 美元的生活费,直至 19 岁,如果是全日制学校的学生,可以领到 23 岁。除此之外,配偶还能获得去世员工的股权授予。同时,这些福利不只适于长期职员,没有在职时间规定,也就是说现有职工都有资格享受。

其实,在谷歌,福利不仅仅是福利,谷歌真正将福利变为一项激励,与工作内容、员工培训、发展联系起来。

在项目里做得好的可以得到一个免费"按摩学分"奖励,累积到一定程度可换取一个小时的按摩。

谷歌要求工程师们每周都花一天时间在个人感兴趣的项目上。这让新服务品种出现得更多。

据美国《华盛顿邮报》报道,去年,谷歌公司遭遇了"M&M 巧克力豆"危机——谷歌的职员吃了太多免费供应的糖果,公司担心可能会对员工的健康状况有影响。为此,谷歌的数据分析天才们展开了一项行动。这个项目被称为"M&M 项目",即调查员工吃免费小零食的模式,参考食物心理学的论文并开展实验,希望借此帮助员工节食。其实在谷歌,这样的形式常会出现,每项福利都会转化为数据,比如薪水、假期,甚至是工作场合的快乐指数。谷歌喜欢利用自己最擅长的数据分析工作来提高员工的士气和生产力,将福利转化为更为有效的激励。

谷歌的业绩和创新能力,与公司提供的福利密不可分。谷歌的福利满足了一切员工可能的需求,让员工毫无后顾之忧,安心于工作。甚至,福利还激发了一种创新的氛围。

或许可以说,福利是员工最原始的驱动力。福利是人力资源管理中薪酬管理的一部分,同样占据了重要的地位。作为非现金形式的报酬,福利在激励与保留员工方面的作用不容忽视。

首先,福利可以协助吸引员工。好的福利制度能够代表企业的形象,能够吸引优秀人才。这就是为什么那么多人想去谷歌工作,也是为什么最优秀雇主的评选受到越来越多企业的重视。

其次,福利可以提升企业在员工心中的地位。好的福利制度实际上就是企业兴盛的代名词,这会使员工保持对企业的信心,有助于加强企业的凝聚力,增强企业竞争力。

最后,福利可以提高员工对工作的满意度。员工都是带着一定的需要来到一个企业并为企业服务的,企业的福利能够在一些方面满足员工的需要,这时员工便会对自己所承担的职务产生满足感,对自己在企业中所处的地位状况产生满足感、成就感,而这能促使员工充分发挥工作的积极性、主动性、创造性,大胆进行技术创新和管理创新,更有效地发挥员工的力量。

尽管如此,从成本上来说,像谷歌那么丰厚的福利制度确实太难以达到了。但谷歌福利制度带来的高绩效、高创新应该让中国企业对福利制度再度重视。

管理学奥秘

福利设计小贴士

人们为什么重视福利,将福利视为一种驱动?很简单,好的、综合的福利制度能够满足员工的多方面需要,减少员工的后顾之忧,员工满意度上升了,工作效率也会提高,更乐意留在企业。

以"微权力"为核心的管理学又为什么要倡导更好的福利体系?因为现代的职场人已经不再是过去忙于流水线上、被工作所束缚的工人,他们有着更多、更高层次的需求,和企业不再是雇佣关系,而是联盟关系。

那么,企业如何设计福利体系,拟定福利计划?同样有几个要点:一方面,要了解员工的需求。可以通过调查问卷进行需求调查,调查出来的结果可能千奇百怪,那么就要进行甄别和筛选,将可行的措施作为可选的福利项目。另一方面,设计人员还需要了解现在市场上流行的福利计划,再配合自身员工的构成和需求,使得设计出的福利尽量符合企业和员工的价值观。

> **微点评** 福利作为人力资源管理——薪酬管理中的重要一部分,不仅在吸引人才和留住人才上发挥着独特的作用,对于员工的积极性、主动性和创造性同样起着不可替代的作用。

16 阿里的幸福员工——最好的激励是什么?

2009年,帕纳塞斯职场基金(Parnassus Workplace Fund,PWF)在成立仅四年后,一跃成为晨星(Morningstar)排行榜上表现极优的明星基金,业绩从900万增长至3400万美元,在当时低迷的金融市场环境下,表现优异。

这支投资基金最特别的地方在于,它不只关注业绩。PWF仅仅投资"幸福企业"。每年,《福布斯》及《职场母亲》(*Working Mother*)杂志都会分别发布"最佳雇主100强"排行榜以及"职场母亲的最佳雇主"排行榜,上榜的都是能为员工提供高幸福感及满意工作环境的大中型企业。PWF就是从这些上榜企业入手,深入研究它们的员工福利、雇员满意程度、企业文化等多项因素,最终挑选30—40只股票进行投资。2012年,PWF主席杰罗姆·托德森说,当初他直觉认为"幸福企业"必然是优秀且高绩效的企业,所以理应能带来很高的投资回报率。

幸福感真的如此神奇吗？

阿里巴巴成立十周年的庆典上，马云说了这样一段话："前十年阿里巴巴只有两大产品，第一个产品就是我们的员工，第二个产品就是我们的客户；我们永远会坚持客户第一、员工第二、股东第三，让华尔街所有的投资者骂我们吧，我们永远坚持客户第一、员工第二、股东第三。"

因此，阿里巴巴一直很关注员工的幸福感，让员工物质富有、精神富有，让员工充满成就感，被社会认同。

从物质上来看，阿里巴巴给予员工的待遇是丰厚的。除此之外，还有特别的股权激励措施。阿里巴巴将通过"亲友股"计划，提供5％左右的可用股票，允许员工以及与该集团关系密切的人士，以 IPO 价格在挂牌之前购买股票。这样做之后，阿里员工将分享大约453亿美元的巨额财富。按照阿里巴巴 B2B 高层透露的数据，至少65％的阿里员工获得了公司期权。

但是，员工的幸福感不仅仅来自于物质，物质只是一个基本保障。

阿里员工的幸福感更多来自于阿里巴巴对每一个个体员工的尊重。2009年之前，阿里巴巴的业务以销售为主，推崇"使命必达"的强大的执行力，推行的是以结果为导向的单向沟通。随着互联网的蓬勃发展，淘宝网做大之后，阿里巴巴发现每个个体的重要性，企业文化转移到互联网草根文化，越发重视创新和个性，强调对个体的尊重，这就开始了上下互动的沟通。在阿里，业务线多，组织架构变化快，没有等级森严的概念，副总裁及以下管理者都没有独立的办公室，各条线的主管都和部门团队一起办公，沟通模式无组织、无边界。在这样的环境下，员工不会感受到等级和权力的压迫，可以畅所欲言。

与此相符合的是轻松快乐的工作环境和文化。马云本身是一个金庸迷，他在公司上下推行他的"侠文化"。在以"侠文化"为特点的氛围中，阿里巴巴有一种学校才有的轻松氛围，这又以人均年龄26岁的淘宝网最为独特。在淘宝，所有员工都自冠"郭靖""乔峰""一刀"等金庸系小说人物的名号，谓之"花名"，就像外企互称的"英文名"一样，但却更有意思、更特别。如在论坛里面偶尔出没指点的"风清扬"正是马云，而在任何场合，你大可以"肆无忌惮"地称呼淘宝掌门孙彤宇为"财神"，而不是"孙总"。这种"侠气"也蔓延到了公司的日常运营中，平时开会、会客的地方成了"光明顶""桃花岛"，淘宝的周年庆祝活动被冠名为"武林大会"。每逢盛会，所有员工根据自己的花名加入不同帮派，争夺"天下第一帮"称号。在帮派里，原来的层级关系被完全打乱，一些基层员工经常一跃成为帮主、副帮主。这样一来，层级就无法成为沟通的阻碍，每位员工的话语、个性、权力都得到了充分的尊重。

与这些概念相匹配的是办公环境：整体呈通透开放式，多种风格的半休闲空间彼此呼应，以随时随地满足互动要求。同时，邮局、银行、餐厅、书店、健身中心、咖啡馆进驻办公区。为了员工的方便、舒适和幸福，办公环境变得多元，尽量满足员工的不同需求。

按照马斯洛的需求层次理论，人类需求像阶梯一样从低到高分为五种：生理需求、安全需求、社交需求、尊重需求和自我实现需求。当物质、尊重等需求都实现了，那么阿里巴巴是否也给予员工自我实现的途径？

在员工培训与发展方面，阿里巴巴根据员工不同的偏好，将培训分为三个职业阶梯。这就使得性格不同、对自己未来规划不同的员工都能够满意。例如，有些员工喜欢按部就班、希望安稳工作，不愿意承受压力，则可以选择加入都是标准工作的 S 序列。如果这个员工擅长与别人打交道、擅长沟通，而不喜欢对着机器干活，他可以选择去 M 序列发展。不同类型、不同性格的员工可以选择各不相同、适合自己的职业发展路径，从而达到自我实现。员工发展并不是企业一厢情愿的事，而是应该考虑员工的主观意志，结合企业需求共同发生的。阿里巴巴的这种做法满足了员工自我实现的需求，也给员工带来了幸福感。

"道者，令民与上同意也，故可以与之死，可以与之生，而不畏危。"这是《孙子兵法·计篇》里的开篇。意思是说，要使民众与国君同心同德，上下一心，这样民众在战争中就可以与君王一起出生入死而不怕危险，也就是我们经常说的"上下同欲者胜"。将其运用在企业，老板要行的是"王者之道"，激励你的员工和你一条心。

在阿里巴巴，员工幸福感就是对员工最佳的激励。这也是我们想要说的，员工获得幸福感，其实就是对"微权力"最好的激励。幸福感是一种玄乎的说法，不像培训、福利看得见、摸得着。但可以总结的是，以幸福感为主导的激励关注员工的基本需求、物质需求、安全需求、尊重需求、价值需求等，是一种综合的激励。可以说，这种激励充分关注了人性，关注了员工的多层次需求,让员工没有后顾之忧地工作、快乐地工作,让"微权力"的能量极大化。

在这样的激励下,员工对企业是高度忠诚的。马云信誓旦旦地说:"别人不可能挖走我的团队。"并且,许多研究证明,员工幸福感与工作绩效有正向的关系。当员工收获了幸福感,他们会更重视企业,朝企业目标努力。盖洛普的调查显示,幸福员工的高绩效每年可以使美国企业避免损失 3500 亿美元。中盛幸福针对《财富》杂志"最令人尊敬的企业"的研究则指出,"尊重员工价值"指数高的公司,其资产回报要比同业其他公司高出 3 倍。中盛幸福的研究还显示,幸福员工的病假天数仅是不幸福员工的 1/10,幸福员工自愿工作更长时间,也会更投入工作。种种调查研究反复证明了提高员工幸福感对于一个企业成功的重要性。

其实,很多领导也都明白这个道理,可是往往在实际工作中用的却是"帝王驭人之术",驭人之术是管理的手段,这无可厚非,并没有错。但真正的激励不是靠某种手段就能达成的,需要的是用心、科学的多层次激励政策。像阿里巴巴这样带给员工幸福感,就是一种激励妙计。我们说,幸福感是最好的激励,这也是将本节放在本章最后作为压轴的目的。

管理学奥秘

马斯洛需求层次理论中的"员工幸福公式"

员工幸福感是一个来源已久的理论,它来自于西方的积极心理学研究。积极心理学提倡着眼于理解和构筑人性的优点和力量,通过帮助人们提高生活质量,来过上幸福愉快的生活。

不过,在实际操作层面上,许多企业往往把员工幸福感限制在一个单维的概念——"工作满意度"之中。实际上,两者既有联系也有区别。员工幸福感应该是员工在工作场域中的积极心理健康状态,反映了个体在工作中的生理唤醒状态和心理满意水平,是衡量组织员工心理健康的指标。也就是说,员工的幸福感由多方面组成,不仅仅是生理、物质需求的满足,还有心理上的满足感等。

这和马斯洛需求层次理论的内涵是一致的。在说到激励时,我们经常会提起该理论。1954 年,身为人本心理学中流砥柱的马斯洛出版了影响深远的巨著《动机与人格》，书中首次提出了需求五层次论，根据人类不同层次的需要将其划分为生理需求、安全需求、社交需求、尊重需求和自我实现需求五个层次。这也是我们为什么一直在倡导一种更为"人性化"的管理学，基于员工角度的，基于爱、尊重和发展的，基于幸福的管理学，因为这与人们的需求是相符合的。

马斯洛需要层次论

仔细理解马斯洛的需求理论，除了低层次生理、安全需求外，其他几个层次其实都反映人们对于认可的需求。社交的需求、归属的需求，实际上是为了获得一种身份的认可；尊重的需求、自我实现的需求，也还是希望得到别人和社会的认可。现代员工的"幸福函数"也就无外乎和这些内容相关，我们作为员工时所作的努力，不完全是为了生存、物质，有很大一部分是想要得到认可：社会、组织和同事的认可，认可我们的能力、业绩、诚信、努力、对组织的忠诚等，这样才有由衷的幸福感。那么，未来的人力资源管理往往也会围绕着幸福感展开，进行激励，因为这才是我们所需要的。有一些研究给出了基于认可的员工"幸福公式"。

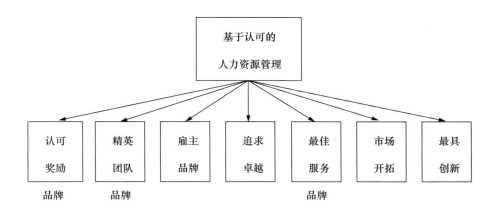

> **微点评** 阿里巴巴一直坚信最好的激励让员工感到幸福,不仅在物质上给予员工丰厚的待遇,还能够尊重每位员工。让员工幸福感成为最佳的激励,最终才能成就一群高忠诚度的员工。

第四章
"员工力"之塑造

当代的企业实践展现了小人物不可磨灭的作用,他们充分发挥自身才能,我们将其称为"员工力"。从字面意思来看,"员工力"即是员工的能力、力量,可以被理解为"微权力"在企业中的表现形式。员工,作为"微权力"在企业中的最重要实施主体,有可能仅仅是企业中最基层的小人物,但他们也能够建立执行力,更有能力去发挥监督力,带来创新力。但是,从现有的管理理论研究的角度看,几乎所有的理论都是从投资者、领导者的利益出发,许多人忽略了员工的力量,只是将其置于被管理、被领导的角色。本章就从这个被忽略的角度出发,来关注"员工力"的塑造。

关于"员工力",可以从两方面去理解:一方面,可以将其视为领导力的对立面。另一方面,可以从员工自身出发,将员工作为主体,员工力就是他们在企业中主动发挥自身微权力的体现。

本章从"微权力"的角度出发,探讨从员工角度出发的"管理学",突出人性,强调员工个人的需求和期望,强调企业、领导者对员工的个人价值与尊严的尊重。

第一节 执 行 力

执行力这一概念源于古典管理理论。简单地说,执行力就是保质保量完成自己的工作和任务的能力,也可以说是按时按质履行好自己的工作职责的能力。有企业管理专家认为:一个企业的成功,30%靠的是战略,30%靠的是运气,另外40%靠的是执行力;也有专家认为:三分战略,七分执行。不管哪种说法,都是把执行力摆在了比较重要的位置,由此可见员工执行力的重要性。那么,"员工力"中的执行力是什么样的?企业和员工自身又该怎样培养执行力呢?这一节中,我们引用了几个历史小故事来仔细探讨执行力以及相关理论。

1　准确定位——员工须找准位置

历史上,有一个马谡"丢失"街亭的故事,我们要用这个故事作为员工力培养中的一个"反例"。

公元228年春天,诸葛亮出兵伐魏,南安、安定、天水三城望风而降。此后,在军事要地街亭的防守中,诸葛亮没有使用赵云或魏延,而是使用马谡;马谡带领五万多人马做先锋,抢占军事重镇——街亭去抵御魏军。魏国的大将军曹真派张郃为先锋,带领五万人马也来争街亭,小小街亭为何值得魏蜀如此兴师动众呢?

街亭是通向长安的要道,是长安的咽喉,并且街亭所处的位置是一个河谷开阔,四通八达,南北山势险要,进可攻,退可守的战略要地。由此,足见街亭在当时的军事战略地位之重要性。

马谡在街亭违反诸葛亮节度,举措烦扰,而且舍弃水源,选择登上南山据守而非占据山下的城镇;裨将军王平曾多番规劝,但马谡都不接纳。张郃到后,包围山上,断绝山上马谡军的水源,并且大举进击,马谡军士卒四散溃逃。王平此时命自己所领的军队鸣鼓自守,张郃怀疑有伏兵,不敢进逼,王平得以有时间收拾残军,并率领败军撤回。马谡失守街亭后,诸葛亮失去重要据点,进退无据,无法再战,于是迁西县一千多户撤回汉中。此战后果严重,不但使蜀国损兵折将,更重要的是,曹魏在雍州地界部署了更多更强的兵力,使蜀汉从此失去了依托天水从西北奇袭魏地的机会,可以说,此后诸葛亮伐魏再也没有建树!

马谡作为诸葛亮的参军,可谓才气过人,好论军计。诸葛亮向来对他倍加器重,每引见谈论,自昼达夜;后来接替诸葛亮为丞相,被称为蜀汉四英之一的蒋琬也称赞马谡为"智计之士"。马谡表现最抢眼的是在诸葛亮南征孟获之时,曾于出兵前向诸葛亮提出"攻心为上,攻城为下;心战为上,兵战为下"的战略方针,而在作战中,诸葛亮采用了这种战略方针,最后南疆终蜀之世未再有战事,这可说其中有马谡的功劳。这也是马谡逐渐得到诸葛亮重用的原因。

因此,作为一个参谋,马谡可谓游刃有余。但要独立带兵出征,马谡似乎并未作好准备。毕竟,纸上谈兵与运筹帷幄之间的距离似乎很远。缺乏独立带兵的经历,使得马谡无法完全掌控局面,尤其在局势急转直下的关键时刻。此外,他不听王平的再三劝告,这说明马谡并不是个虚心接受他人意见的人。马谡出征前,大吹大擂,话语中流露出对司马懿、张郃的轻视,这更充分证明他既不知彼,更不知己。马谡不能正确地认识自己,没把自身定位好,最终也只能把自己送上断头台。

这个例子告诉员工,在培养执行力之前,有一个要点,就是正确认识自己,包括了解自己的知识、工作技能、性格、爱好以及身体状况等。自我认知也叫自我意识,是对自己的洞察和理解,包括自我观察和自我评价,其中自我观察是指对自己的感知、思维和意向等方面的觉察;自我评价是指对自己的想法、期望、行为及人格特征的判断与评估,这是自我调节的重要条件。对于员工而言,只有在正确的自我观察与自我评价的基础上才能作好执行。在此基础上,员工对自己的岗位更要有充分的认识,了解职业岗位的工作内容、工作性质和对从业者素质的要求等。

对于企业来说,帮助员工找准自己的位置同样十分重要,员工走到了合适的位置上,执行力自然而然就能发挥到最大,因此,企业需要关注员工对于自我评价、自我定位的需求。在此,我们可以了解一下,人力资源领域的"员工轮岗制度"。轮岗制度是指员工从一个工作岗位变换到企业内部同一层面的其他工作岗位的过程。作为一种内部招聘的方式,它也是一种培养人才的有效方式,很多成功的公司如IBM、摩托罗拉、西门子、爱立信、华为等都已经在公司内部或跨国分公司之间建立了岗位轮换制度。

轮岗制度具有这样一些优点:

第一,培养"多面手"。灵动的岗位,不同的职责,需要岗位人才拥有不同的技能。岗位的轮换可以提升管理者多方面综合能力,使其体验不同岗位的工作特色和基准的同时,提升自己。

第二,挖掘员工潜力。每一个新的岗位都是一次新挑战。新岗位可以激发员工的潜能,强化沟通,扩大视野,提升才华,从而为升职作足准备,日企的每一次轮岗都是为企业发掘优秀人才,值得效法。

第三,激励人才成长,更好地留住人才。岗位轮换本身对人才的成长便是一种激励。工作内容和工作范畴的扩大,使自己得到更多的锻炼机会,这也有利于自身职业生涯的拓展。因此,轮岗是激励和留住人才的好手段。

第四,节约招聘成本。轮岗制有利于降低招聘成本。其实招聘新人有很大的风险,会增加风险成本,一旦招进来的人不理想,会产生辞退、影响工作、浪费人工等诸多隐性成本。而内部人才的轮岗更有利于提升人才综合素质,培养人才对企业归属感,有利于人才良性竞争。通过岗位轮换,更有利于准确用人。

第五,促进内部有效沟通,提升工作效能。人才在内部正常流动和轮岗,同时也带来了信息的有效传递。来自于不同部门的人才相互流动,带来了积极信息,增进了相互了解,使得公司上下游部门之间人员能够相互理解与换位思考。

对于员工来说,轮岗制度能够实现适当的内部流动,员工在不同的岗位上实践,更能切身体会到不同岗位的差别,避免自己在工作中"眼高手低";可以找到适合自己发展的位置,对自身会有更加清晰的认识,也能激发潜能,提升自我价值。

管理学奥秘

"乔哈里窗"的启示

在缺乏对自己的认知方面,新员工表现得尤为明显。他们大多刚从高校走出来,虽然知道自己的专业是什么,但不清楚自己适合干什么;虽然也知道自己在学校里学了什么,但不知道自己能胜任什么,他们知道自己在面试的时候准备什么,但不清楚自己入职之后需要磨炼什么……

其实,这些现象背后就是他们没有清晰的自我认知。这一点,或许我们能够从"乔哈里窗"中获得启示。如下表所示:

乔哈里窗

	自己已知	自己未知
他人已知	公开区(开放我)	盲区(盲目我)
他人未知	隐藏区(隐藏我)	未知区(未知我)

乔哈里把人的内心世界比作一个窗子,它有四个区域:公开区是自己知道,别人也知道的信息,这是我们决策的重要依据;隐藏区是自己知道,他人不知道的信息,通常自我反省清楚的人都能够准确把握隐藏区的信息;盲区是"自知者迷,旁观者清",即他人知晓,但自我认知缺陷的部分;未知区是尚待挖掘的黑洞。从乔哈里窗中,我们得到的启示是:

(1)员工应该全面认知自己,特别是"盲区"和"未知区"的认知,不应停留在简单、显性可见的信息上。

（2）员工应该重视与自己密切相关人员的评价，不应固执己见。

（3）员工应该认识到，自我认知是一个系统、长期、不断反思的过程，特别是"未知区"需要慢慢去发现。

> **微点评** 当员工找准了位子，实际上已经解决了一部分的自我实现需求，让潜能得到有效的发挥，既利己，也利于企业的发展。员工和企业完全可以利用各种各样的工具和措施来帮助员工进行定位。

2 能力为本——打铁还需自身硬

对于关羽，许多人都有一定的了解。

关羽，关武圣，蜀汉五虎上将之首，"三国"武将的佼佼者，一把青龙偃月刀，多少名将丧命其下，关羽的豪雄事迹多得数不清。以至于到现代，关羽的影响力甚至大到在香港警匪片中，我们经常能看到这样的情节：每当警察有什么行动，特别是要动刀动枪的时候，都要给关羽烧炷香。当黑社会有一些大的行动，诸如打劫之类的，这帮弟兄们也要给关二爷上一炷香。黑道白道，关二爷通吃。虽然这只是影视剧中的场景，但也能说明关羽在人们心中的形象。关羽为什么这么受欢迎？

史书虽然没有他使青龙偃月刀、跨赤兔马的描述，像"温酒斩华雄""过五关斩六将"和"水淹七军"等传奇故事，或移花接木，或无中生有，但毫无疑问，关羽确实武功盖世。建安五年，关羽暂时投靠曹操，拜为偏将军。"绍遣大将军颜良攻东郡太守刘延于白马，曹公使张辽及羽为先锋击之。羽望见良麾盖，策马刺良于万众之中，斩其首还，绍诸将莫能当者，遂解白马围。"颜良可是袁绍麾下的第一勇将，《三国志·魏书六·董二袁刘传》曾记述袁绍的人马，"众数十万，以审配、逢纪统军事，田丰、荀谌、许攸为谋主，颜良、文丑为将军"。孔融称颜良"勇冠三军"（《三国志·魏书十·荀彧荀攸贾诩传》），沮授、荀彧也认其骁勇。可这样一员赫赫大将，却由关羽单枪匹马突入敌阵斩杀，并取其首级回返，真可谓万军中如入无人之境。"刮骨疗伤"则进一步体现了关羽的神勇。据《蜀记》所载，"羽尝为流矢所中，贯其左臂，后创虽愈，每至阴雨，骨常疼痛，医曰：'矢镞有毒，毒入于骨，当破臂作创，刮骨去毒，然后此患乃除耳。'羽便伸臂令医劈之。时羽适请诸将饮食相对，臂血流离，盈于盘器，而羽割炙饮酒，言笑自若。"试想刀在臂骨上刮毒，鲜血滴满盘器,关羽仍能谈笑风生,其超人气质跃然纸上。因此,单凭阵上阵下两场景,关羽的勇武犹如天人。

总而言之,作为刘备最为得力的助手之一,关羽战功卓著,对于蜀汉政权的建立立下了汗马功劳。可以说,在千兵易得、一将难求的三国时期,关羽可谓是不可多得的将才。

其实,在蜀国后期还有一位经常被我们忽略的人物——法正。刘备伐吴败后,诸葛亮说了这么一句话:"法孝直若在,则能制主上令不东行;就复东行,必不倾危矣。"连诸葛亮都办不了的事,法正却能办到,这是何等厉害的角色。纵观法正一生,其对蜀汉政权的重要贡献有三:一是进言刘备,重用许靖。许靖虽有名无实,但重用许靖却传播了刘备重待贤臣的名声,法正是个优秀的传播学家。二是看准时机,进图汉中。夺取汉中是刘备事业的顶峰,而法正作为主要谋臣在这个过程中起到了非常重要的作用,以致刘备对其非常倚重,法正有着非凡的战略眼光。三是奇计谋略,斩杀妙才。这就是我们熟悉的"定军山黄忠刀斩夏侯渊"的故事,法正又是个优秀的谋略大师,这样的人,能不受到刘备的重用、诸葛亮的怀念吗?

刘备的这两位大将或文韬武略,或有勇有谋。用现代语言来说,这两位员工具有超强的个人能力——这也是我们认为培养员工执行力的第二个重要要素。能力可能并非要超强,但必须培养。为何?员工能力是员工执行能力的基础,它与工作胜任力密切相关,在人力资源管理领域,员工能力等同于工作胜任力。工作胜任力是从工作的角度对员工的能力加以衡量,强调能力和工作之间匹配和契合。

那么作为执行力的基础,员工能力包括什么?

总的来说,员工能力包括动机、特质、自我概念、知识和技巧。其中,知识和技巧的能力大多是显性可见的。自我概念、特质和动机通常是内隐的,不容易发现和感知,但相对而言,对个体的发展更为重要。在现代篇中我们提到,对于"微权力"来说,有各种各样的激励方式,其中,给予培训、培养,为他们更好地铺上自我实现的道路就是一种好方式。培训,同样是人力资源管理中一个重要模块,可以通过特定知识的传授和习得,实现员工能力的有效提升;重视、尊重员工的企业都会在培训上下大工夫。这里,我们还要提及一个与员工能力相关的模型——冰山模型。通过培训,显性能力——个体拥有的知识和技能可以被加以改善,这两项就像是展现在水面上的冰山。在冰山模型中,特质和动机处于海平面之下,极难被外界感知,也难以对其进行准确的评价。但是,这一块"水下冰山"是巨大的。而自我概念的能力,则涉及逻辑思考和对外界以及自身所处环境的深层思考,处于知识和特质的中间层面,是一种态度和价值观,可以通过培训和自身经验的积累实现提升。这种提升往往是一个长期的过程,在短期内难以实现质的飞跃和根本性的改观,并且往往是非常困难的。

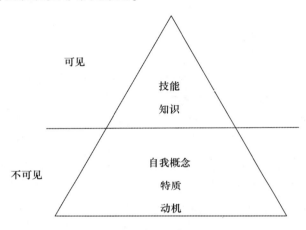

图2 员工能力冰山模型

结合冰山模型,如何才能通过培训有效提高员工能力呢?

第一步,培训需求分析。培训需求分析是确定对员工是否有必要进行培训的过程。首先,应该对员工的工作岗位的预期绩效与实际完成状况进行比较,从而找出存在差距的工作岗位;然后,分析在这些存在差距的工作岗位上员工的实际胜任能力与岗位要求胜任能力之间的差距,以及需要提升的程度;同时,考虑每个员工的发展阶段与员工职业生涯规划之间的差距,从而确定培训对象和培训需求。

第二步,培训内容的设计。在确定培训对象和培训需求之后,紧接着就需要对培训内容进行设计。依据冰山模型,不同的胜任能力有着不同的可塑性。位于水上的知识、技能可塑性较高,这部分可以通过短期的培训来提高。而位于水下部分即社会角色、自我认知、特质和动机可塑性较低,难以通过短期的培训得到发展和改变。因而,对于部分的培训内容与培训设计必须具有针对性,依据不同的培训内容和对象采取不同的培训方式。总之,基于胜任能力模型的员工培训注重冰山模型中水下部分胜任能力的培训开发。因此,企业应重视角色扮演法、管理游戏法、观摩范例法的运用。

第三步,培训效果评估。培训的目的不在于培训期间员工的表现,而是能够通过培训提高员工的能力,使得员工回到原来的岗位上能够游刃有余,因而还需要建立相应的培训后续的反馈机制,让培训不是走形式。通过对培训的效果进行评估,使得培训课程集中于那些最能对绩效产生影响的能力,同时也为修订胜任能力模型提供帮助。具体的评估方法有访谈法、问卷调查法等。

结合员工能力、胜任力模型等理论,将冰山模型应用于员工培训,对于提高企业市场竞争力、进行企业组织重组具有重要作用。人们熟悉的宝洁、微软等都建立了自身的胜任能力模型,并将其应用于企业的员工培训等人力资源管理活动。企业完全可以通过分析员工能力(胜任力),针对岗位具体要求和员工素质,制订培训计划,开发员工的潜力,提高员工能力。

管理学奥秘

这就是员工能力!

用理论的语言来说,员工能力就是员工的一项潜在的个人特质,潜在的特质是内隐的,可以通过一定的形式表现出来,并且可以在日常的工作和生活中得以实现,而且能预测一个人在复杂的工作情境及担当重任时的行为表现。我们可以将能力分成以下五种特质:

(1)动机:员工保持对特定事物的强烈而持久的渴求,并希望通过自身的行动实现对该事物的占有。可以说,动机是行动的开端,并且在行动开始之前作出抉择,从而可以保持行动的方向性和延续性。

(2)特质:指个体拥有的独特的性质,并拥有对外界环境或事物刺激作出快速反应的特性。

(3)自我概念:关于员工的态度、价值及自我印象。就如同自信,员工深信自己不论在任何状况下,都可以有效率地工作,是一种自我概念的认定。

(4)知识:员工在特定领域的专业知识等。知识只能评价员工对过去的总结和拥有对现在情况应对的能力,而无法预知未来可能出现的状况。

(5)技巧:执行任务的能力,主要包括分析性思考和概念性思考两个方面。前者涉及分解的能力,后者涉及归纳的能力。

> **微点评** 员工能力是优秀执行力的一部分,但并不是每位员工一开始就可以将工作完成得尽善尽美,因此,企业需要重视对人才的培训、发展。结合员工胜任能力以及冰山模型等理论,完全可以开发出合适的培训体系。

3 善于学习——自我提升不能停

吕蒙,字子明,三国时汝南富陂(今安徽阜南)人。"吴下阿蒙"说的就是他的幼年时代:家境贫寒,十五六岁就跟着姐夫邓当去打仗。他英勇善战,屡建奇功,31岁就升为横野中郎将。但是,他文化水平很低,常常闹出"目不识丁"之类的笑话,有些大官员便不免轻视他。

一次,孙权对吕蒙说:"你如今身居要职,掌管国事,应当多读书,使自己不断进步。"孙权希望吕蒙能够学识渊博,从而使得吕蒙能够在军中、朝中树立威信,进而稳固自己的统治。

但吕蒙推托说:"在军营中常常苦于事务繁多,恐怕不容许再读书了。"

孙权耐心指出:"我难道要你们去钻研经书做博士吗?只不过叫你们多浏览些书,了解历史往事,增加见识罢了。你们说谁的事务能有我这样多呢?我年轻时就读过《诗经》《尚书》《礼记》《左传》《国语》,只是不读《周易》。自我执政以来,又仔细研究了'三史'(《史记》《汉书》《东观汉记》)及各家的兵法,自己觉得大有收益。像你们二人,思想气质颖悟,学习一定会有收益,怎么可以不读书呢?应该先读《孙子》《六韬》《左传》《国语》以及'三史'。孙子曾经说过:'整天不吃、整夜不睡地空想,没有好处,还不如去学习。'东汉光武帝担任着指挥战争的重担,仍是手不释卷。曹操也说自己老而好学。你们为什么偏偏不能勉励自己呢?"吕蒙听后很惭愧,从此开始认真学习,专心勤奋,读书之多,连那些老儒生也赶不上。

鲁肃继周瑜掌管吴军后,上任途中路过吕蒙驻地,吕蒙摆酒款待他。鲁肃还以老眼光看人,觉得吕蒙有勇无谋,但在酒宴上两人纵论天下事时,吕蒙的真知灼见,使鲁肃感到震惊。酒宴过后,鲁肃感叹道:"我一向认为老弟只有武略,时至今日,老弟学识出众,确非吴下阿蒙了。"吕蒙道:"士别三日,当刮目相看。老兄今日既继任统帅,才识不如周公瑾(周瑜),又与关羽为邻,确实很难。关羽其人虽已年老却好学不倦,读《左传》朗朗上口,性格耿直有英雄之气,但却颇为自负,老兄既与之相邻,应当有好的计策对付他。"

士别三日,当刮目相待。以前的阿蒙被人无视,今日阿蒙被人恭敬以待,关键不在于"三日",而在于"才学"、在于"求知"。

现在是知识经济时代,是"学习化的社会"。随着知识更新速度越来越快,知识更新周期大大缩短,各种新知识、新情况、新事物层出不穷。据研究,18世纪以前,知识更新速度为90年左右翻一番;20世纪90年代以来,知识更新加速到3至5年翻一番。近50年来,人类社会创造的知识比过去3000年的总和还要多。因此,还有人说,在农耕时代,一个人读几年书,就可以用一辈子;在工业经济时代,一个人读十几年书,才够用一辈子;到了21世纪这个知识经济时代,一个人必须学习一辈子,才能跟上时代前进的脚步。换句话说,社会的进步、企业的发展必将对人们的学习能力尤其是自主学习能力提出更高的要求。

因此,我们说,员工的自主学习是提高个人执行能力的重要途径。员工要让自己的执行能力跟得上时代的脚步,显然必须不断学习,从而不断更新知识内容,优化知识结构。

管理学中提到过一类员工叫"学习型员工"。"学习型员工",是指能够持续地进行自主学习的员工。自主学习是指学习者为了成功而高效地达到学习目标,能够自觉地对自己的学习活动进行积极的计划、监控、检查、评估、反馈、调整的学习过程,也是学习者激励自己恰当使用学习策略的过程。

据此,我们认为,员工学习主要有两层含义:一是员工愿意学,二是员工善于学。所谓"愿意学",是指员工有持续学习的动力,即员工不仅有内在的学习动机和浓厚的学习兴趣,而且当其遭遇挫折时,能够自觉地调动自身的学习积极性,调整情绪,增加意志努力,以饱满的热情重新投入到学习中去;所谓"善于学习",是指员工能够恰当地确立学习目标,合理选择并运用适合自己特点的学习策略,以提高学习绩效的过程。

另一方面,从企业、组织的角度来说,应该更加提倡建立"学习型组织"。

"学习型组织"(the learning organization)一词来源于人类学习的概念。面对复杂多变的自然环境,人类不断总结经验教训,运用所获得的知识,判断自然环境的变化,适时调整生存方式,并在一定程度上改造自然,以利于人类的生存与发展。组织作为一个整体,其发展演化过程如同人类一样,也呈现出生命周期性。因而,人们希望组织也能够像人类一样,具有"学习"能力,拥有丰富的知识,从而能够在复杂多变的环境中生存并发展。

关于学习型组织并没有一致的定义。一种观点认为,学习型组织就是把学习者与工作系统地、持续地结合起来,以支持组织个人、工作团队及整个组织系统这三个不同层次上的发展。另一种观点认为,学习型组织是一个精于知识的创造、吸收和转化的组织,是一个精于根据新的知识和远景目标而调整自己行为的组织。彼得·圣吉认为,学习型组织是指具有如下特征的组织:组织结构扁平化,组织交流信息化,组织开放化,员工与管理者关系由从属关系转为伙伴关系,组织能够不断调整内部结构关系。综合以上观点,我们可以将学习型组织定义为:一个能够不断增强其创造性能力的组织,或者说是一个拥有知识并能对其进行管理和运用的组织,即能够"学习"知识的组织。

学习型组织和其他组织的区别是什么?简单说来,学习型组织的基本价值在于解决问题,这和传统组织效率导向完全不同。在学习型组织内,员工要懂得顾客的需要,也要参与问题的识别。进一步地,他们还要解决问题,这意味着要以一种独特的方式将一切综合起来考虑以满足顾客的需要。企业因此通过确定新的需要并满足这些需要来提高其价值。那么,学习型组织往往会采取:扁平化的结构或者项目式结构——部门界限甚至也模糊了,员工以前所未有的方式合作;服务型领导——领导将观念、信息以及权力分享给员工;一定的学习制度——鼓励员工学习,加强和深化自己的知识。

我们认为,学习型组织非常适合"员工力"的塑造。整个组织弥漫着学习的氛围,能够充分发挥员工的创造性思维能力,扁平、柔性、符合人性,企业自身也能够持续发展。同时,学习型组织往往会形成一个宽松的、适于员工学习和交流的气氛,以利于员工之间的沟通和知识共享。这样一来,当企业成为学习型组织或是至少形成了一种学习氛围,员工知识不断更新,能力不断加强,对于企业中的任务、项目能够完成得更好,更符合顾客、时代的需求。这不就是执行力的增强吗?

那么,企业怎样建立学习型组织呢?彼得·圣吉认为,建立学习型组织必须坚持五项修炼。即自我超越、改善心智模式、建立共同愿景、团队学习和系统思考。自我超越以磨炼个人才能为基础,是建立学习型组织的基础。心智模式,通俗地说就是心理素质和思维方式,改善心智模式的结果有助于组织学习。建立共同愿景将组织中人们凝集在一起。系统思考则是将前四项修炼整合。不过,要提及的是,学习型组织并不存在单一的模型,它更是关于组织的概念和雇员作用的一种态度或理念,是用一种新的思维方式对组织的思考,只要能够满足组织知识自我管理、员工学习等要素,就能建立一个优秀的学习型组织。

管理学奥秘

四种典型学习型组织

在大致了解了学习型组织之后,人们会问,学习型组织有哪些类型呢?那些国际上经久不衰的大公司是哪种类型的呢?

通过对国际上知名的、长盛不衰的学习型组织(包括摩托罗拉、惠普、通用电气等)进行的深入案例调查,我国学者陈国权等认为,在这些公司中,员工才是学习型组织中真正的"学习主体"。可以根据两个不同的维度"自愿式(voluntary)—要求式(required)""个人式(individual)—团队式(team)",总结出四种类型学习主体(即I-V型、T-V型、I-R型、T-R型)。员工通过自身的学习创新产生了新的知识,并将这些知识用于实践,为公司不断创造价值。[①]

	自愿式 voluntary	要求式 required
团队式 team	T-V型 例子:摩托罗拉的全面顾客满意团队	T-R型 例子:通用的群策群力
个人式 individual	I-V型 例子:惠普的"意见簿"	I-R型 例子:通用的6Sigma

摩托罗拉的全面顾客满意团队,采用的就是T-V型,这些项目都要求以团队为单位,鼓励发挥团队合作的优势,但员工是否参加团队完全是个人自愿的行为,公司只是提倡;T-R型,如通用的群策群力活动要求所有成员必须参与,分成小组讨论,提出建议;通用的六西格玛活动有两种类型,可以是I-R型,也可以是T-R型;最后一种类型I-V型,如惠普公司的"意见簿"活动,公司为员工设立意见簿,是否提建议完全是员工自愿。

对于以上四种不同类型的学习型组织,我们不能断然认定哪种类型最

---

① 陈国权,李赞斌.学习型组织中的"学习主体"类型与案例研究[J].管理科学学报,2002(4):51—60.

好或不好，因为对于不同的企业来说，适合企业实际情况的才是最有价值的。

在外界环境变化日益复杂的知识经济时代，要提高员工的执行力，一方面，我们应该鼓励员工自主学习，努力成为"自主学习型员工"；另一方面，我们还可以建立学习型组织，通过不断的学习和变革，从被动适应环境转变为主动创造有利的环境。

第二节　创　新　力

创造，指的是人类特有的一种综合性本领，是知识、智力、能力及优良的个性品质等复杂多因素综合优化构成的，是产生新思想，发现和创造新事物的能力，是成功地完成某种创造性活动所必需的心理品质。一个人是否具有创造力也是一流人才和三流人才的分水岭。当员工有了创造力，就有了创新的基础能力，就很可能产生"微创新"，这正是企业所需要的。员工创新力涉及组织内部员工的创新行为，是指产生新颖且有潜在价值的事物或想法，包括新的产品、服务、制造方法及管理过程等，它可以促使组织在激烈的竞争中生存、革新和成长，因此，创新力也是员工力的重要组成部分。那么，如何促进、培养员工的创新力呢？让我们将视线转向一些优秀的当代企业，研究一下它们的做法。

4　创造力自我效能感——员工自信是关键

一直以来，很多人对于创新的能力是与生俱来的——要么天生拥有创造力的基因，要么就没有。

其实，这可能是对创新力的最大误解。

IDEO公司的汤姆·凯利和戴维·凯利兄弟俩在创新领域共同进行了30年的研究，在专著 *Creative Confidence* 中提出了"创造力自信"的概念，其核心思想就是人人都具有创造力，而创造又是创新的基础。创意、创新并不是艺术家、设计师等以创作为生的人的专属特质，每个人都能富有创意和创新思想，从小时候用泥巴捏各种玩意儿的时候开始，用蜡笔随心所欲涂涂画画的时候开始。其实,创新更大程度上是一种思维倾向、思维方式,更是一种另辟蹊径寻找解决方案的积极策略,只要是它有用,就能成为创新。人人都具有创造力,能够有创意、有创新,不是每个人都能成为艺术家,但是每个人或许都可以成为更具创意、创新思维的员工。现代篇中,我们详细描述了腾讯、3M这两个企业的案例,这两个企业中的每一位员工都是如此,充满创意、创新力,不惧于对每个细节进行改变、创新。

汤姆·凯利和戴维·凯利兄弟俩还提出,要培养创造力自信,可以通过两个策略:第一,像旅行者一样思考,即专注观察,打开自己的"接收器",全方位接收外界信息。每天接触的新鲜想法越多,洞察力也就越出色——聆听新的音乐类型,走不一样的路线上班,与能带给你新知识的朋友或同事喝咖啡等,都会给你带来新的灵感。其实这就像旅行者一样,热情地打量周遭新环境,不断尝试。第二,站在最终用户的角度思考策略。这就是说,去了解用户如何使用产品和服务,与最终用户建立同理心,放下内心一些自以为是的想法。如果顾客只是被简化成一串串数字,一笔笔交易,曲线上的数据点,或基于市场细分数据的综合特征,则很难提出有针对性的创意;只有弄清用户的真实需要,才能够激发出最有意义的创新。

腾讯和3M的员工创新策略和这两条策略是类似的。哪怕是很细微的地方,都能进行改造、升级、创新,实现价值最大化。其实,汤姆·凯利和戴维·凯利提出的创造力自信与管理学领域的一个理论——创造力自我效能感有异曲同工之妙。

上世纪70年代,美国著名心理学家班杜拉最先提出了自我效能感。自我效能感是个体的内在动力,是人们对自身拥有资源的肯定以及能否完成任务和行为的自信程度。而针对从事创造性活动领域,国外学者又提出创造力自我效能感这一概念,它直接决定个体进行创造性活动的效率和水平。创造力自我效能感是指个人对于所从事的特定任务是否具有产生创新行为的能力和信心的评价,反映创新活动中的个人对自己表现出的自我信念或期望,可以概括为以下四个方面:能产生新的想法,对创新性地解决问题充满自信,有帮助其他人萌生新主意的技巧,能发现解决新问题的办法。

那么,企业如何对员工创造力自我效能感进行培养,进而促进员工提高创造力呢?

第一,建立难易适度且具一定挑战性的个性化目标。效能感最重要的来源是个体的成功体验,个体的创造力自我效能感是建立在经验积累的基础之上的,但是,员工判断自己是否成功是与其活动目标相关联的。如果员工设定的目标难度太高肯定难以成功,自己也会经常体验到挫折感;如果目标太低太容易实现,员工也不能从中体会到成就感。基于此,日常管理实践中,管理者应充分考虑到员工的个体差异,帮助员工设定适宜的和个性化的工作目标,让每位员工都能够在经过一段时间的努力后体验到自己的成功。尤其对于一些能力差的员工,应尽可能避免提出过高要求,而应循序渐进地让他们体验到目标的实现,这样才有利于其创造力自我效能感的培养和发展。

第二,树立合适的榜样,增加员工的间接经验。班杜拉认为,替代性经验对个体效能感的培养有着重要的影响。因此,对管理者来说,要激发员工的创造性表现,榜样的选择至关重要。榜样可以是企业历史上的成功人物,也可以是现实生活中有着创造性表现的人,甚至可以是员工的同事。当员工看到与自己能力相等、人格特征相似的他人的成功时,其自我效能感能够得到有效激发。

第三,进行及时的外部强化和有效的归因训练。及时的外部强化能够促进员工工作任务的完成,使员工看到自己的进步,从而提高对自我能力的判断。管理者在员工面前具有一定的权威性,因而其言语行为可能对员工的创造力自我效能感产生重要的影响。班杜拉认为,言语说服也是影响个体效能感的重要信息来源。因此,管理者要善于发现员工的优点并给予及时强化,尤其对员工创造性的表现更加需要管理者及时发现和反馈。不过,建立在这种效能信息基础上的创造力自我效能感并不稳定,如果员工平时听到了太多的不切实际的言语鼓励,一旦遇到挫折,就可能发现他人、自己的评价与自己的真实能力是脱节的,这不仅不利于其效能感的提高,反而会挫伤员工的自信心。因此,管理者对员工的鼓励必须基于一定的事实。言语劝说属于外在条件,引起的是外部的动机,管理者要做的就是尽量用客观的言语引导员工,同时使其把外部动机转化成内部动机,从而使他们形成牢固稳定的效能感。

归因是人们对活动结果的原因解释。将成功归因于机遇或者将失败归因于能力不足,都会降低个体的效能感;而将成功归因于自己的能力和努力,将失败归因于努力不够,则会提高个体的效能感。管理者也可以开展适当的、有效的归因训练,引导员工对自己的成败进行客观的认识,对自己的能力进行一个合理的评价,从而帮助他们提高创造力自我效能感。

第四,建立良好的社会支持系统。个体的创造性活动压力无处不在,在压力情境下,个体往往会产生焦虑不安的心理和生理反应,这些生理和心理上的变化往往会被视为效能低的征兆。有些员工将这种反应归结为自身能力不足或外在环境的干扰,因而,可能会产生消极应对。此时,来自企业的组织的支持就很重要了,除了采用一定的技巧来减轻员工的心理和生理反应之外,还要对员工进行上述归因训练,引导员工正确认识客观情形和自己的能力,从而形成客观、稳定的创造力自我效能感。另外,创造力的系统观认为,创造性成果之所以"成功"或是具备人类社会认可的意义,是因为它获得了这一领域专家的认同。借鉴这一观点,管理者对员工创造性活动的评价是否客观、公正会直接影响员工对自己创造性活动的认知,从而影响员工的创造力自我效能感。由此可见,以宽容的态度对待员工的创造性探索对员工来说非常重要。因此,管理者为员工构建一个企业核心的社会支持系统,对员工的创新自我效能感的提升具有明显的促进作用。

管理学奥秘

创新自我效能感到底是什么?

员工参与创新需要强大的内在支持力量,这种力量表现为从事创意工作时的自信心,可以激发个体积极参与创新,并且在创新过程中遇到挫折时,能成为坚持创新行动的意志力。这种创造的自我信念的概念就是创造力自我效能感。

需要注意的是,创新自我效能感会直接影响人们的思维、动机与行为,是个体对自己的能力的一种主观感受,但并不是能力本身,特别强调个人所具备的主观能动性。在现实中,不乏一些能力较强但在创新、创意方面碌碌无为的员工,他们无法创新的原因,不是他们能力不足,而在于缺乏对自身创新自信的认知。相反,当他们对自己创新拥有足够的信心,并勇于尝试之时,创新的成果自然会悄然降临。

创新的过程本来就充满着失败与风险,因此个体会在从事创新活动中遇到各种困难与障碍。当个体的创新自我效能感越高,对自己从事创造力相关活动的能力就越自信,当遇到困难、挫折以及结果的不确定性和风险性时,个体会以更积极的方式应对,从而会有更高的创造力表现。

当创新、创意的重要性日益突显,并逐渐成为中国组织赖以生存和发展的动力时,我们更应该激发员工的创新潜能,让每个员工都成为自信的创新者。

不想当将军的士兵不是好士兵,同样,不具备创造力自信的员工也不是创新的员工。事实上,我国很多企业正面临着这样一个困境——员工普遍缺乏自主创新的信念,不敢创新,不愿创新。从社会认知理论的视角来看,"缺乏自主创新信念"现象,其实就是人们创新自我效能感低下的表现。因此,如何激发员工创造力自我效能感,是每个企业必须重视的!

5　制造创新环境氛围——近朱者赤,近墨者黑

2005年8月,中国一批高管到美国接受培训,学习"管理与企业未来"这门课时,拿到的是这样一份具有测试性质的案例:

请根据下面三家公司的管理现状,判断它们的前途:

公司A:八点钟上班,实行打卡制,迟到或早退一分钟扣五十元;统一着装,必须佩戴胸卡;每年有组织地搞一次旅游、两次聚会、三次联欢、四次体育比赛。每个员工每年要提四项合理化建议。

公司B:九点钟上班,但不考勤。每人一个办公室。每个办公室可以根据个人的爱好进行布置;走廊的白墙上,信手涂鸦不会有人制止;饮料和水果免费敞开供应;上班时间可以去理发、游泳。

公司C:想什么时候来就什么时候来,想穿什么就穿什么;把自家的狗和孩子带到办公室也可以;上班时间去度假也不扣工资。

在看答案之前,也许我们很多人会认为公司A的前景最好,因为公司A实行严格的管理制度,正所谓不以规矩,不成方圆。相反,公司B和公司C管理制度过于"松散",不考勤、不打卡,上班居然可以带宠物……

确实,大部分人也都认为公司A是最有前途的。实际上,公司A是广东金正电子有限公司,1997年成立,是一家集科研、制造为一体的多元化高科技企业。2005年7月,因管理不善,申请破产,生存期9年。公司B是微软

公司,1975年创立,现为全球最大的软件公司和美国最有价值的企业,股票市值2883亿美元。公司C是Google公司,1998年由斯坦福大学的两名学生创立,股价上市一年翻了3倍,超越全球媒体巨人时代华纳,直逼百年老牌可口可乐,也是唯一一家能从微软帝国挖走人才的公司。

现代篇中,我们说到过微软的人才培养、谷歌的福利,但这两个企业被人所熟知的更大原因实际上是他们的创新能力。事实上,在强手如林的互联网公司里,谷歌和微软公司都是因拥有骄人的业绩和杰出的创新能力而独树一帜。据外媒最近发起的意向调查,在2015年最具市场创新力的IT企业中,谷歌以83%的支持率夺冠,微软以58%的支持率位列第四。作为最具代表性的两家美国高科技公司,谷歌与微软的创新能力毋庸置疑。企业的创新能力最终离不开员工的创新,就拿谷歌公司来说,谷歌人事高级副总裁拉斯泽罗·鲍克曾这样说过,"我们努力保持尽可能多的表达渠道,让不同的人和不同的创意都能以不同的方式展示出来"。也正是谷歌公司对于每一位员工的创新、创意的尊重与重视,才使得谷歌的创新能力表现如此卓著。

看似管理如此"混乱"的谷歌和微软公司创新能力如此之强,而看似管理井井有条的中国公司却最终要申请破产,个中原因,值得探究。

这些企业的创新归根到底是基于员工的创新,从上面的案例中能够非常明显地看出微软、谷歌与这家不知名的小公司的区别。在微软与谷歌公司中,员工在轻松、自由的氛围中工作。在谷歌公司,员工仅有70%的时间花在"应该"做的工作上,20%花在与公司有关但不在工作描述范围内的事情上,10%花在公司范围以外的事情上。所以在谷歌公司中,上班的时候可以带着宠物,迟到也不会被扣工资也就不足为奇了。简言之,他们认为与其强迫员工全力以赴完成公司要求的任务,不如让他们开发自己的思想。事实上,如果员工感到公司在鼓励他们进行思考和开发新的思想,那么他的思路就会更加开阔并且会提出更多的想法。显然,一个思路开阔的员工比一个墨守成规的员工对公司更有价值。

相比之下,为了激发员工的创新,我国很多企业在资金、设备、场地等硬件设施上的投入力度不可谓不大,但是管理者们所期望的"全员创新热潮"却迟迟没有到来。他们甚至还得面对"生在淮南则为桔,生在淮北则为枳"的尴尬现象,即本企业"没有什么能力"的研发人员跳槽到跨国公司后,不久就可以研发出新产品或取得技术突破;相反,本企业从海外引进的"研发骨干"多年来却无所建树。这种现象背后的根本原因可能就是缺乏自由、宽松的创新氛围，无法为创新人才提供良好的创新"软环境"。显然，为员工创造有利于创新的氛围对于员工创新能力的开发尤为关键。

这里必须提到一个管理学方面的关键词：组织创新氛围，也叫组织创新气氛或组织创新气候。虽然研究者对其定义不同，但大都认为组织创新氛围是存在于组织内部，能够被组织成员一致认知体验，并影响其创新行为的持久特性。如学者 Klein & Sorra 认为，一个强势、有助于创意实现的组织氛围应该具备下列条件：第一，能力的培养，即该组织鼓励成员创造能力的培养；第二，诱因的提供，即组织能提供有助于创新发生的诱因；第三，障碍的排除，指组织能够设法移除阻碍创新能力和创新发生的各种因素。总而言之，组织创新氛围会通过各种途径积极地影响员工的创新行为。

正如"近朱者赤，近墨者黑"一样，如果企业能营造鼓励创新、重视创新、适合创新等的氛围的话，员工显然会更乐于、敢于创新，这非常有利于创新力的培养。

理论上说，在企业组织内开发和维持创新氛围也有一定的方式，如下所述：

第一，对新观点、新想法给予公平、支持性的评估。员工提出新观点、新想法往往是在工作实践中辛苦探索得出的，是企业创新活动的重要表现。管理人员需要慎重、仔细地从中选出可行性高、具有开发条件的创意构思和创新的项目。一些学术研究发现，苛刻的评估削弱了创新者参与创新活动的主动性和积极性，抑制了他们的创造潜力的发挥；而给予支持、提供客观的信息反馈的评估则提高了员工内在的创造动机。

第二，对创新行为给予认可和奖励。尽管只是为了获得奖励而进行创新活动可能会削弱一个人的内在工作兴趣和创造潜力，但是，如果企业管理者通过奖金的形式认可一个人的创造能力，并鼓励其参与管理和决策制定，为其职业发展提供更多的机会，则可以增加其对工作的兴趣，提高其创造力。因为当人们获得社会认同，感受到企业对自己的重视，并意识到其决策的价值和职业发展的意义时，则能够增加自信和责任感，更容易激起他们产生创造性的想法，积极参与组织的创新活动。

第三，给予组织成员一定的工作自由和自主性。有关创造性的心理研究表明，只有在自由和心理安全的情况下，员工的创造性思维才会畅通无阻地发挥。在工作中，员工往往对太多的监督不满。监督应关注企业员工的自我引导工作。当人们能够自主地根据情形采取行动时,他们往往会表现出更多的积极主动性,也更有可能产生不同寻常的观点和想法。

第四,充分的资源保证。一个企业资源丰富,往往会进行更多的创新活动。同时,当员工意识到本企业资源充裕,甚至是在解决问题所需要的资金、信息、知识、培训、时间及其他必备资源达到最低限度的要求时,他们会根据对工作的兴趣和内在价值的认识,发挥创造性思维,积极投入到企业的创新活动中去。此时,企业内部的创新氛围才能得以维持。

第五,适度的压力。研究发现,尽管长时间的紧张、超负荷工作会使员工产生厌倦情绪,削弱他们的创造力,然而,如果源于有价值的工作本身的紧要、挑战性特征,一定程度的压力对员工会有积极的影响。尤其对于研发技术人员来说,如果伴随着对工作的兴趣和热情,一定程度上的时间压力通常与高创造力相关。当然,当压力达到一种不可忍受的程度,或者当员工认为压力是外部强加的一种控制手段时,员工是无创造性可言的。

第六,开放式的沟通和交流。企业进行创新活动,需要全体员工参与和贡献智慧。为广泛地收集信息和建议,企业需要建立畅通的横向和纵向沟通渠道,鼓励员工提供更多的建议和看法。另外,人的创造力并不是静止不变的,而是有活力、持续地成长和发展的。不同部门的员工之间以及上下级之间,在对组织长远目标共同承诺的前提下,彼此的坦诚沟通、学习交流对他们的创造力的成长至关重要。研究发现,组织内部氛围越具有包容性和开放性,组织成员的创造能力就越强。组织的创新氛围愈浓,组织成员愈能够从不同的角度来思考问题,更容易产生不同寻常的想法。而强调一致性对产生独特的解决问题的方案几乎没有任何益处。

管理学奥秘

创新行为催化剂——组织创新氛围

谷歌与微软之所以创新能力卓著,这两家公司在营造创新氛围方面下的工夫不可谓不大。

组织创新氛围是与创造和创新活动相关的组织氛围,包括影响员工创造力及创新行为的一系列外在环境因素。组织创新氛围包括三个基本特征:首先,组织创新氛围是个体知觉(或感知)的结果,通过这种知觉可以反应出组织创新氛围实际对于组织成员的意义和影响力;其次,组织创新氛围的形成是一种集体现象,是所有成员共同分享的一种知觉经验;最后,组织氛围的内涵具有多重性,涉及的内涵还包括工作的内容、程序、赏罚系统等各种组织管理实务,而非单指员工对组织内部创新现象的知觉或感受。①

员工创新,除了必要的物质资源支持之外,更加需要鼓励创新的氛围。组织内外只有培育一种支持与鼓励创新的良好气氛,才能激发员工的内在创新动机,鼓励他们勇于实践,并最终实现系统化创新目的。可以说,组织创新氛围是员工创新行为的催化剂。

员工创新"生在淮南则为桔,生在淮北则为枳"的尴尬现象背后是我国企业缺乏自由、宽松、鼓励冒险与试错的创新氛围。仅为员工提供创新所需要的"硬环境",忽视创新"软环境"的做法需要改变。

6 构建创新激励机制——创新力的背后功臣

员工创新力的培育不仅需要氛围,还需要背后激励机制的支持。这一点,我们从一些财大气粗的高科技公司的做法上可以一目了然。这些高科技创新公司为了激发员工的创新,从不手软,动辄百万美元奖金,各种福利待遇的激励措施颇为常见。激励机制真的有那么大作用,有那么重要吗?我们来看看企业各种各样的做法。

"建议有效"——建议采纳制度

丰田公司宣称他们的员工每年提出大约 200 万个新构思,平均每个员工提出 35 项建议,这些建议有 85% 以上被公司采纳,这作为一种激励,为的是鼓励公司员工开动脑筋、挖掘创造力,提出更多创意、创新点子。

其实,丰田公司采纳员工的建议可以追溯到上世纪丰田建立的建议制度。丰田公司认为,丰田员工的使命是通过企业去奉献社会、造福人类,因而,每个员工时刻不能忘记开发新技术,生产符合时代要求的产品。丰田鼓励职工提建议,并且规定员工的建议一经采纳即付奖金。在物质与精神奖励的双重激励下,丰田公司的员工乐于为公司提出各种建议,这些建议采纳率也特别高。具有代表性的事件当属这种建议制度不仅帮助公司渡过了震

---

① 刘婷. 基于心理资本的组织创新氛围对员工创新行为影响研究[D]. 华南理工大学, 2011.

撼世界的 20 世纪 70 年代石油危机,使丰田公司抓住机遇,而且制造出销量不断增长的节油型汽车。

在我国的许多企业中,同样也建立了许多创新激励制度,鼓励职工提"合理化建议",一些合理化建议被采纳后,对企业的技术与管理上的创新起到了非常积极的推动作用。

"亲吻青蛙"——失败也没关系

美国的 3M 公司的创新能力我们已经不止一次地提及了。3M 公司不仅鼓励工程师,也鼓励每个人成为"产品冠军"。如果新产品构思得到公司的支持,就将相应地建立一个新产品开发试验组,该组由 R&D 部门、生产部门、营销部门和法律部门等的代表组成。每组由"执行冠军"领导,他负责训练试验组,并且保护试验组免受官僚主义的干涉。如果一旦研制出"式样健全的产品",试验组就一直工作下去,直到将产品成功地推向市场。有些开发组经过 3—4 次的努力,才使一个新产品构思最终获得成功;而在有些情况下,却不是十分顺利。3M 公司知道千万个新产品构思可能只能成功一两个,一个有价值的口号是"为了发现王子,你必须与无数个青蛙接吻"。"接吻青蛙"经常意味着失败,但 3M 公司把失败和走进死胡同作为创新工作的一部分。其哲学是"如果你不想犯错误,那么什么也别干"。

其实,创新是一项高风险的活动。因此,不仅对成功需要实行奖励、特别奖赏,失败也应该被接受,就像 3M 公司一样。在日本的一些企业,还有"败者复活制"和"失败大奖"的表彰制度,旨在激励失败者的挑战精神和从失败中寻找成功的因素,把失败真正作为成功之母,从而最终获得成功。

"放手干吧"——优秀后勤工作

日本富士施乐公司从 1988 年就开始实施"关于事业风险投资与挑战者的纲领计划"。如果公司员工的新事业构思被公司采纳,则公司和提出人共同出资创建新公司,并向该员工提供三年工资的保障。假如新公司最终失败了,该员工仍可以回到公司工作。对于新创立的公司,不但给予资金的支持,还给予经营与财务等必须的人才的支持。富士施乐公司的这种后勤工作,无非是为员工的创新提供支持与保障,在充满风险的创新活动中,员工只有拥有公司的支持与保障,才能毫无保留地去创新。

这几个机制,本质上都是为了激发员工的创造力,鼓励员工创新。追求创新活动是充满风险的，但员工的创造力也正是在他们不断从事创新活动中产生。因此，企业采取激励措施，打消员工顾虑，甚至是"鼓励失败"，都能激发员工"放手一搏"。这就是激励机制的重要性。

管理学上经常会提到激励理论。我们知道，激励是指通过高水平的努力实现组织目标的意愿，而这种努力以能够满足个体的某些需要为条件。员工的激励过程可以看作一个满足需要的过程，而个体未满足的需要是实施激励的出发点。因此，在对员工的激励过程中就需要考虑员工的需求。在此基础上，通过设计适当的外部奖酬形式和工作环境，采取一定的行为规范和惩罚性措施，借助信息沟通来激发、引导、保持和归化组织成员的行为，从而有效地实现组织及其成员个人的目标。同时，对于员工的激励水平越高，员工完成目标的努力程度和满意度也越强，工作效能就越高；反之，激励水平越低，则缺乏完成组织目标的动机，工作效率也越低。因而，激励理论也被认为是"最伟大的管理原理"。

上世纪70年代，美国学者沙因提出的"复杂人"假设，可以为我们提供很好的启发。这种假设认为：人是复杂多变的，需求和欲望是多种多样的，并且会随着年龄的增长、所处境遇以及人际关系等变化而不断变化。因此，对于企业中的员工来说，激励机制应该是权变的，应该采取多元的激励机制激发员工的创造力。

因此，对于员工创新力的培养，企业应该建立起全面的激励机制，不仅仅是上述例子中叙述得那么简单。下图描述了一个完整的激励机制。

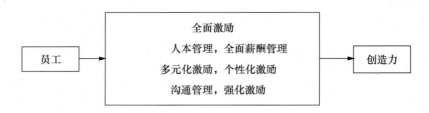

第一，人本管理。以人为本的管理思想是以人的全面发展为核心，创造一切有利条件和环境，充分发挥员工的潜在能力为组织生存与发展服务，进而形成以自我管理为基础，以组织共同利益为导向的管理体系。人本管理的核心就是尊重人，尊重人的价值和需要，尊重人的"人权"，使员工参与到企业的日常管理中来，使他们处于企业的主体地位。现代企业对员工的管理应该由传统的"管"转变为"引导"和"帮助"，即创建"以人为本"的企业文化。员工是企业中最活跃且起决定性作用的因素,他们用各种不同方式为企业利益做贡献,企业应尽可能地满足他们获得报酬、施展才干、实现理想等需要。以人为本是以引导来代替命令,协调员工的自我管理行为,使各成员凝聚在一起,共同努力实现组织的最终目标。它要求管理者不仅要为员工创建一个能让其全面发展的场所,自由地发挥各自的潜能,并尊重他们的个性,而且还要求企业的发展不能脱离个人的前途,不能单方面地强求他们的行为规范、价值观念等完全适应集体,而应该适当满足员工个性发展和追求的需要,在全体成员基本达成一致的基础上共同奋斗以实现期望的目标。

第二,全面薪酬管理。全面薪酬管理较之传统的薪酬管理,其内涵和外延有了很大的变化。传统的薪酬管理是以企业为导向的制度,企业薪酬体系缺乏与员工的沟通。全面薪酬管理是以员工为导向的整体性的系统薪酬设计。它是员工个人行为所导向的目标和工作动机产生的源泉。全面薪酬管理将公司支付给员工的薪酬分为"外在"和"内在"两大类。"外在薪酬"是企业为员工提供的可量化的货币性价值,主要指企业以货币、实物支出的部分,包括竞争性的货币性薪酬(即传统意义上的"薪酬")和福利性薪酬两大部分。如基本工资、奖金等短期激励薪酬,股票期权、股份奖励等长期激励薪酬,退休金、医疗保险等货币性福利,等等。"内在薪酬"则是指那些给员工提供的不能以量化的货币形式表现的各种奖励价值。如对工作满意度、为完成工作而提供的各种便利工具、培训的机会、提高个人名望的机会、具有吸引力的公司文化、良好的人际关系等,即对员工工作自主、个体成长、业务成就等方面的激励。

全面薪酬激励突破了传统薪酬激励的种种局限,客观地分析员工的需求,并科学地设计各种激励要素,既重视工资、奖金、股权等物质方面的外在薪酬激励,又注重企业文化、员工培训、良好的工作氛围、组织的归属感与认同感、富有挑战性的发展机会等精神层面的内在薪酬激励,能够最大限度地激发员工潜能。实践也证明,由于员工对企业的期望和需求是全面的,其中既包括物质需求,也包括高度的精神需求,因而实施全面薪酬管理,是实现对员工全面激励的有效策略。然而需要指出的是,全面薪酬管理应建立在科学、公平原则的基础上,因为员工会通过横向与纵向比较来判断自己所获报酬的公平性。如果他们认为报酬是公平的,便能够保持工作的积极性和努力程度。反之,员工则会减少投入,以达到心理上的平衡,这将导致激励作用的消退。

第三，多元化激励模式。企业的管理者应避免单一化、简单化的激励模式。管理的核心目的是通过开发员工的潜在能力，提高组织目标的工作绩效。员工工作绩效的提高主要借助于激励的杠杆，不同条件下形成的管理模式，具有不同的激励逻辑和激励制度。如在工业经济时代，基于对体力劳动者的"劳动是为了谋生"的经济动机认识而提出的"经济人"假设，主要依靠经济奖励和经济惩罚的"胡萝卜加大棒"政策来激励和约束员工的工作行为。在互联网时代的今天，对于新生代员工的管理如果仍然以"经济人"假设为前提，那么我们将很难激发他们的工作积极性。《孙子兵法》中的"变胜"思想，告诉我们要依据敌情变化而灵活机动地采取不同的作战方式方法，随时调整作战方略，以达到战胜敌人的目的。同理，在管理实践中，管理者激励员工的手段亦不能千篇一律，墨守成规。面对时代的不同及管理对象的变化，应积极探索并综合运用多种激励方式，使物质奖励与精神激励相结合，外在激励与内在激励相统一，正激励和负激励互为补充，促进激励手段的系统化、多样化，以多样的、变化的激励手段来满足不同员工的需求，才会使激励收到事半功倍的效果。

第四，个性化激励。由于同样的激励方式对不同的人来说效用肯定不同，并且较高层次需求的满足方式比低层次的需求方式多，因此要做到激发员工的潜力，就必须根据员工的偏好，采用不同的激励方式，有针对性地进行激励。在管理者进行个性化激励设计时，应特别注意员工的文化差异。不同的国家在长期的历史发展过程中，积淀了不少独特的民族文化，这种民族文化对人的思想会产生强烈的影响。在全球化进程中，一个组织必须认识到这种文化差异性，并关注在不同文化背景的国家成长起来的知识型员工，运用不同的文化差异有效地实施个性化激励活动。

第五，沟通激励。沟通对于企业提高知识型员工的忠诚度具有重要的意义。首先，沟通能对员工起到激励作用。管理者通过员工的业绩反馈来肯定知识型员工的工作绩效，强化他们的积极行为，达到强化管理的作用；同时，管理层还可以通过员工目标完成状况的反馈来激励他们向组织目标奋进，达到目标激励的作用。其次，沟通提供了一种释放情感的表达机制，对于知识型员工来讲，工作群体是表达自己情感的主要社交场所。因此，沟通提供了一种释放情绪的表达途径。同时，良好的沟通环境，还可以起到员工知识共享、信息交流互补的作用。员工在沟通中既是知识和信息的提供者，又是吸收者，他们彼此学习，互相提高，反之，则故步自封。管理者应经常与员工进行交流,了解他们的需求和期望,关心他们的生活,为他们的事业发展提供良好的建议和经验,通过心与心的交流使员工获得精神上的依靠感。

第六,强化激励。强化即通过不断改变的刺激因素,来增强、减弱或者消除某种行为的过程。强化激励是管理者利用刺激物来增强知识型员工某种行为以实现企业目标。奖励、升职、赞扬等激励与员工获得成绩相隔的时间太久,则激励所应起到的刺激作用就会衰减。《孙子兵法·将德》中提出:"赏不逾日",即有功当天就赏,要求速赏;"罚不还面"就是说有过立即处罚。《尉缭子·十二陵》也提出:"惠在因时",是说施恩布赏,要选择恰当时机。由此可见,古代兵家十分注重奖惩的时效性。及时激励的前提在于激励的正确、明确和准确。如果激励失误、性质不准,及时激励不但毫无意义,反而可能带来不良后果。从强化的内容看,强化管理包含积极强化、消极强化、惩罚和忽视,员工自我管理激励主要是提高员工自我管理的自觉意识。如果把在自我管理过程中出现的失误与惩罚相挂钩,知识型员工势必产生惧怕承担责任的心理,这样将形成负激励的作用。管理者应把员工在自我管理过程中出现的失误与岗位责任制应承担的责任区分开来,并在自我管理激励过程中尽量去除惩罚和忽视这两种方式。

管理学奥秘

综合创新激励机制之构建

现实中,企业的员工是多种多样的。针对不同类型的员工,需要采用不同类型的激励措施,这样才能取得良好的激励效果。因为根据激励理论,需要驱动员工采取某种行为、付出某种努力(员工的创新行为),以实现某种满足其需要的目的(通过员工创新实现组织创新)。企业可以针对员工的需要,采取激励措施,引导员工的行为指向企业的目标。而不同层次、不同类别的员工,他们所掌握的知识、技能是不同的。具体到每位员工,由于他们的价值观、生活水平等因素的影响,他们的需要也是不同的。此外,即使是同一位员工,他的需求、价值观和动机也会随着时间的变化而改变。一成不变的激励措施很难对所有员工在同一时期或同一员工在较长时间保持同等效力。

因而,对员工的创新行为在进行激励时,必要要考虑到员工的需求,"对症下药",建立综合激励体系。人本管理思想以人的全面发展为核心,使员工参与到日常管理中来。全面薪酬管理通过客观分析员工的需求,科学地设计各种激励要素,最大限度激发员工潜能。多元化的激励模式则能够克服单一化、简单化激励模式的弊端。个性化激励则能对不同文化差异的员工实施有效激励。沟通激励可以是管理者与员工建立良好的沟通机制。强化激励通过刺激物增强员工某种行为以实现企业目标。

> **微点评**
>
> 企业激励制度是一个全面的体系,不仅包括薪资激励,还应该包括福利、培训、职业、企业文化等方面的激励制度,许多企业建立的企业激励制度不健全,因而激励效果不明显。因此,应采用多元化的激励措施,同时注重对员工个性化的激励措施,并通过沟通激励与强化激励的实施构建全面激励机制。总之,员工创造力的发挥需要企业的激励机制,采用全面的激励策略更能激发员工的创造力。

第三节 监督力

员工监督力是一种对企业监视、裁决和检查等的能力,即通过自身拥有的话语表达权来对企业管理进行监督。以互联网技术为依托的新媒体为大众更多地参与社会事务与民主管理提供了自由开放的平台,传统的自上而下话语权机制被打破,民众话语的增多会带来权力的增生,普通民众主动参与社会事务的讨论和决策,监督社会机构的运转和改制。在这一节,我们来看看从过去到现在,员工的监督力如何被塑造。

7 鼓励建言献策——解放员工的话语权

玄武门之变后,有人向秦王李世民告发,东宫有个官员,名叫魏征,曾经参加过李密和窦建德的起义军,李密和窦建德失败之后,魏征到了长安,在太子建成手下干过事,还曾经劝说建成杀害秦王。

秦王听了,立刻派人把魏征找来。

魏征见了秦王,秦王板起脸问他说:"你为什么在我们兄弟中挑拨离间?"

左右的大臣听秦王这样发问,以为是要算魏征的老账,都替魏征捏了一把汗。但是魏征却神态自若,不慌不忙地回答说:"可惜那时候太子没听我的话。要不然,也不会发生这样的事了。"

秦王听了,觉得魏征说话直爽,很有胆识,不但没责怪魏征,反而和颜悦色地说:"这已经是过去的事,就不用再提了。"

唐太宗即位以后,把魏征提拔为谏议大夫(官名),还选用了一批建成、元吉手下的人做官。秦王府原来的官员都不服气,背后嘀咕说:"我们跟着皇上多少年。现在皇上封官拜爵,反而让东宫、齐王府的人先沾了光,这算什么规矩?"

宰相房玄龄把这番话告诉了唐太宗。唐太宗笑着说:"朝廷设置官员,为的是治理国家,应该选拔贤才,怎么能拿关系来作选人的标准呢。如果新来的人有才能,老的没有才能,就不能排斥新的,任用老的啊!"

大家听了,才没有话说。

唐太宗不记旧恨,选用人才,而且鼓励大臣们把意见当面说出来。在他的鼓励之下,大臣们也敢于说话了。特别是魏征,对朝廷大事,都想得很周到,有什么意见就在唐太宗面前直说。唐太宗也特别信任他,常常把他召进内宫,听取他的意见。

有一次,唐太宗问魏征说:"历史上的人君,为什么有的人明智,有的人昏庸?"

魏征说:"兼听则明,偏听则暗。"他还举了历史上尧、舜和秦二世、梁武帝、隋炀帝等例子,说:"治理天下的人君如果能够采纳下面的意见,那末下情就能上达,他的亲信要想蒙蔽也蒙蔽不了。"

唐太宗连连点头说:"你说得多好啊!"

又有一天,唐太宗读完隋炀帝的文集,跟左右大臣说:"我看隋炀帝这个人,学问渊博,也懂得尧、舜好,桀、纣不好,为什么干出事来这么荒唐?"

魏征答道:"一个皇帝光靠聪明渊博不行,还应该虚心倾听臣子的意见。隋炀帝自以为才高,骄傲自信,说的是尧、舜的话,干的是桀、纣的事,到后来糊里糊涂,就自取灭亡了。"唐太宗听了,感触很深,叹了口气说:"唉,过去的教训,就是我们的老师啊!"

唐太宗看到他的统治巩固下来,心里高兴。他觉得大臣们劝告他的话很有帮助,就向他们说:"治国好比治病,病虽然好了,还得好好休养,不能放松。现在中原安定,四方归服,自古以来,很少有这样的日子。但是我还得十分谨慎,只怕不能保持长久。所以我要多听听你们的谏言才好。"

魏征说:"陛下能够在安定的环境里想到危急的日子,太叫人高兴了。"

以后,魏征提的意见越来越多。他看到太宗有不对的地方,就当面力争。有时候,唐太宗听得不是滋味,沉下了脸,魏征还是照样说下去,叫唐太宗下不了台阶。

有一次,魏征在上朝的时候,跟唐太宗争得面红耳赤。唐太宗实在听不下去,想要发作,又怕在大臣面前丢了自己接受意见的好名声,只好勉强忍住。退朝以后,他憋了一肚子气回到内宫,见了长孙皇后,气冲冲地说:"总有一天,我要杀死这个乡巴佬!"

长孙皇后很少见太宗发那么大的火,问他说:"不知道陛下想杀哪一个?"

唐太宗说:"还不是那个魏征!他总是当着大家的面侮辱我,叫我实在忍受不了!"

长孙皇后听了,一声不吭,回到自己的内室,换了一套朝见的礼服,向太宗下拜。

唐太宗惊奇地问道:"你这是干什么?"

长孙皇后说:"我听说英明的天子才有正直的大臣,现在魏征这样正直,正说明陛下的英明,我怎么能不向陛下祝贺呢!"

这一番话就像一盆清凉的水,把太宗满腔怒火浇熄了。

后来,他不但不记魏征的恨,反而夸奖魏征说:"人家都说魏征举止粗鲁,我看这正是他可爱的地方哩!"

公元643年,那位直言敢谏的魏征病死了。唐太宗很难过,他流着眼泪说:"一个人用铜作镜子,可以照见衣帽是不是穿戴得端正;用历史作镜子,可以看到国家兴亡的原因;用人作镜子,可以发现自己做得对不对。魏征一死,我就少了一面好镜子了。"(夫以铜为镜,可以正衣冠;以古为镜,可以知兴替;以人为镜,可以明得失。朕常保此三镜,以防己过。今魏征殂逝,遂亡一镜矣!)

从古至今,唐太宗与魏征的君臣关系广为流传,为世人称颂。两人共相处十七年,一个以直言进谏著称,一个以虚怀纳谏出名,尽管有时争论激烈,互不相让,最后太宗也能按治道而纳谏。这种君臣关系在历史上极为罕见。在魏征为代表的大臣带动下,出现了贞观群臣争相谏诤的空前绝后的局面。

在现代管理学中,员工建言是指员工对与工作相关的建设性想法、信息或者意见的表达,是一种富含挑战、改进导向的组织公民行为。我们认为,员工的建言行为是员工发挥自身监督力的重要方式。员工大多处于"第一线",对企业生产经营中的情况了解,因此他们的信息更具参考价值,这些信息也是很多身居高位的管理者难以接触到的,因此,这些员工的"发声"能在一定程度上弥补管理者信息缺失。同时,对员工来说,他们的"发声"本身就是履行自身监督的责任与权力,也应当被重视。

那么,怎样培养员工的建言行为呢?

员工的建言行为对于组织来说,是一种积极的、有正面导向作用的行为,既能帮助组织获得经营管理的建议,又是推动组织变革、组织创新的重要来源。因此,如何有效地激发员工的建言行为将成为人力资源管理工作中的一个重要课题。

(1) 理念的宣传贯彻是鼓励员工建言行为的前提

培养组织相互信任和开放性的文化,创建良好的人际关系和开放的沟通环境,增强企业内部同事之间、上下级之间的开放和信任程度,是一个组织鼓励员工建言行为的核心理念。通过员工对组织、对上级和对同事信任的培养,来维系员工和组织的感情依恋,保护员工的内在积极性,降低同事间和上下级间的潜在人际冲突。组织可以通过开展各种文娱、游戏、拓展训练等活动提倡和宣传贯彻企业相互信任和开放的组织文化,通过文化的内化作用使员工感觉到企业是自己的大家庭,自己是组织的主人,使其愿意为企业或组织献计献策,竭尽全力。

(2) 领导的重视是鼓励员工建言行为的关键

领导应该改变自己的观念和态度,多一点宽容和理解,虚心接受员工的建议,甚至把听取抱怨当作自己的一项职责,换位思考,不要当即批驳员工的怨言,应该让他们一说为快;领导要正直诚实,海纳百川。正确对待员工意见,对于未采纳的意见,要对员工作出合理的解释,积极维护员工利益;采取必要的手段保护那些提供和反映敏感信息(如上级的能力、工作失误、营私舞弊等问题)的人。

(3) 员工的配合是增加建言行为的基础

日本松下电器公司有一句名言:"出产品之前先出人才",拥有强大人力资源的松下公司值得任何企业向它学习,其创始人松下幸之助更是强调:"一个天才的企业家总是不失时机地把对职员的培养和训练摆上重要的议事日程。"海尔首席执行官张瑞敏也说:"人,是企业之本""相马不如赛马,赛马不如养马",这充分说明培训对于现代企业发展的重要作用。通过培训,可以让员工的人力资本实现增值,为企业的持续发展提供足够的动力。通过加强培训,一是增强员工的自身素质和能力,让员工感觉企业对他们的重视;二是让员工更加关心、热爱、忠心自己的组织,在企业管理中积极献言献策;三是培养员工的归属感和职业热爱感,通过增强员工的企业满意度来提升他们的企业自豪感。同时,通过奖励员工提出的积极建议,激励员工多提意见,提高参与的积极性;通过建立合理的职业生涯制度,将员工的个人理想、奋斗目标与企业的整体利益结合起来。

管理学奥秘

员工为什么不愿意打破沉默?

企业面对瞬息万变的市场激烈竞争,保持灵活性、创新性和适应性十分重要,这一过程不仅需要高层管理者的战略眼光和决断,组织中员工的建言也发挥着重要作用。普通员工更加接近市场、顾客需求,他们的建言能够激发企业高层战略决策的思考,这种自下而上的反馈能够起到很好的监督作用。建言的重要性无需赘述。但在现实中,员工发挥自身监督作用并敢于和上级唱反调的抑制性建言少之又少。相反,闭口不言的沉默现象却十分普遍。

其实,这种现象反映了人们冲突回避的倾向,因为作为员工,要将自己的不同意见或建议反馈给上级,这一过程就包含了隐性冲突的可能。虽然通过坦率的沟通、合作式处理等方式,可以有效处理冲突,但在东方文化背景下,组织中的员工却更倾向于保留反对意见,回避直接冲突。其实,员工应该意识到,缺乏建言、保持沉默,不仅是员工个人低效率的表现,也是组织低效运作的表现。组织中的员工应当是"和而不同"又"殊途同归"。①

现代组织中的员工沉默现象十分普遍,培养员工监督力,首先就是要让员工打破沉默,敢于发声,为组织发展建言献策。组织应该结合实际情况,通过理念宣传与氛围建设,让员工敢于建言、善于建言。

---

① 魏昕,张志学. 组织中为什么缺乏抑制性进言?[J]. 管理世界,2010(10):99—109.

8 建立反馈机制——让员工有地方发声

鼓励员工建言是培养员工监督力的第一步,当员工愿意建言之后,组织更应该为员工建立反馈的机制,帮助员工发声。

什么是反馈机制？说白了,就是不仅仅要让员工说话,也要让他们提出的东西能够被倾听、被采纳。有一个成语叫做"广开言路",在西汉时期,贾山写《至言》向汉文帝进谏,阐述广开言路的道理,他认为如广开言路,善于养士,则国家就会强大,好比"雷霆之所击,无不摧折者；万钧之所压,无不糜灭者。"对企业而言,同样如此。但是,在古代,许多臣子无法进谏,一来进谏的途径很单一；二来若发言不当,会招致杀身之祸。另外,采纳不采纳,主要凭皇帝的认知。总之,没有地方可以建言,没有机制保护建言,建言了也不一定有用——而这,就是我们所说的反馈机制所要做到的,是企业需要吸取古人教训而改进的。

那么,如何做？举个简单的例子来说明。谷歌公司扁平的组织结构为员工反馈机制打下了良好的基础。因而,最普通的员工距离总裁级别管理者不超过3级,扁平化的层级不是重点,重要的是这让大多数员工具备零距离接触高层反馈意见的机会。在扁平的基础上,谷歌公司在公司内部设置了许多帮助员工反馈的机制。谷歌人事部高级副总裁 Laszlo Bock 在美国加州大学伯克利分校参加经济学人创新论坛时,曾经介绍过以下谷歌公司员工反馈的渠道。通过这些渠道,谷歌公司的员工能够实现员工之间以及员工与领导之间密切的沟通与及时的反馈。

（1）Google Cafes。这个项目鼓励员工在团队内部或团队之间展开互动,在工作和休闲中实现对话。

（2）直接向任何公司领导人发送邮件。

（3）Google Moderator。这是一款由谷歌工程师设计的创新管理工具。它的想法很简单：每当要展开技术讨论或召开公司会议时,任何人都可以发问,然后由其他人投票选择自己喜欢的问题。通过这款工具,员工们就可以了解现有的想法、问题、建议,并进行投票,然后了解投票总数,从而根据主题、事件或会议征求新的创意。由于允许员工将每周20%的工作时间用于自己感兴趣的项目,帮助谷歌挖掘出很多有才华的员工。

（4）在谷歌自家社交网络 Google+ 中展开对话。

（5）TGIF。这是谷歌每周一次的全体大会，让员工可以直接向最高领导发问，可以涉及任何公司问题。

（6）GUTS。该项目可以提供一个渠道让员工提交任何问题，然后对问题的状态进行评估。

（7）FixIts。这是一个历时24小时的项目，谷歌员工可以放下一切工作，集中所有的精力解决某个特定问题。

（8）内部创新评估。这是一系列正式会议，由各个部门的管理人员将其所在部门的创意提交给最高管理者。

（9）各种各样的调查。公司定期会向雇员调查关于其上司的意见，借此选出最好的上司并作为来年的模范，而最糟糕的上司将受到培训和指导，据称这种措施可以促使75%表现较差的上司在一季度内好转。

（10）名为"Googlegeist"的调查。它可以收集数以百计的问题反馈，然后在公司内征求意见，解决首要的问题。

可见，谷歌公司不仅为普通员工营造出相对开放、自由的氛围，实际上也为员工搭建起反馈的桥梁，赋予普通员工更多的权力，从而在一个相对庞大的机构中实现顺畅的沟通，也使得谷歌公司自身在沉沉浮浮的科技浪潮中始终保持活力。

谷歌的这些机制有些较为传统，例如邮件、对话，有些属于创新，例如GUTS、各种各样不分级别的调查等，它们都起到了保护员工话语权力、丰富员工话语渠道、及时采纳员工建议的作用。

其实，反馈机制的核心就在于，要给予员工反馈，让员工明白自己是受到企业重视的。这样，带来的不仅仅是话语权的释放，也包括员工对企业的信任，有助于员工力的成长。

总而言之，机制、制度往往是激发员工发挥话语权，继而发挥监督力的一种保障。那么，如何构建？

这并没有一个标准答案，确切地说，管理上本身并没有一个标准的、正确的答案。可以进行组织沟通制度的重新构建，也可以丰富、创新沟通渠道，但必须保证这些渠道是有效、畅通的，保证员工没有受到阻拦。例如，我们很难想象索尼公司的高级主管没有自己的办公室，甚至连分厂厂长也没有办公室，这是索尼公司期望大家消除等级隔阂、融为一体、互相尊重和接纳的一种机制。另外，保证让员工看到自己的"成效"，即需要反馈给员工一些卓有成效的内容、措施等。总之，组织应该根据外部环境的改变和内部结构的调整,构建科学合理的沟通和意见收集采纳系统。

管理学奥秘

反馈机制为员工建言搭建桥梁

我们不仅要鼓励员工的建言行为,还要为员工建立反馈机制。从本质上来说,为员工建立反馈机制,就是为了保障员工上行沟通的顺畅。通过各种渠道、机制的建设,为员工的监督牵线搭桥。

企业内部信息沟通有效的上传下达、良好的沟通网络以及完善的信息沟通体系无疑是员工监督的有力保障。反之,企业内部各组织结构"各自为营",信息沟通不畅,员工无处发声;并且更有管理者仅仅将员工视为纯粹的执行者,对员工的意见、建议缺乏重视,缺乏与员工的沟通交流。最终导致的结果就是员工建言受挫,长此以往,员工建言也就会消失,我们就会看到组织中沉默的员工。对于这些员工,或许他们仍具有较强的执行能力,并在完成既定任务方面表现出色,但他们却在个体监督方面存在严重不足。

因此,一方面,我们不仅要提高对员工建言的重视程度;另一方面,更应该通过完善的机制与渠道的建设将员工的监督权落到实处。

 培养员工监督力的关键是让员工敢于运用话语权,而解放话语权的关键是让他们有地方发声,并得到合理的反馈,这样才会形成正反馈的循环。

第五章

"员工力"在职场

企业在塑造"员工力"方面，可以从执行力、创新力、监督力三方面入手，当然，这除了企业对各种架构、制度、渠道的建设维护，还需要员工个体的配合。这一切，在新人踏入职场就开始了。因此，在这一章，我们将从员工实践的角度，考虑员工的能力、机会与发展，考虑员工和他人、组织的互动，对员工职业生涯的各个阶段如何培养员工力提出建议，让你成为最好的员工。

第一节　写在进入职场之前

在踏入职场之前，就要作好从一个"新人"蜕变为一个"职场人"、一位员工的准备。从职业选择到职业规划，从面试到正式入职，将会有许多"考验"。

1　选择工作：第一份工作很重要

有人说，每个人永远做着两份工作，一份是当前所从事的，一份是自己真正想做的。于是，人们会把眼光放在别处，希望找到更好的发展舞台，"水往低处流，人往高处走"，这一点无可非议。每个人都希望进入更好的企业，有一份更好的工作，拿到更好的待遇，关键是如何去行动。

一个人从二十几岁参加工作，到老来退休，三四十年都在职场中度过。过去，通常进了一个单位，就等于有了铁饭碗。老一辈的人，也不曾想过换工作、跳槽。随着知识经济时代的到来，社会快速发展，人们的价值观也不断变化。现在，对于逐渐成为职场生力军的80、90后来说，换个单位、换个工作是很正常的事。但是，有一点很关键，第一份工作往往会决定你未来工作的总体走势。

在选择第一份工作时，许多年轻人怀揣理想，走出校门，对未来充满期待，现实却总会给他们残酷的打击。通常会出现这样的情况：嫌弃这个工作太累，那个工作工资太低，对哪个工作都不满意；或是，认为自己应该去更好的企业，而不屑于普通小企业的offer。但是往往缺乏对现状的认识，结果落了个高不成低不就的下场。

第一份工作的选择很重要。俗话说,"男怕投错行,女怕嫁错郎"。第一份工作往往决定我们投入哪个行业,甚至今后会在哪个行业发展,因此要慎重选择。但选择的标准并不应该仅仅是薪酬待遇、任务轻松等这样的短期利益,而是要注重长远发展,应该关注从这份工作中能学到什么,对于未来的规划有何好处。既然选择了,就要珍惜学习机会,坚持认真工作。我们所投入的时间和精力、获得的知识和经验,是我们未来跳槽的重要筹码。通常情况下,第一份工作会决定我们的事业方向。

我们该如何选择第一份工作呢?建议如下:

第一,这个工作应当能帮助自己继续学习。那些可以提供良好的培训环境,不把员工视为赚钱机器的公司,以及那些拥有好老板或良好学习氛围、企业文化的公司是第一份工作的首选公司。

第二,这个工作应当可以让自己在五年后有更好的发展机会。找一个可以学到很多新东西的职位,找一个可以教你累积工作经验的老板,找一个五年后有发展潜力的公司,这些内涵比表面薪资要重要得多。

第三,如果了解自己的兴趣和理想,有一定规划,那就去找最符合自己兴趣和理想的工作;如果不知道,那就找一个能帮助自己发现兴趣和理想的工作。

让我们来看看石油大王洛克菲勒的第一份工作。

年轻的洛克菲勒初入石油公司工作时,被分配去检查石油罐盖有没有自动焊接好,这是整个公司最简单、枯燥的工序,人们戏称连三岁的孩子都能做。每天,洛克菲勒看着焊接剂自动滴下,沿着罐盖转一圈,再看着焊接好的罐盖被传送带移走。半个月后,洛克菲勒忍无可忍,他找到主管申请改换其他工作,但被拒绝了。无计可施的他只好回到焊接机旁,下决心既然换不成更好的工作,那就把这个不好的工作做好再说。于是,洛克菲勒开始认真观察罐盖的焊接质量,并仔细研究焊接剂的滴速与滴量。他发现,当时每焊接好一个罐盖,焊接剂要滴落39滴,而经过周密计算,结果只需要38滴焊接剂就可以将罐盖焊接好。经过反复测试、实验,最后,洛克菲勒终于研制出"38滴型"焊接剂。就这一滴焊接剂,一年下来就为公司节约5亿美元的开支。年轻的洛克菲勒就此迈出其日后走向成功的第一步,直到成为世界石油大王。

洛克菲勒的第一份工作枯燥乏味,他差点放弃。但这份工作却给了他继续学习的机会和很好的发展方向。

有这样一个法则,适用于所有工作的选择:先就业再择业。就业和择业,是两个完全不同的概念。要知道,机会远比安稳重要,事业远比金钱重要,未来远比今天重要。所以我们在选择工作时,要放眼未来,更应该重视的是成长的机会和自己将来的事业,而不只是眼前的利益。

管理学奥秘

若你是一艘船,该在哪里下锚?

实际选择工作时,我们还是很难判断自己到底适合什么职业。不是每个人都对自己有充分的了解。这时候,我们可以借助一些工具,辅助我们判断可能的职业方向,如职业锚理论及其测评。

职业锚理论产生于在职业生涯规划领域具有"教父"级地位的美国麻省理工大学斯隆商学院美国著名的职业指导专家埃德加·H.施恩(Edgar. H. Schein)教授领导的专门研究小组。它是在对该学院毕业生的职业生涯研究中演绎成的。所谓职业锚,通俗来说,就是一个人在面临职业选择时,无论如何也不会放弃的内心深层次的东西。实际上,就是一个人在就业时所最为看重的东西或者说价值观。个人潜在的自我意识来自于早期学习过程中所获得的成长经验,当他们从事与自己不相匹配的工作时,这种意识会将他们拉回到使其感觉更好的方向——这就是职业锚。当我们无所适从的时候,可以运用职业锚测评来看看,自己到底看重什么。

职业锚测评的结果有 8 种类型,分别为:技术型、管理型、独立型、稳定型、创业型、奉献型、挑战型、生活型。感兴趣的不妨可以上网搜索一下问卷进行测试。

有人说,事业成功从第一份工作开始。或许我们不能像洛克菲勒这样"从一而终",但每个人都应该重视自己的第一份工作,它会影响你的整个职业生涯。

2 参加面试:你是否作好了准备

面试是企业挑选职工的一种重要方式,是应试者的知识、能力、经验得以充分展示的机会。想要进入一家心仪的企业,除了个人的真才实学,面试阶段的出色表现也是一个决定因素。

我们常说,机会只留给有准备的人。面试前进行一些准备是必须的,许多人认为不外乎是服饰礼仪、个人简介和一些常规问题的准备。但这样真的足够了吗?

姜子牙大半生穷困潦倒,不得志。他得知文王姬昌正在广纳人才的消息之后,便不辞辛劳来到周的领地渭水之滨,主动成为一个"应试者"。到了那之后,姜子牙在提高自己知名度上下了很大工夫,把"渭水河边有个钓鱼的穷老头能断人生死"这个消息宣传得家喻户晓。而后,他又玩起了行为艺术——用直钩钓鱼,钩子上不挂鱼饵,并且离水面有三尺高。这种奇特的钓鱼方法惊动了姬昌,他先后派出士兵和官员邀请,都被拒绝了。姬昌于是吃了三天素,带着厚礼,亲自诚心去聘请他,并当场委以重任。

这个故事乍一看,是面试方与应试方角色互换了,实际上,是姜太公抓住了"面试官"的心思,知道姬昌喜欢什么样的人。要知道,古人对奇人很尊重。姜太公这种钓鱼方法,让姬昌认为这个钓者必然是位满腹韬略的世外高人。后来,姜子牙确实帮助文王和他的儿子推翻了商纣统治,建立了周朝,也有了这样一句歇后语:姜太公钓鱼——愿者上钩。

换一种方式,姜太公是否还能获得姬昌的器重?或许未必。

这给我们的启示是,我们要为自己准备最合适的应聘方法。面试前,我们往往会进行一些准备,自我介绍、礼仪等这些不必多说,但很多人往往会忽略对企业的认识,不清楚企业需要什么类型的人才。要让面试最大程度地成功,需要对面试企业的各方面进行了解,例如企业宗旨、文化等,这些要素决定了我们应该如何介绍自己,如何与面试官交谈,如何表现自己。

我们再看另一个相反的例子。

孔子的面试经历是坎坷的。我们都知道,孔子博学好礼,他在20多岁时就有了远大的政治抱负。尽管他在鲁国担任司寇多年,却一直没有得到重用。55岁时,他带着学生周游列国,希望能够得到符合他能力的职位,受到重用,以便于推行儒家的政治主张。但是,他提倡的"施仁政"等主张在当时黩兵武的诸侯列王眼中并没有什么用处。因此,尽管孔子先后到卫、曹、宋、郑、陈、楚等列国"面试"多次,都没有得到重用。不仅如此,他还曾经身陷绝境,差点丢了性命。

孔子没有才能吗?当然不是。《论语》记录了他的智慧。那么为什么一个能言善辩、智慧博学的人得不到重用呢？很大一方面原因就是他没有摸清列国的需求。春秋时期，列国诸侯更希望的是能够夺得天下。孔子的定位并不是列国最急需的角色，他们更需要的是既能保护本国，又能攻下他国的方法，更倾向于强大的军事力量和策略。而孔子的主张是通过富国强民、教化民众建设礼乐和谐的社会。

这个故事告诉求职者，面试前要摸清用人单位真正的需求，针对企业的需求进行充分的面试前准备。企业是带着自己的宗旨和目标生存的，不希望招收无用的人；而对企业"有用"的人，就是要能将自己的才干、知识转化为符合企业需求的技能，转化为产出。

这并非"狡黠"，当你作足了准备时，在短短几分钟内足以让你有效地表现自己，为面试成功奠定基础。那么，求职者具体应该如何准备？

在面试之前，求职者先要大致了解自己应聘的公司情况、宗旨、企业文化等基本信息，知道所面试的职位和该行业通常的风格，摸索、理解企业的需求。只有了解了这些，才能得体自如地应对面试，这样通常会给面试官留下良好印象，同时也给他们传达一份信息：这位面试者非常诚心地想要获得这份工作。

另外，我们也列举了一些容易被忽略的小细节，做好这些能够帮助求职者给面试官留下更好的第一印象。

第一，把握进门时机。通常情况下，面试时面试官会喊你的名字，然后你再敲门进入。如果没有人通知，即使前一位面试者已经结束，你也要在门外等待，不要擅自走进面试房间。敲门的力度要恰当，以里屋的面试官听到为宜，敲两至三下是较为标准的。你听到面试官说"请进"后，你就可以开门进入了。开门尽量要轻，进门后轻轻将门合上。然后回过身来前倾三十度向面试官微微鞠躬行礼，面带微笑地说"您好"，然后自报姓名。

第二，注意肢体语言。加利福尼亚大学的一项研究表明，第一印象的建立，45%取决于语言交流，55%取决于非语言交流，即肢体语言。肢体语言包括仪表、姿态、神情、动作等内容。肢体语言影响着面试的成败，有时一个眼神或者手势都会影响到整体评分。例如，握手时，笔直地伸出手。握手的力度最好能与对方保持一致，并且将结束握手的主动权交给对方；又如，坐椅子时最好坐满2/3，上身挺直，但不要僵硬，身体略向前倾，双腿并拢，手自然地放在上面，保持轻松自如的姿势，这样既显得精神抖擞，又不给人死板、紧张的印象。

第三,保持距离,尊重他人的私人空间。在两人见面之初,双方对私人空间的要求通常都会较大。如果你靠得太近,对方则会回应以向后靠、侧身,或做某些重复性的动作,譬如击打手指。在人与人的交往中,有一条相当普遍的交际法则:你往往会与较为熟悉的人贴得更近,而与刚刚认识的人保持一定距离。在工作中,人们倾向于与那些和自己年龄相近的人走得更近,而与比自己年长或年幼的人保持一定距离。

正所谓"知己知彼,百战不殆",根据企业的风格和需求更好地"包装"自己,在面试时最大程度地展现自己的优势,留下"最佳第一印象",这样,"offer"到来的可能性也会更大一些。

管理学奥秘

为自己做一面"漂亮的牌子"

面试的时候,面试官往往仅用几分钟就定下了对应试者的印象,所以我们常说第一印象十分重要。

许多人认为这是一件不公平的事。实际上,这种微妙的作用和心理学上的一个效应——首因效应——相关。

首因效应,也称为第一印象作用,或先入为主效应,是指个体在社会认知过程中,通过"第一印象"最先输入的信息对客体以后的认知产生的影响作用。第一印象作用最强,持续的时间也长,比以后得到的信息对于事物整个印象产生的作用更强。

据第一印象来评价一个人的好坏往往会失之偏颇,如果在人员考核时,只凭第一印象,就会被某些表面现象所蒙蔽。这主要表现为两个方面:一是以貌取人。对仪表堂堂、风度翩翩的人容易具有良好的印象,而对其缺点却常常忽视。二是以言取人。那些口若悬河、对答如流者往往给人留下好印象。所以,第一印象在人际交往甚至职场面试中很重要。

因而,我们要学会为自己制作一个"漂亮"的牌子——将自己最好的一面展示出来。

对于大多数求职者来说,面试是企业对其第一印象获取最直接的方式,怎样积极准备自己的面试,并通过建立良好的第一印象来获得企业的肯定,是求职者需要关注的。

3 职业规划：职场永恒的第一话题

很多年轻人在离开校园、踏上社会之时，正是处于人生的岔路口。面对工作，往往没有计划。"计划赶不上变化"已经成为这些人对自己缺乏策略性的职业生涯规划找到的最大的借口了。

他们有些人甚至以"自由派"自居，在他们看来似乎任何规划和思考都是没有必要的，随心所欲，想做什么就做什么，选择职业的时候只要按照自己的感觉就好了。终于有一天，他们在经历不断在自己现有岗位上的原地踏步和周而复始机械地重复着每天的朝九晚五后，终于感觉到迷茫，逐渐迷失了自己的方向。"自由派"沦为"迷茫派"。

通常是那些有着清晰规划的人们能走得更远，从古代到现代，从官场到职场，一直都是如此。

关于规划，有这样一个故事。

有一个年轻人出生在美国乡村，家里一贫如洗，所以他只接受过很短时间的教育。

15岁那年，为了养家糊口，他远离家乡去往一个乡村做马夫。但这并没有阻止他的雄心壮志，他为自己定下的目标是：功成名就，成为大老板。

18岁时，他有机会去了城市，在钢铁大王卡内基的一个工厂打工。在那儿，他逐渐为自己定下了发展规划和路径：首先，成为同事中最优秀的人，再踏入管理人员的阶层，在公司里做到自己所能及的极限。最后，根据能力和资源，自己创业当老板。

沿着自己的规划，他自学建筑知识，一年后，由于出色的表现，他被经理提拔为技师，随后一步步提升到总工程师的位置。25岁那年，他成了这家公司的总经理，可以说是在这家公司做到了极致。

再后来，由于工作热情和自身才能，他被卡内基钢铁公司的合伙人琼斯看中，成为他的副手。两年后，琼斯在一次事故中丧生，他理所当然地接任了厂长一职。又过了几年，他被卡内基直接任命为钢铁公司董事长。

最后，他凭借已有的能力、人脉和资源，筹资建立自己的企业，完成了当初的规划。这是个真实的故事，这个年轻人就是美国钢铁巨头伯利恒钢铁公司的创始人齐瓦勃。

在这里，我们并不是要强调勤奋、刻苦、努力等因素，也不否认这些确实是他成功的重要原因。同时,他对职业道路的规划和目标的设定,也起到了举足轻重的作用:规划和设定的目标指引着他应该如何去努力,如何去发展。

人不无短见,但一定要有长期眼光,职场中人如果没有长期的战略眼光就不可能实现自己的职业巅峰。这种长期战略眼光,我们称之为职业生涯发展规划。大仲马说:"生活没有目标,就像航海没有罗盘。"在职场亦如是,但规划却往往被自信而缺乏社会经验的年轻人所忽略。

初入职场的新人,该如何为自己规划职业道路、制定目标呢?对此,有这样几点建议可供参考:

第一,要了解自己。了解自己,就是对自己实事求是地进行全面评价。要了解自己的性格、特长和兴趣,也要了解自己的优势和劣势,这样才能清楚自己适合进入什么行业,从什么职业开始。这有利于摆正心态,不要过高估计自己,也不必妄自菲薄。

第二,要了解行业,无论是自己身处的还是想踏入的行业。行业的发展也是影响个人发展的重要因素,摸透了现实,根据行业发展去规划自身职业发展,规划才具有实现的价值。

第三,分析自己现处的位置以及手中的资源。这一步能够让自己清楚规划该从哪里开始,下一步要怎么走。

第四,设定合理的目标。在规划中,要制定一系列的目标,目标的达成能激励一个人继续去完成整个规划。合理的目标不是伸手即可得,也不是怎么努力都无法达成,而是根据自身条件,进行一定程度的努力可以达到的,否则只能称之为瞎想、妄想。并且合理的目标需要长期、短期相结合,期限太短,会显得过分复杂;期限太长,就达不到激励的效果。

第五,明确规划背后是否有充分的理由支撑。有时候,动机比起目标更是一种激励。

管理学奥秘

职业生涯规划之路

个人职业生涯管理(individual career management,ICM)也称自我职业生涯管理,是以实现个人发展的成就最大化为目的,通过对个人兴趣、能力和个人发展目标的有效管理实现个人的发展愿望。即在组织环境下,由员工自己主动实施的、用于提升个人竞争力的一系列方法和措施。自我职业生涯管理的重要性对于个人来说,关系到个人的生存质量和发展机会;对于组织来说,关系到保持员工的竞争力。

每个人的职业生涯的发展都要经历几个阶段。由于每个人接受知识水平的程度、形成的价值取向和偏好存在差异,所以在不同年龄阶段所处的职业生涯阶段也不同。职业生涯发展可分为五个阶段:成长阶段、探索阶段、确立阶段、维持阶段和下降阶段。

在成长阶段,个人通过对家庭成员、朋友、老师的认同以及与他们之间的相互作用,逐渐建立起自我的概念。在探索阶段,每一个人将认真地探索各种可能的职业选择。他们试图将自己的职业选择与他们对职业的了解以及通过学校教育、休闲活动和个人工作等途径所获得的个人兴趣和能力匹配起来。确立阶段是职业发展历程中最重要的一个阶段,人们通常愿意(尤其是在专业领域)早早地将自己定位在某一职业上。然而,在大多数情况下,这一阶段的人们仍然在不断地尝试与自己最初的职业选择所不同的各种能力和理想。通常情况下,在这一阶段的人们第一次不得不面对一个艰难的抉择,即判定自己到底需要什么,什么目标是可以达到的以及为了达到这一目标自己需要作出多大的牺牲和努力。在这个阶段,往往容易跳槽和离职。下降阶段,人的健康状况和工作能力都在逐步衰退,职业生涯接近尾声。许多人都不得不面临这样一种前景:接受权力和责任减少的现实,学会接受一种新角色,学会成为年轻人的良师益友。

常言道:凡事预则立,不预则废。在职业生涯道路上更是如此,客观、合理的规划能够为自己的职业道路指引方向,选择正确的方向,走出人生关键的一步。

4 走出校园:坚持是一门必修课

有调查显示,国内大多数年轻人的第一份工作并不是其最理想的工作,也不是在其最理想的单位,前面说到的缺乏规划、选择是一方面原因,现实中常有的就业"寒冬"则是另一方面原因。因而,许多人第一天上班的时候,就琢磨着"跳槽吧,这儿不适合我",甚至不少人在面试的时候就表示自己没打算在这里长干。

  这反映出我国新一代员工和老一辈员工有着明显的差异。

  20世纪80年代以前出生的人,所接受的教育普遍强调:"吃苦耐劳""勤俭节约""重义轻利""安分守己",讲究"多奉献、少索取""重集体、轻个人",经典口号是"我是一块砖,组织想往哪里搬就往哪里搬""要做螺丝钉,组织想往哪里拧就往哪里拧"。而现在的80后、90后,受到更开放、更多元的教育培养和文化冲击,更加有个性,有自己的想法。他们的学习能力更强,脑子也更"活络"。因此,老一辈员工比较安定,常常会在一个岗位上兢兢业业,一待就是一辈子,企业指派他去哪就去哪,想着跳槽的不多;而新一代员工流失率高,他们更注重自己想要什么,宁愿承担风险,也不愿意忍受不理想的工作和岗位。同时,他们没有经历过艰苦的生活,在他们择业时总有着这样那样的考虑:工资太低的工作不乐意干;一线的、吃苦的工作收入低,环境还差,更不乐意干。

  当然,年轻人的这些特质也有可取之处,比如积极进取,自我意识很强,不随波逐流。只是,在职场上,这种不遂心愿就放弃的态度,可取吗?

  我们先看一个寓言故事。

  在一座庙宇里,住着三个和尚,老和尚是住持,两个小和尚都是老和尚下山收来的徒弟。两个徒弟都一心向佛,十年如一日。老和尚的身体日渐衰弱,他在自己圆寂前,选出了其中一位徒弟做住持。

  后来,新住持的一位弟子问他:"师傅,师尊当初为什么选您做住持呢?"住持想了想,说:"我不过是天天都用力敲钟、大声诵经,师傅大概是知道我从来没有懈怠吧。"弟子若有所悟,于是也日日念佛、敲钟,不忘向师傅请教。数年之后,他也成为新的住持。

  日复一日地敲钟、诵经,不算是有趣的工作,但他没有懈怠过。在这儿,并不是要鼓励一个人一直待在一个岗位、一家公司里,只是想表达,在坚持的过程中,是会有收获的。

  对于职场新人来说,坚持是一门必修课。既然选择了一份工作,那么至少在签约的时间内,要坚持将它做好。在工作过程中,或许会有琐碎的小事、枯燥的重复,这往往是一种磨砺。既要发挥80后、90后"活络"的思维,在坚持中学习;也要学习60后、70后的品质,能吃苦,能耐劳。

管理学奥秘

职场新人的坚持之道

如何坚持,如何学习?我们给出了两个观点,对于这两个观点,坚持是前提,然后才会有所得。

首先,先做人,后做事。就职后,新员工都希望能够快一点学到新知识和新技术,早日被委以重任。但对于企业来说,大部分老板都表示,职场新人应该先学习的是社会经验,特别是为人处世的态度,这需要员工在工作岗位上沉下心来,慢慢成长,不是一下子就能练成的。例如,说话不要总是逞一时口舌之快,要考虑他人感受,考虑所处情况。又如,年轻人总喜欢把工作分得太细,只愿意做自己那块,而实际上,尽管单位有相应的岗位职责,但组织公民行为也是企业所需要和提倡的。

其次,先找准位置,再谋求发展。作为职场新人,要清楚自己的定位。有些新人,特别是一些才华出众的人,容易自傲,得不到重任,就想走人。其实作为新人,要明白的是自己首先是作为"苗子"而非立马成为"骨干",可能需要接受修建(批评)、培育、锻炼,因此心态需要放平和,以谦逊的态度去学习,耐心对待工作。例如,最初,可能会接受一些一线的工作,这是职场新人蜕变中可能会经历的一环,没有必要抱怨。职场新人也要明白,哪怕自己很聪明,也不能恃才傲物,必须对别人保持充分的尊重和理解。

> **微点评** 毛泽东曾经说过,坚持就是胜利,这句话同样适用于职场。韦尔奇之所以能够在最初论资排辈的通用公司,从普通职员上升到 CEO,得益于两个字:坚持。

第二节 职场必修课——进入职场后,你该知道的

当正式踏入职场,每个人都期待更好的发展,如晋升。不过,要发展,先生存。要生存,则要真正融入组织,学会合作,担负起责任。要提升"员工力",有一系列的必修课……

5　初入职场：度过"蘑菇期"

管理学上有个定律叫"蘑菇定律"，是指初入世者常常会被置于阴暗的角落，不受重视，仅仅是打杂跑腿，就像培育蘑菇一样还要被浇上大粪。蘑菇想要生长，必须经历这样一个过程。人的情况是类似的，特别是在职场，可能会遭遇各种无端的批评、指责，也可能代人受过，得不到提携，甚至备受冷落。每个人都可能遭遇到可怕的"蘑菇期"。

有个女孩，从斯坦福大学法学院毕业后，风华正茂的她第一份工作是在一家地产经纪公司做接线员，每天的工作就是接电话、打字、复印、整理文件等这些非常简单、单调的琐事。尽管父母和朋友都表示支持，尊重她的选择，是她的坚强后盾，但很明显这并不是一个斯坦福大学的优秀毕业生应做的事情。如果换作他人，也许就会去找寻更好的工作了。而她毫无怨言，在简单的工作中积极学习，提高自己各方面的能力。

一次偶然的机会，几个经纪人问她是否还愿意干点别的什么，于是她得到了一次撰写文稿的机会。她紧紧地抓住了这次机会，她的人生也从此改变，从一个经常被人忽视的普通秘书到管理一个占公司六成收入的部门的行政总监，再到一家具有全球影响力的大公司的首席执行官。她就是卡莉·费奥丽娜，惠普公司前CEO，也被尊称为世界第一女CEO。她成功地度过了自己的蘑菇期，获得成长。

并不是每个人在职场上都能一帆风顺，遭遇到"冷落"是很可能发生的。如果这些社会新人明白蘑菇管理的道理，就能从最简单、最单调的事情中学习，努力做好每一件小事，多干活少抱怨，更快进入企业角色，赢得前辈们的认同和信任，从而较早地结束蘑菇期，进入真正能发挥才干的领域。

一个组织，一般对新进人员都一视同仁，无论你是多么优秀的人才，都只能从最简单的事情做起。在工作岗位上磨砺自己，是成功的第一步。并且现在的许多企业也会给予"蘑菇们"成长的机会，如培训、轮岗等。

总的来说，要理解蘑菇定律，需要明白以下几点：

（1）初出茅庐不要抱太大希望：当上几天"蘑菇"，能够消除我们很多不切实际的幻想，让我们更加接近现实，认清现状；

（2）耐心等待出头机会：千万别期望环境来适应你，做好简单的工作，才有机会干一番真正的事业；

（3）争取养分，茁壮成长：要从做蘑菇的日子中吸取经验，不断学习，逐渐成熟。

就业寒冬已经来临，许多刚出校门的毕业生由于没有从业经历，很难找到满意的工作，于是有些人选择了先就业后择业的道路。在社会上工作和在学校里生活有天壤之别，首先需要的就是磨去棱角，适应社会，把年轻人的傲气和知识分子的清高去掉，摆正心态，放低姿态。职场新人如果明白蘑菇定律的道理，就能努力做好每一件简单的事，多干活少抱怨，更快进入企业角色，赢得前辈们的认同和信任，从而较早地结束蘑菇期，进入真正能发挥才干的领域。

管理学奥秘

像蘑菇一样成长

"蘑菇管理定律"一词来源于20世纪70年代一批年轻的电脑程序员的创意。由于当时许多人不理解他们的工作，都对他们持怀疑和轻视的态度，所以年轻的电脑程序员就经常自嘲"像蘑菇一样地生活"。电脑程序员之所以如此自嘲，这与蘑菇的生存空间有一定的关系。

蘑菇的生长特性是需要养料和水分的，但同时也要特别注意避免阳光的直接照射，一般需在暗角落里培育，过分的曝光反而会导致过早夭折。而那时候社会对于程序员工作的态度就好比蘑菇的养料——程序员要工作、要生存，必然离不开社会，有了社会的关注，那些程序员才能生存，这个行业才能发展。

后来这个词就发展成为管理学中组织或个人对待新进者的一种管理心态。新进者常常被置于不受重视的部门，或者只是做一些打杂跑腿的工作，有时还会受到无端的批评、指责，得不到必要的指导和提携。这种情况与蘑菇的生长情景极为相似。

但是，过早的重视和提携也并不一定就是好事，在能力还不足的时候被推上风口浪尖，恐怕无法承担相应的压力。当我们成为一株"蘑菇"，一定要经受住现实的考验，在属于自己的角落里吸收养分，累积经验，等待机会，最后接受阳光的洗礼，收获成长的愉悦。

> **微点评**
> "天将降大任于斯人也,必先苦其心志,劳其筋骨,饿其体肤。"对于职场新人来说,蘑菇期的寂寞与无奈,却也能够让我们清晰看见实际工作与理想预期之间的落差。我们必须坚持不懈,不断学习,累积经验,取得进一步的提升。

6 面对制度:没有规矩,不成方圆

企业的规章制度,广义上指的是员工守则、员工行为规范以及员工管理制度等一系列条条框框。

规矩是一件说大不大,说小不小的事儿。说它大,企业的每一处,都由规章制度支撑着;说它小,它不常被提起,有时候,员工们更把它视为一种"惯例",大家都遵守,那么我也遵守,有些无伤大雅的小条小框,别人偷偷地不遵守,那我也就睁一只眼闭一只眼,随它去吧,上级面前做做样子就行。

到底应该如何看待规章制度?

春秋时期,齐国出了一位大军事家,名叫孙武。后人把他称作孙子,尊为"兵圣"。他写的《孙子兵法》十三篇至今还有很广泛的影响。

《左传》中有一则故事叫"孙武练兵"。吴王召见孙武时,见孙武谈论带兵打仗之事颇有见解,便有心出一个难题来考验孙武的实际练兵能力。吴王命侍卫挑选了一百名宫女,交给孙武训练。

孙武选出吴王的两个宠姬担任队长,然后将队列训练的要领一一讲给宫女们听。但他一喊口令,宫女们就乐不可支,嬉笑打骂,乱作一团,谁也不听号令。孙武再次讲解了要领,并要求两个队长以身作则。可是当他再次喊起口令时,宫女们依然满不在乎,作为队长的两个宠姬更是笑得肆无忌惮、花枝乱颤。于是,孙武严肃道:"这里不是王宫,是演武场;你们现在不是宫女,是军人;我的口号就是命令,军令如山,不得玩笑。不按口令操练,就是违抗军法,就要军法处置。两个队长带头不听指挥,理应斩首。"说罢,便叫武士上前将两个宠姬杀了。

宫女们顿时吓得不敢吱声,孙武再喊口令时,她们都乖乖地按口令行事。很快,宫女们便在口令下步调、动作整齐划一。

训练初见成效,孙武派人请吴王检阅,吴王虽然为失去两个宠姬而惋惜,但是他发现孙武确实有将帅之才,对他说:"先生的带兵之道我已领教,由你训练出的部队一定纪律严明,百战百胜。"不久,孙武就被任命为将军。

在孙武"经理"两次三令五申后,"员工"们仍然视法令如摆设,这时孙武"经理"只好依法办事——采取惩罚措施(斩杀两位队长),但同时也涉及一个很棘手的问题——要处罚的两位队长是与"老板"私交甚深的人(最宠爱的姬妾),这该怎么办？是要明哲保身还是要维护企业规章制度的最高权威？孙武"经理"这时表现出了以大局为重,坚持企业规章制度面前人人平等的训练有素的企业"经理"形象。也正是通过惩罚冲破任何特权的干扰去执行,才树立了企业规章制度的权威——对任何人具有相同的约束力。

规章制度之于企业来说,就像纪律之于军人,是基础、是根本。"没有规矩,不成方圆",如果说企业是一个黑箱,那么规章、制度就是支撑着它的架子。它的重要意义在于,对于每一位员工,上至高层、下至最低级别的人物,都是一视同仁的。

对于新员工来说,初入一个陌生的职场环境,学习和执行规章制度尤为重要。它是让你全面了解一个公司最直接的途径和手段。它不仅仅是向你陈述公司的价值观,让你了解企业文化,同时让你更直观、更清晰地了解在公司所拥有的基本权利、应履行的责任和义务,能够帮助你更快地适应新的工作环境,迅速地融入团队,愉快地开展工作。

对于入职一段时间后的老员工来说,认真学习和遵守规章制度,可以明晰工作流程和工作权限,保证日常工作的顺利和高效,减少和避免工作的错误。遵守工作程序,也能充分保护员工的个人利益。同时,提升自身职业化水平,促进自身与企业的共同成长与发展。

管理学奥秘

"5C 法":我们需要什么样的"规矩"？

员工要遵守规矩,企业也要拿出合理的,利于企业生存、个人发展的规矩,而不是让规矩成为压抑人个性和权力的"大山"。德勤最新的一份调查报告指出,公司给员工定下太多的条条框框会阻碍其发展。这份名为《改变一贯的方式:释放生产力》的报告提出,符合员工所希望的、期盼的合理"规矩"应该这样产生。

我们可以用"5C 法"来描述。

净化(cleanse):砍除琐碎的或者荒谬的条条框框。

挑战（challenge）：挑战现有的制度，不再问"可能会做错什么"，而是考虑"必须做对什么"。因为考虑过多可能出错的事情，会导致产生一大堆规矩，而改为关注做对什么，则是大幅度减少繁冗的规章制度。

创造（create）：创造课题，同时关注绩效，并遵从规则的文化和行为——至少要让组织的制度和业务目标保持一致。

改变（change）：改变一贯的方式，变革制定新规矩与评估旧规则的方式。

资本利用（capitalise）：根据该报告，改变后的规章制度能让员工更加自由地发挥他们的工作热情。

> **微点评** 俗话说："没有规矩，不成方圆"，大到一个国家，小到一个公司，都会有其不同类型的规章制度。对于任何一个职场人来说，遵守公司制度也是职业精神的一种体现。

7 进入环境：谁都要融入集体

对于社会新人、职场新人来说，进入新的工作环境、面对新的同事，难免会有一些陌生、胆怯、徘徊，甚至是抵触，把高傲自闭当成是一种自我保护。这些都是正常的心理反映，可以理解。

然而，这种心理反映对新工作是不利的。具体可能表现为与新环境的水土不服，难以快速融入新群体并展现自己的能力。其实，可以说这是一种非常普遍的现象，尽管有些职场新手有着初生牛犊不怕虎的精神，但是面对全新的人生体验、社会考验，往往会感到迷茫，不知所措。如果这种状态长期得不到调整，新员工长期无法迈过这道坎，最终，可能出现的结果就是人走茶凉。

史蒂夫·乔布斯作为苹果的创始人，被认为是传奇人物。美国航天工业巨子休斯公司的副总裁艾登·科林斯曾经评价乔布斯说："我们就像小杂货店的店主，一年到头拼命干，才攒了那么一点财富。而史蒂夫几乎在一夜之间就赶上了。"

乔布斯22岁就开始创业了，从一穷二白到坐拥两亿多美元的财富，仅仅用了四年时间，简直是一位创业天才。然而，人们所不知道的乔布斯是一个独来独往，拒绝与人合作的人。

他是一个绝对的独裁者,像是苹果帝国的君主,总是瞧不起手下的员工。他可以因为在电梯中看某个员工不顺眼而让他去办理离职手续;也可以因发现某人的潜能,而对他寄予厚望。苹果公司前CEO斯卡利公然宣布:"苹果公司如果有史蒂夫·乔布斯在,我就无法执行任务。"

最后,董事会作出了取舍。他们选择了善于团结员工、和员工拧成一股绳的斯卡利,乔布斯则被解除了全部的领导权,只保留董事长一职。

在史蒂夫·乔布斯回归后,他越来越洞悉人性,不再像年轻时那样我行我素,也不再像年轻时那样热衷证明自己的存在。他从容了许多、淡定了许多,他将对下属的粗暴转化成"你要对得起我对你的信任"的自我激励,选择真正将自己融入苹果。

即便是史蒂夫·乔布斯这样出类拔萃的人,无法融入集体,公司也只好忍痛将其舍弃。对于刚进入职场的员工来说,融入集体更是一个重要命题。

要融入集体,新员工要注意调整自己的心态和表现:

第一,不要把过于强势的一面表现出来,要心平气和、放低姿态。刚进入企业的新人如果表现出过分强势的一面,缺乏对他人的尊重,很容易被排斥,无法融入集体。

第二,不要忽视和同事的沟通交流。初入公司,走入一个完全陌生的环境,事不熟悉,人不熟悉,环境不熟悉,一切都不熟悉,失落和焦躁情绪是任何人都无法抵挡的。因而,运用沟通能力,尽快建立人际关系网,熟悉工作岗位,让自己投入到工作状态中来,是克服这些情绪障碍最好的方法。沟通无疑是每个人进入新公司必须做的事。如果新员工一味将自己封闭起来,拒绝和同事沟通交流,结果可想而知,他们只能被拒于团队之外。

第三,展现出自己的积极主动。对于新员工来说,主动积极的工作态度很重要。创造性的工作是我们一贯倡导的工作方法,主动无疑是催化剂。比如,新员工要主动去了解企业的情况和发展方向,知晓企业的重大决策等。总之,主动积极将会让新员工在工作中有更多的加分。

第四,积极调整心态、提高素质。俗话说,物以类聚,人以群分。最终决定个人能否融入群体的一定是个人的能力与群体是否吻合。因此,如何让自己的个人能力不断得到提升,使得个人的素质和企业的发展动向吻合,也是每位新员工必须思考的。

只要能够让自己融入团队、融入企业,多付出一些努力也是值得的。一个人只有把自己和集体事业融合在一起,才能最大限度地发挥他的力量和价值。在组织中,如果没有集体,很可能会陷入孤军作战的困境,难以进入职场角色。"员工力"越聚集,企业越强大。因此,在职场上不要吝于付出,多为团队利益贡献时间和精力,努力融入,是有价值的。

管理学奥秘

你担任什么样的团队角色?

其实,每个人在团队中都有其重要的位置,"微权力"也要融入团队,才能在所处的位置上发挥最大的作用。这不是权力的压抑,而是权力的爆发。

职场犹如大海,身处其中,每一个人都是一只小船。我们始终都在学习如何更好地掌控自我,强大自我,最终实现自我。这不是一个简单的过程,职场的复杂性和不确定性往往超出我们的想象。因此,进入职场,我们在很多时候都需要倚靠团队,那么必须融入团队,找准自己的位置。

剑桥产业培训研究部前主任贝尔宾博士和他的同事们经过多年在澳洲和英国的研究与实践,提出了著名的贝尔宾团队角色理论——一支结构合理的团队应该由八种角色组成。后经修订,改为九种角色。其基本观点是:一个高效的团队工作有赖于团队成员的默契协作。团队成员必须清楚自己所扮演的角色,同时也要清楚其他人所扮演的角色,了解如何相互弥补不足,发挥优势。成功的团队协作可以提高生产力,鼓舞士气,激励创新。没有完美的个人,但有完美的团队。这九种角色分别是执行者 IMP(Implementer)、协调者 CO(Coordinator)、鞭策者 SH(Shaper)、智多星 PL(Plant)、外交家 RI(Resource Investigator)、审议员 ME(Monitor Evaluator)、凝聚者 TW(Team Worker)、完成者 CF(Completer Finisher)、专业师 SP(Specialist)。网上有相关测评,感兴趣可以搜索。

根据团队角色理论,不同优势的个人以合理的方式组成一个团队,不但能实现互补,提升绩效,还能激发创新。每个人都不应该妄自菲薄,而应该将自己置身于团队中,努力成为团队力量的贡献者,这不仅是在帮助团队提升,也是在让自己成长。

> **微点评** 新员工之所以要融入集体,就是要发挥好 1+1>2 的团队合作。孙子兵法云,上下同欲者胜。只有当全体员工朝着共同的愿景努力,团结协作,方能无往而不胜。

8　团队合作:信任是关键要素

"一个篱笆三个桩,一个好汉三个帮"。成功学大师拿破仑·希尔说:没有他人的协助与合作,任何人都无法取得持久性的成就。当两个或两个以上的人在任何方面相互联合起来,建立在和谐与谅解的基础上之后,这一联盟的每一个人将因此倍增其成就事业的能力。

大雁排成人字形或者以一字形在天空中飞翔,是因为它们这样团结起来,比每一只大雁单独飞行要节省超过10%的体力。人类也是这样,合作带来共赢。

赤壁之战前,刘备其实已经走投无路,他抱着"战亦死,不战亦死"的心,不如一战而死。孙权见曹操气势汹汹,刘备若被灭亡,下一步必然轮到自己。如果两人不联合,江东难保,此时只能"背水一战"了。

在赤壁之战前夕,表面上,曹操乘胜之威,以数十万大军压到长江。但实际上,形势已经发生变化,敌方紧紧团结,以死相抗,曹操的胜算并不大。最后,赤壁之战,终于奠定了"三分天下"的局面。孙刘两家随后发展很快,他们尝到了合作的甜头。

而在现代,如微软公司,像 Windows 2000 这样产品的研发,有超过 3000 名开发工程师和测试人员参与,写出了 5000 万行代码。没有高度的团队精神和默契一致的团队协作,这根本是不可能完成的任务。

团结合作会带来更好的结果,战场如此,职场亦然。进入企业,跨入部门,团队合作是员工必然要学会、要经历的。现在,企业中的年轻员工大多是独生子女一代,受到社会大环境与家庭小环境的影响,自我意识很强,团队意识稍稍缺乏。试想,如果一个项目布置到了团队头上,员工没有合作意识,只想着自己的利益与如何避开工作,势必会拖垮团队、拖垮公司。

因此,团队合作是新一代员工必须适应、学会的。在企业中,如何进行团队合作?

相互信任是团队精神中最重要的一点。想要成为一个高效的团队,最为核心的条件是相互信任。在一个基于信任的团队中,工作效率和工作热情也会随之高涨,人人都会为团队的共同目标努力。

有一个故事想必许多人都听说过:三只老鼠偷油喝。

三只老鼠同去偷油喝。油缸很深,它们单独是够不到油的,于是它们就只能一只老鼠咬着另一只老鼠的尾巴,首尾相接吊到缸底去喝油。三只老鼠商量好,轮流下去喝油。

但是具体实施起来,每只老鼠的心里都各有算计。先下去的老鼠心里想:"这么多油,我先下去喝,可以多喝点,喝个痛快。"中间的老鼠想:"油看上去不多了,万一前面的老鼠喝完了,我怎么办?我还是把他扔下去,自己跳下去喝吧。"最上面的老鼠心里也打着小算盘:"油就这么一点,等他们俩都喝完了,我还喝啥呀?再说了,万一他俩喝完就走了撇开我怎么办?不如我现在就放下它们,自己跳下去喝个饱。"

于是,中间的老鼠丢下前面的老鼠,最上面的老鼠也放开中间老鼠的尾巴,都掉进了油缸里。结果,三只老鼠都被困死在里面。

三只老鼠互不信任,不仅团队任务——"偷油"宣告失败,连整个团队都覆灭了。在职场,员工必然会参与到团队合作之中,此时,员工必须明白,团队合作需要相互信任。如果只从自己的角度出发,不考虑团队的得失,团队工作失败的可能性就很高,最后,反而自己也无法获益。因此,身处团队却自私自利实际上是一种"短视"行为。

信任可谓是团队合作的基石。关于更好地建立团队,有一些建议。

(1)把自己的目标和团队目标相结合。实现职业成功需要个人的力量,更需要团队整体的合力。团队并不是一群人的机械组合。团队的最终效果是实现1+1>2的合力,而不是1+1=2的简单叠加。因此,将个人目标与团队目标联系起来,实现个人与团队的双赢。

(2)多与成员进行有效的沟通。优秀的团队一定是一个沟通良好的团队,因为沟通带来理解与信任,理解和信任带来合作。

(3)有责任心地扮演好团队中的角色。首先,对于自己在团队中要有明确的定位,要清晰地认识自己在团队中的职责;其次,要不折不扣地完成自己承担的责任;最后,也是最重要的一点,就是要懂得与他人协调、合作。

管理学奥秘

三个臭皮匠如何才能顶一个诸葛亮?

为什么要说信任?从管理学的角度来说,那自然是信任带来高绩效。我们常说"三个臭皮匠顶一个诸葛亮",什么时候能顶得上?前提是他们之间相互信任、相互合作,共同出谋划策,否则也不过是"三个和尚没水喝"

罢了。

学术界关于团队信任的研究，多集中于团队信任有助于减缓冲突，改进冲突模式或提高凝聚力来促进团队绩效等方面。①

例如，信任可以减少控制，增强处理问题的能力，并增强团队资源的利用率，从而提高团队绩效。又如，信任提高了团队内的任务冲突，同时降低了关系冲突，从而提高了团队绩效。其实换言之，就是信任让"微权力"个体的作用不被资源、人际"框死"，反而更大化了。

这就是为什么信任在团队合作中起着关键的作用。因此，对于个人也好，对于企业的人力资源管理实践也好，观念和做法、政策和措施应当更多地关注是否能有效地提升团队的信任水平。

> **微点评**　"一只蚂蚁来搬米，搬来搬去搬不起，两只蚂蚁来搬米，身体晃来又晃去，三只蚂蚁来搬米，轻轻抬着进洞里。"这与"三个和尚没水喝"的结果截然不同，这就是团队合作的力量。

9　高效工作：学会设定工作目标

开篇已经说到了职业规划，其中，目标的设定就是一个不可或缺的话题，大目标的设定又离不开一个个小工作目标的设定，完成这些目标，才会实现职场上一步步的大跨越。

相信大家都看过《杜拉拉升职记》。杜拉拉凭借着职场生存智慧，在残酷的职场丛林中生存下来，并且在短短的几年内从一个普通的销售助理，迅速成长为一名专业干练的 HR 经理。那么，杜拉拉是如何确定工作中一个又一个目标并去完成，从而一步步上升的呢？

我们以杜拉拉的视角来叙述这个故事：

我刚来这家公司的时候，发现我的行政主管很年轻，不太相信这个主管的能力。两周的接触使我改观，觉得她的潜力很不错，是个当官的好苗子，但缺乏实际工作经验。但在设定本年度工作目标时，她的计划几乎找不到可以量化的标准，这样势必导致年终时不知道工作绩效如何衡量，而且她自

---

① 赵修文，袁梦莎. 团队信任与团队任务绩效和周边绩效关系的实证研究[J]. 中国人力资源开发，2011，11：100—103.

己在日常工作中对员工的要求也不明确,于是我给她做了一次辅导。

行政主管跟我说很多工作都是琐碎的,很难量化。她举例说公司对前台的要求是要尽快接听电话,怎样衡量"尽快"？我告诉她比如接听的速度,通常理解为三声起接。就是一个电话打来,响了三下就要接起来,以免让打电话的人等太久。前台要礼貌专业地对待客户,做到怎样才算是礼貌专业呢？她可能正在接一个三言两语打发不完的电话,送快件的又来让她签收,这时边上站着的来访者可能就出现好几分钟干站着没人搭理的现象。我告诉她前台应该先抽空让来访者在客厅的沙发上先休息下,再继续处理手中的电话,而不是做完手上的事再处理一下,这才叫专业。没有量化很难衡量前台到底怎样才算接听好了电话或者礼貌接待了访客。

行政主管接着问道,电话系统的维护商告诉我们要保证优质服务,那么什么样的服务是优质服务呢？我告诉她优质服务是个很模糊的概念,具体点,就是保证对紧急情况,正常工作时间内四小时响应。那么什么是紧急情况,比如1/4的内线分机瘫痪。

那么,什么样的目标才是有意义的呢？你让一个没有什么英文基础的初中生一年内达到四级水平,就不太现实,这样的目标就是没有意义的。但让他在一年内把新概念一册拿下就有可能,他努力地跳起来能够到果子,才是意义所在。

毕竟是岗位目标的设定,要和岗位职责相关,不要跑题。比如一个前台,让他学点英语以便接电话时用得上,就很好。而让她去学习管理学,就有点跑题了。

最后就是工作的期限。比如,你想让下属的英语达到四级。你平时问他有没有在学,他回答说一直在学,而到了年底,还在二三级,那么这个目标就失去意义了。假如规定他在今年的第三季度通过四级,结果可能会不一样。要设定一个合理的目标完成期限。

听完之后,行政主管微笑着说:"我知道了,以上过程就是制定目标的SMART原则吧,用这样浅显的例子来说明,我以后知道该怎么做了。"

SMART原则是在工作目标设定中普遍运用的原则,无论是制定团队的工作目标还是员工的工作目标都必须符合上述原则,五个原则缺一不可：S是special；设定目标时要具体,不能是抽象的；M是measurable：目标是可衡量的,要量化；A是attainable：设定的目标要高,要有挑战性,但一定是可达成的；R是relevant：设定目标要和该岗位的工作职责相关；T是time bounding：

对设定的目标要规定什么时间内达成。

这个原则对于职场新人来说非常实用,利用 SMART 原则为自己设定合理的工作目标,不仅可以提高自己的工作效率,也能够一步步地去实现自己最终的职业规划。

管理学奥秘

深层解读 SMART 原则

SMART 原则是管理学上用以设定目标的常用原则。

SMART 为几个英文单词的首字母合写,代表不同的含义,即具体、量化、可达成、相关以及时间限制。那么具体实施起来,这些原则又代表怎样的做法呢?

在这些原则中,量化即目标应该是清楚明确而不是模糊的。如果目标无法量化,就不能确定是否达到了目标。如果没有一个量化标准,具体的执行者就会少做工作,尽量减少自己的工作量和为此付出的努力,因为没有具体的指标约束工作应该达到什么程度。

所谓具体,就是目标与责任人的工作职责或部门的职责相对应,目标的工作量、达成日期、责任人资源等,都是一定的,可以明确的。即明确做什么,达到什么结果。

所谓可达成,就是目标要设定在部门和员工个人的可控范围之内,而且透过部门和个人的努力可以达到。一方面不要过高估计达成目标所需的条件,如技术条件、硬件设备、员工个人的工作能力,制定不恰当的工作目标;另一方面不要把非努力因素所能解决的问题,主观地认为能够解决。

相关性则很好理解,就是目标要与企业方针高度相关,体现出目标从上而下的传递性。如果实现了这个目标,但与其他目标完全不相关,或者相关的程度很低,那么这个目标即使达到了,意义也不大。

最后是时间限制,目标是以时间结点为基础的,任何一个目标都应该考虑时间结点的限制。没有时间结点的目标没有办法跟踪评价。

> **微点评**
>
> 如果你去翻阅众多成功学的书籍,你会发现明确目标对于获得成功的重要性。在职场中,对于员工来说同样如此。正如一句话所言:没有目标的人永远要为有目标的人工作。

第三节　职场沟通与人际交往

10　沟通法则：第一步是勇敢

美国著名未来学家奈斯比特曾指出："未来竞争是管理的竞争，竞争的焦点在于每个社会组织内部成员之间及其外部组织的有效沟通上。"我们所说的职场沟通，主要指的就是企业成员之间的内部沟通。

企业管理中有个著名的"70%"观点。第一个70%是指企业的管理者，实际上70%的时间用在沟通上。开会、谈判、谈话、做报告是最常见的沟通形式，对外各种拜访、约见也都是沟通的表现形式，所以说70%的时间用在沟通上。第二个70%是指企业中70%的问题是由于沟通障碍引起的。比如，企业常见的效率低下问题，实际上往往是有了问题、有了事情后，大家没有沟通或不懂得沟通所引起的。另外，企业中执行力差、领导力不高的问题，归根到底，都与沟通能力的欠缺有关。

所以说，有效沟通对于企业来说有无可比拟的重要性，可以让企业运行得更加顺畅。尽管企业内部的沟通渠道是否存在、是否畅通也是一个影响职场沟通的关键因素，但对于员工来说，学会沟通，增强沟通的有效性，仍然是必不可少的。

在两个人或者多个人的沟通中，言语是一种信息的载体。企业在发展中，规模越来越大，涉及的事务可能也会很复杂，参与的人员也会越来越多。这就需要提高沟通的效率。一般认为，有效沟通，是要求在沟通的过程中尽可能地用最短的时间、最简约的方式，传达最真实、准确的信息。

简而言之，有效沟通中有两个关键之处，一是表达能力，二是沟通技巧。

首先，表达能力可谓是职场沟通的基本桥梁。

如果你有着出色的表达能力，不仅能够和同事、上司顺畅沟通，也能够让你对自己更加自信，不怯于在大众面前谈话、演讲，对职业道路来说，是一项加分的技能。不过，许多刚进入职场的人往往怯与和别人交谈，特别是上司，更不要说在公众面前镇定自若地谈话了。

李开复也有过这样的烦恼。在他刚离开学校进入公司时，因为不适应企业里直来直去、主动沟通的交流方式，也有一段很少与人交流的日子。在一次能力培训课上，李开复要在其他员工面前做出各种表演，得到大家的认同。但其他员工指出,李开复在表达能力上存在缺陷:总是用一些表示不确定的词"可能""也许""大概",眼神闪烁、缺乏自信,显得没有魄力;发言时对自己的观点没有把握,常只是同意别人的观点,容易妥协,放弃自己的想法……

许多职场新人也会有这样的现象,羞于表达自己的想法。但是,表达沟通能力是可以锻炼的。我们认知的李开复能在公众面前侃侃而谈,有条有理又不乏激情,他为此也付出了许多努力。在听到其他员工的评论后,他格外注意提升自己的表达能力。每天练习演讲,风雨无阻。在自我演讲的过程中,练习口才。

要沟通,第一步就是鼓起勇气,敢于沟通,不开口就永远无法表达自己的声音。

对于新晋职工来说,锻炼表达能力也有一些小技巧:

第一,就是敢于讲,自信讲。唯唯诺诺地说话,别人反而难以认同你的话语;自信地表达,别人会正视你的观点。

第二,学习和掌握更多知识是根本。许多人不敢讲,仅仅是因为肚子里少了些"墨水",没有侃侃而谈的资本。和别人说着说着就哑口无言,演讲时往往枯燥无趣,那么就应该多丰富自己的知识。

第三,自我改善。多看他人的演讲、对着镜子练习都可以让员工审视自己的表达能力,不断改善。

再谈谈职场沟通中很重要的一点,即沟通技巧。沟通技巧说的是一些帮助沟通更加有效、吸引人倾听的小贴士。但是职场不同于其他场合,大部分时候,沟通技巧并不是中心,沟通内容才是核心。因此,具体而言,适度的沟通方式和技巧是必要的,但是过分强调沟通方式和技巧反而会让自己在沟通环节付出大量不必要的成本,甚至影响坦诚、开放的沟通氛围,有害而无益。

因此,在职场,通常"大道至简",沟通技巧可以注意这样几点:第一,简明扼要,一语中的,话不在于说多少,而在于抓住重点。第二,考虑对方所处的情境以及对方的特点,说话要有分寸,充分尊重对方。比如说,对方是个外国人,喜欢直来直去,那么就不必打马虎眼,拐弯抹角地说话。

管理学奥秘

沟通的 5W 理论

无论是沟通技巧还是沟通艺术,我们都必须回归到沟通的本质上来。

美国学者 H·拉斯维尔于 1948 年在《传播在社会中的结构与功能》一文中,首次提出了构成传播过程的五种基本要素,并按照一定结构顺序将它们排列,形成了后来人们称为"五 W 模式"或"拉斯维尔程式"的过程模式。这五个 W 分别是英语中五个疑问代词的第一个字母,即:who(谁),says what(说了什么),in which channel(通过什么渠道),to whom(向谁说),with what effect(有什么效果)。如果能明确这几个要素,那么就是一次成功的双向沟通。

其中,"谁"即信息传播者,传播者在传播过程中负责搜集、整理、选择、处理、加工与传播信息。在职场中,每个人都会扮演传播者的角色,我们作为传播者,应该注意保持信息的完整性、真实性和时效性,我们是信息的"把关人",不是造谣者。"说了什么"即信息内容。信息内容是沟通的中心,它是传播者想要传递的全部内容,具有综合性。"通过什么渠道"即传播途径,是传播行为得以实现的物质手段,也可以理解为传播媒介。如果传播途径选择不当,很可能造成新内容的缺失或失真。"向谁说"即是指信息接受者。接受者又称受众,是主动的信息接收者、信息再加工的传播者和传播活动的反馈源,是传播活动产生的动因之一和中心环节之一,在传播活动中占有重要的地位。"有什么效果"即是传播效果,亦称信息反馈。只有经过信息反馈,一个沟通过程才算真正完成。反馈是沟通中必不可少的一个环节,它能让传播者判断信息传递的效果:接受者是否接收到信息,接收到的信息是否完整,是否有偏差,接收者在接收到信息以后作何感想。这样,新的沟通又开始进行。沟通过程不断往复循环,从而形成一个有效的良性的沟通机制。沟通过程中的任何一个环节出现问题,都会导致沟通的中断或终止,造成冲突。

> **微点评** 善于沟通的职场新人往往能够通过良好的沟通效果很快在工作中打开局面,赢得宽松的发展空间,并且有较高的成就感。相反,如若员工不善沟通,沟通不畅,则会经常感到举步维艰,充满挫折感。

11　平行沟通：与同事交流

小贾是公司销售部的一名员工，为人比较随和，不喜争执，和同事的关系处得比较好。但是，前一段时间，不知道为什么，同一部门的小李处处和他过不去，有时候还故意在别人面前指桑骂槐，对跟他合作的工作任务也都有意让小贾做得多，甚至还抢了小贾的好几个老客户。

起初，小贾觉得都是同事，没什么大不了的，忍一忍就算了。但是，看到小李如此嚣张，小贾一赌气，告到了经理那儿。经理把小李批评了一通，从此，小贾和小李成了绝对的冤家。

这是一个关于横向沟通的现实案例。横向沟通，又称平行沟通，指的是与平级之间进行的与完成工作有关的交流，例如：(1) 员工间的沟通；(2) 管理者之间的沟通，通常可节省时间和促进协调。与同事沟通也就是横向沟通。横向沟通可以采取正式沟通的形式，也可以采取非正式沟通的形式。通常是以后一种方式居多，尤其是在正式的或事先拟定的信息沟通计划难以实现时，非正式沟通往往是一种极为有效的补救方式。

小贾所遇到的事情是在工作中常常出现的。在一段时间里，同事小李对他的态度大有改变，这应该是让小贾有所警觉的，应该留心是不是哪里出了问题。但是，小贾只是一味地忍让，也不是一个好办法，更重要的应该是多沟通。小贾应该考虑是不是小李有了一些想法，有了一些误会，才让他对自己的态度变得这么恶劣。他应该主动及时和小李进行一次真诚的沟通，比如问问小李是不是自己什么地方做得不对，让他难堪了之类的。任何一个人都不喜欢与人结怨，误会和矛盾在比较浅的时候可以通过及时的沟通消除。另外，案例中的经理做事也过于草率，没有起到应有的调解作用，他的一番批评反而加剧了二人之间的矛盾。正确的做法是应该把双方产生误会、矛盾的疙瘩解开，加强员工间的沟通，这样做的结果就会好得多。

那么，如何使横向沟通有效进行——对于员工来说，即如何和同事进行沟通？

首先应该从工作本身出发，我们常说"对事不对人"，如果需要沟通，一定是自己感到对方对正在进行的工作重视不够，或是对上级的安排理解不透，妨碍了工作的顺利进行。如果你认为只要和对方进行一次沟通就能解决问题，应该首先选择互相沟通，以求得问题的迅速圆满解决；沟通失败，才考虑报告上级。因此,沟通一定要着眼于工作,二人因工作产生误会,而沟通也是为了工作。

你正在进行的工作遇到了阻碍,问题出在哪个环节,谁是这个环节的负责人,公司的制度或流程一定是有规定的。因为我们必须遵循各司其职、各负其责的原则开展工作。如果你找一个不相干的人进行沟通,一是对方会认为你无事找事,二是你的问题得不到有效解决。

另外,开门见山固然是好,看准时机也是关键。找准了沟通对象,首先应征询对方是否有空。如果人家手中正忙于一个上司交办的紧急工作或正在思考一个创意方案,你贸然打断,会让对方感到突兀。一旦确定对方时间上方便,你就可以直截了当地提出自己的沟通议题、自己的期盼,然后等候对方回应。这里特别要注意的是不要转弯抹角、废话连篇,不仅浪费自己时间,也会给对方留下一个不好的印象。

既然找对方沟通,一定是自己觉得对方在解决问题上举足轻重,那就必须虚心听取对方的意见,了解对方对沟通工作不配合的原因或存在的困难,或者是对方有了更好的完成任务的创意,正等着你来商议。内部工作沟通不必转弯抹角,但必须尊重他人。听取对方意见时,不宜随意打断对方,以免分散对方注意、影响对方表达。同时要注意,如果你是同事中工作上的佼佼者,更不可盛气凌人,一定要放低姿态。待对方陈述个人意见之后,如果觉得对方言之有理,除了完全接受之外,别忘了表示感谢。如果对方提出的建议,在你看来只有部分可取,那也是一个不错的开端。即便对方的建议在你看来没有一条可行,这也不可怕,你陈述自己的理由就是了。

在你提出与对方不同的意见之后,要特别强调指出:"你看看在我提议的基础上有什么补充?"一是让对方把思路调整到你的建议上来,二是在情感上表达对对方的尊重,让对方转变观念,对接受你的建议有心理准备。所以对方的反馈必须耐心听取。

但是,由于所处的位置不同、个人经历经验不同,同事间在工作方式上存在不同态度、不同观点是正常不过的事情。第一,不必大惊小怪;第二,换个角度从对方的立场上考虑,也许你也会有改变。在这一点上,笔者主张求同存异,只要工作能够正常进行就可以了。不一定是一方说服另一方,或者是完全迁就对方,以保一团和气。这都是不可取的态度和行为。

是不是所有的沟通都能圆满解决?显然不是。碰到本位主义严重的,很简单的问题都可能被复杂化。万一碰到脑筋不转弯的、以自我为中心的人,沟通不畅的时候,除了保持冷静之外,你必须立即报告你们共同的上级,由上级来协调。

> **管理学奥秘**
>
> ### 沟通中的本位主义和换位思考
>
> 沟通为什么失败?因为作为个体,多少都会存在本位主义。本位主义,指在处理单位与部门、整体与部分之间的关系时只顾自己,而不顾整体利益的,对别部、别地、别人漠不关心的思想作风或行为态度和心理状态。
>
> 此时,理解很重要。当别人是一块石头,你再去"硬碰硬",只会两败俱伤。因此,沟通中,换位思考很重要。别人为什么会这样做?恐怕他也有他的难处吧?而我又能不能尽可能地去沟通,避免冲突?
>
> 换位思考就是完全转换到对方的角度思考,从而更理解人、宽容人,即在观察处理问题、做思想工作的过程中,把自己摆放在对方的角度,对事物进行再认识、再把握,以便得到更准确的判断,说出的话也才能真正说到别人的心窝里。此时,沟通的效果往往会更好。

身为职场员工,一天有8个小时和同事待在一起,与同事之间的横向沟通效果对工作不无裨益,有时站在对方的立场上考虑一下,问题可能迎刃而解。

12 上行沟通:与领导对话

在与领导进行沟通时,要讲究方法,运用技巧。"和你的上司搞好关系"通常是职场,更是官场人必须熟记的生存守则。虽然本书一直在强调员工的力量,在前几章也说到了组织的许多实践,如扁平化结构、云领导,似乎都在告诉大家,员工的时代来了,领导该退场了。但领导的退场,主要指的是专制、集权的退场,而不是领导者的彻底离开,我们仍然需要领导,需要的是转变了风格的领导。现实中,领导仍在企业中占据重要的位置,在计划、组织层面上发挥着可以说是举足轻重的作用。对员工来说,仍要把握好与领导的沟通,毕竟,许多员工的前途和命运,有绝大部分的"股份"是握在领导的手里,通过有效的沟通才能使领导了解你的工作作风、理解你的处境、确认你的应变与决策能力、接受你的建议、知道你的工作计划,这些反馈给领导的信息,让他能对你有个比较客观的评价,并成为你日后能否提升的考核依据。

从管理学的角度来说,与领导沟通,即上行沟通,是一种自下而上的沟通形式,是职工向上级领导反应情况、汇报工作、提出建议的正常渠道。上行沟通可以提供员工参与管理的机会;减少员工因不能理解下达的信息造成的失误;营造民主管理文化,提高企业创新能力;缓解工作压力。

职场中,如何有效地与领导沟通呢?

第一,与领导坦诚相待,学会主动沟通。下属在工作中要赢得领导的肯定和支持,很重要的一点是要让领导感受到你的坦诚。工作中的事情不要对领导保密或隐瞒,要以开放而坦率的态度与领导交往,这样领导才觉得你可以信赖,他才能以一种真心交流的态度与你相处。以理服人不是说服领导的最高原则,如果没有让领导感受到你的坦诚,即使你把一项事情的道理讲得非常明白,实际上一点用也没有,因为人是有强烈感情色彩的动物,生活中情大于理的情况比比皆是,人往往侧重于感情,领导者当然也不例外。当然,与领导沟通,主动的态度也十分重要。下属有时摄于周围人际环境的压力,主观上不敢与领导进行主动沟通。在工作中存在失误的时候,消极地躲避是不行的,而主动地沟通,主动地承认错误、改正错误,才是上策。事实上,下属工作阅历浅,但工作热情和积极性较高,工作上富有开创性,工作中有点失误是难免的。犯错误本身并不要紧,要紧的是你要尽早与领导沟通,以期得到领导的批评、指正和帮助,同时取得领导的谅解。消极地回避,不但不能取得领导的谅解,反而有可能让领导产生误解。

第二,注意场合,选择沟通时机。领导者的心情如何,在很大程度上影响到你沟通的成败。当领导者的工作比较顺利、心情比较轻松的时候,如某些方面取得成功、节日前夕、生日等时候,心情会比较好,这是与领导进行沟通的好时机。当领导在某一方面取得成功,你准备向他表达祝贺时,要选择一个比较适当的场合,营造一下氛围,向领导表达祝贺的同时,提出你的问题。

第三,注意交往尺度。领导者的权威不容挑战。有些领导的能力虽然平平,但不要因此认为这样的领导就是不中用的,他一定是有某种优点,所以他的领导才会提拔他。不论领导是否值得你敬佩,下属都必须尊重他。在成功策划某项工作时,即使是你的功劳,也要把选择权留给自己,而把决定权给领导。与领导谈话时,要采取委婉的语气,切不可意气用事,更不能放任自己的情绪。回答领导提问时,如果做到目不斜视地盯着对方的眼睛,不但会增强语言的说服力,还会给领导留下精力充沛、光明磊落的印象。反之,如果你唯唯诺诺,无动于衷,就会给领导留下反应迟钝、消极应付的感觉。在日常生活和工作中,不管你对领导是否仰慕,对于领导个人的事情,作为下属,不能妄加评论。对领导交办的事情,要慎重,看问题要有自己的立场和观点,不能一味地附和。在必要的场合,只要你从工作出发,摆事实、讲道理,也不必害怕表达出自己的不同观点,高水平的领导往往欣赏有主见的下属。所以与领导沟通,要心怀仰慕,又要把握尺度,不能无原则地扯关系、拉近乎,否则,会给人留下盲目攀高的印象。

与领导进行有效沟通和交往,保持良好的上下级关系,不是人格扭曲,不是欺上瞒下,不是狡诈诡谲,不是阿谀奉承,也不是人际交往的异化流俗,而是为人处世的一门学问。

管理学奥秘

深陷"位差效应",不说错话也难

与上级沟通是一种上行沟通,许多人往往觉得害怕、说不好话。为何?

管理领域有一个术语叫"沟通的位差效应",上下行沟通中,很容易出现这种状况。这是美国加利福尼亚州立大学对企业内部沟通进行研究后得出的重要成果,他们发现,信息每经过一个层次,其失真率约为 10%—15%;上级向他的下属所传递的信息平均只有 20%—25% 被知道并正确理解,而平行交流的效率则可达到 90% 以上。进一步的研究认为,阻碍组织成员间沟通的因素很多,但最主要的还是组织成员间因地位不同而造成的心理隔阂。

这种情况被管理学者称为"位差效应",意指:由于地位的不同使人形成上位心理与下位心理,具有上位心理的人因处在比别人高的层次而有某种优势感,具有下位心理的人因处在比别人低的层次而有某种自卑感。这就导致上下级的对话表面上是民主平等的,但因上下级双方处在直接或间接的隶属关系之中,各自的权限和地位是不平衡的,因而必然形成习惯性的"心理定势",在心理上存在事实上的不平等。上级容易产生上下级地位的归属感,自觉不自觉地表现出居高临下的心理状态,总觉得下级的言论带有片面性、虚伪性,因而话难听进;下级却容易产生"服从地位"的归属感,相应存在自贱或戒备心理压力,表现出不同程度的不安或恐惧,不敢大胆坦诚地敞开心扉,即使身不由己的发言,也往往是试探性的询问,或是看上级的脸色应对,投其所好,顺水推舟。

了解了这个效应,我们在和上级沟通时,就应该越发注意沟通的有效性了。

 有人说,在职场,领导与员工的沟通是最难的。对员工来说,怎样实现与领导之间有效的无障碍沟通,从而得到领导的支持和器重,是该学一学的。

13　沟通智慧:学会倾听

沟通是管理学、职场中一个老生常谈的话题,不过,与之对应的倾听却总是被忽略。

在这儿,我们要说说"倾听"。

一天,美国知名主持人林克莱特访问一名小朋友,问他说:"你长大后想要当什么呀?"小朋友天真地回答:"嗯,我要当飞机的驾驶员!"林克莱特接着问:"如果有一天,你的飞机飞到太平洋上空所有引擎都熄火了,你会怎么办?"小朋友想了想:"我会先告诉坐在飞机上的人绑好安全带,然后我挂上我的降落伞跳出去。"当在现场的观众笑得东倒西歪时,林克莱特继续注视这孩子,想看他是不是自作聪明的家伙。没想到,接着孩子的两行热泪夺眶而出,这才使得林克莱特发觉这孩子的悲悯之情远非笔墨所能形容。于是林克莱特问他说:"为什么要这么做?"小孩的答案透露出一个孩子真挚的想法:"我要去拿燃料,我还要回来!"

看到这则案例,不禁对主持人林克莱特产生敬佩之情,佩服他与众不同之处,他能够让孩子把话说完,并且在"现场的观众笑得东倒西歪时"仍保持着倾听者应具备的一份亲切、一份平和、一份耐心。

在商业世界里,很多人都会上一些课程学习进行口头沟通的艺术:如何做一次演讲,如何做一次演示,如何主持一次会议。但是对于倾听却很少受到注意。

很多经理人都有这样的经历,觉得自己受到了不公平待遇的员工愤愤不平地找你评理。很多时候你不需要跟他讲道理,而只需认真地听他倾诉,让他把情绪宣泄出来,说出他的不满。当他倾诉完时,心情就平静了许多。然后,问题很可能自己就解决了,甚至根本不需要你来处理。倾听对经理人至关重要。当员工了解到自己谈话的对象是一个耐心的倾听者而不是一个等着作出判断的经理人时,他们会毫不隐瞒地给出建议,坦诚地分享情感。这样,经理人和员工之间就能避免互相推诿和指责,创造性地解决问题。其实,员工与员工之间的倾听同样十分重要,倾听是化解员工之间合作障碍最为有效的手段之一,能够使得员工之间的合作更加融洽、士气更加高涨,效率得到大大的提高。

倾听不是被动地接受,而是一种主动行为。当你感觉到对方正在不着边际地说话时,可以用机智的提问来把话题引回到主题上来。倾听者不是机械地"竖起耳朵",在听的过程中脑子是要转的,不但要跟上倾诉者的故事、思想内涵,还要跟得上对方的情感深度,在适当的时机提问、解释,使得会谈能够步步深入下去。

那么,怎样才能成为一名积极的倾听者呢?这里有一些技巧。

(1)注意的技巧。我们在倾听别人说话时,必须保持放松而灵敏的身体姿态,并伴以适当的肢体动作,对对方的讲话作出积极的反应。比如身体适当前倾,与说话者交流目光,适当点头或做一些手势。一位良好的倾听者还必须尽量排除周围环境的干扰,包括客观环境和主观障碍。客观环境来自于噪音和嘈杂的环境,包括说话者使用方言或夹杂外语表达以及表达时的音调和态度,听话者身体状态不佳和对说话内容缺乏基本了解,等等。主观障碍来自于听话者先入为主或固执己见和没有参与感。最重要的还是倾听者的内心注意,也就是听话者用心思考,感受对方传达的讯息,这更能显示倾听者的专注程度。

(2)追随的技巧。追随最主要的目的是让说话者以自己的方式,表达内心的想法感受,使得听者能够更加了解说话者如何看待自己所处的情境。

① 基本鼓励。在倾听过程中,使用深感兴趣的、真诚的、高昂的声调会使人自信十足;恰当的肢体语言,如用手托着下巴等,也会显示出倾听者的态度诚恳,这些都能让说话者感受到倾听者的支持和信任;用一些简单的反应,如恰当的微笑、赞许的表情、积极的目光或伴以"嗯""对"等词语,鼓励说话者说下去,向说话人表明你在认真倾听;也可以用皱眉、不惑等表情给讲话人提供准确的反馈信息,以利于说话者及时调整。

② 偶尔插嘴。除了基本鼓励外,倾听者以开放的方式询问所听到的事,成为谈话的主动参与者,就会增进彼此间的交流和理解。可以说,提问既是对说话者的鼓励,即表明你在认真倾听,又是控制和引导所谈论话题的重要途径。但需要注意的是,提问必须适时和适度,不要询问过多的问题,一次最好问一个,否则会造成对方思考的困扰或中断。同时,问题必须是开放性的,如"有什么""怎么样",而不是"是什么""是不是"。

③ 适当沉默。沉默是倾听者必须学习的技巧。在倾听的过程中,忘掉自己的立场、见解,保持沉默,让对方把话说完。

(3) 反应的技巧。复述指用自己的话来重新表达说话者所说的内容。有效的倾听者常常使用这样的语言:"我听你说的是""你是不是这个意思""就像你刚才所说"。复述对方说过的话既表示对说话者的尊重,又能够用对方的观点说出自己的想法。这样,倾听者不仅能够赢得说话者的信任,而且能够找到沟通语言,从而拉近彼此之间的距离。

管理学奥秘

沟通,始于倾听

倾听是一项技巧,是一种修养,甚至是一门艺术。学会倾听应该成为每个渴望事业有成的人的一种责任,一种追求,一种职业自觉。倾听也是优秀员工、优秀经理人必不可缺的素质之一。越来越多的企业把倾听别人讲话的技巧看成是商界成功的必要条件。国外有些公司还特地为销售管理等部门的人员举办如何提高倾听技巧的培训班。

为什么倾听如此重要?

威尔德定理——来自英国管理学家L·威尔德——指出,人际沟通始于聆听,终于回答。威尔德对沟通进行了"自始至终"的分析,既看到沟通的起始,又看到沟通的终结,在其眼里,仿佛沟通也是一种有兴衰起落的生命。学习了威尔德定理,我们就能明白只有很好地听取别人的,才能更好地说出自己的,虚心听取别人的意见是一个人进步的必要条件,是有效沟通的开始。

说的功夫有一半在听上,一问一答之间就可以受益无穷。在企业内部,倾听是员工与员工、员工与领导之间沟通的基础。因此,掌握倾听的技巧是必须的。

在职场中,说话不难,倾听很难,正如美国著名的沟通专家史蒂芬·柯维所说:"听比说难上百倍,因为人们常常是以自我为中心的。"改变观念,掌握技巧,每个员工都能成为出色的倾听者。

14 沟通技巧:懂得说"不"

上司的命令一定要遵从,这在职场中几乎是一个惯性行为。有时候,哪怕老板的命令有错或者提出了超负荷的命令(当然,现在这种现象很少),员工碍于某些因素或是慑于老板的压力,不会拒绝,而是马上应承下来,结果反而给自己带来了重压。或者,在面对同事的请求时,哪怕做不到或实在忙不过来,碍于情面,也只好答应下来。

这些现象并不是一件好事。其实,对于员工来说,要明白这样一个道理:员工本质上是在为企业做事,如果员工从来不说"不",就意味着上司的命令永远是正确的。这显然是不现实的。出于对企业的利益和长远发展考虑,员工既有工作的义务,也有说"不"的权利。

这就是说,员工应该重视自己说"不"的权利,但在职场,说"不"也要注意方式。

有这样一个故事。

德国一家贸易公司请人设计了一个商标,开会征求各部门的意见。经理报告说:"商标的主题是旭日,象征公司无限的背景。同时,这个商标很像日本的国旗,有利于日本市场的开拓。"

接着经理征求其他部门主任的意见。营业部主任和广告部主任也极力恭维经理的构思,只有一个年轻人说:"我也觉得这个商标不错,但似乎不太妥当。"

"怎么,你不喜欢这个设计?"经理很疑惑。

"我是不喜欢这个商标。"年轻人说道:"我恐怕它是太好了。"

经理笑着说:"你能说得具体一点吗?"

年轻人点点头,继续说道:"这个设计确实鲜明生动,和日本国旗相似的设计,日本人应该是会喜欢的。但是我们还有一个很大的、重要的市场,就是华人社会,比如中国、东南亚地区,因为历史原因,这些国家恐怕很难喜欢这个商标。如果因为这个商标的关系使得他们不愿意购买我们的产品,不就因小失大了吗?而且,我们公司的营业计划是要扩展中国和东南亚地区的贸易额……"

"对对对,我怎么没想到这点,幸亏你及时提醒。"经理很快接纳了他的提议。

这个年轻人有效地运用了自己说"不"的权利。并且,他的说话方式也很合适:用"太好了"这句话,打开局面,首先肯定了设计出色的地方,确保没有影响到经理的自尊心,接着再说出反对意见,经理就不会难堪,也能认真地聆听下去。这样,这个年轻人阻止了一个不成熟的设计,也展示了自己的专业性和能力。

说"不",不一定是拒绝,也可能是反驳的声音、不同的建议。每个人都是独立的、特别的,员工完全可以有自己不同的意见、不同的工作方式,只要本着对工作负责、对企业负责的态度,只要理由合理,就可以说出"不"。

只不过,在行使说"不"的权利时,要注意说"不"的方式,这需要合适的场合和时机,并且始终保持对他人的尊重。比如,对领导,先肯定后提出建议或是私下讨论、侧面指出就比直接打断要好得多。

在对同事说"不"的时候,通常比较容易,在尊重基础上,说明情况,委婉拒绝,同事一般就会理解。如何委婉拒绝?可以运用以下三个法则:

第一,先倾听,再拒绝。当同事提出要求时,可以请对方把处境和需要说明白,注意倾听。倾听首先是对他人的一种尊重,也可以让你清楚地界定对方的要求是否合理,再判断是否拒绝。另外,倾听的另一个好处是,哪怕你拒绝了他,也可以根据情况给出建议。

第二,拒绝要温和而坚定。当仔细倾听完同事的要求,说"不"的时候,态度要温和而坚定。温和,这就好像药丸要裹上糖衣更容易入口,委婉的拒绝也让人更容易接受,说明理由、开个玩笑都是可行的。但是同时需要坚定,模棱两可的态度可能让同事误会你决定帮忙,最后谁也说不清。

第三,之后可以做下缓和工作。如果能化被动拒绝为主动关心对方,同事也会感到"暖心",感受到你的诚恳。

而对上司说"不"则会更困难一些,一般认为有这样几点要注意:

首先,要主动理解上司的意图。例如,当上级交代任务时,要问清楚要求和期限等,不要心存疑问。了解了上司的意图,必要的情况下说出"不",上司完全可以理解。

其次,就事论事。当和上司产生不同意见时,不要回避,提出来一起寻找解决方案。只是要注意尊重上司,并且只针对事件发声,对事不对人。

最后,可以避免正面"冲突"。当上级有错时,可以避免当时纠正,侧面、私下提出、探讨,也是一个很好的方法。有时,还可以通过提出要求来变相说"不"。

管理学奥秘

从言语行为理论看职场中的"拒绝"

拒绝是个人的一种基本权利。对于员工而言,他们在职场理所当然可以说"不"。

关于言语行为理论,其基本观点可以被理解成"说话即是做事"。拒绝言语行为,是一种威胁听话人面子的行为,主要发生在说话人提出建议、邀请、请求等之后,听话人采取的是直接或间接说"不"的方式。这就可以看出,面子问题是"拒绝行为"中需要考虑的关键点。

但是,我们是不是对维护面子有所误会?

与说话者"说"的责任相对应,听者具有"听"的责任。Erving Goffman 曾界定"回应责任",认为听者需要向说话者作出回答,或至少向其表明自己接受了话语。听者对说话者面子的维护和威胁是通过对自己的交际责任的承担和拒绝来实现的,承担和拒绝是对等的。最重要的不是答应,而是回应,接受也好,拒绝也罢,都是一种回应,当然,前提是态度恳切,理由充分。"你还没有回答我的问题?""你怎么没有反应?""你想什么呢?"当问出这类问题时,说者的面子才是真正受到了损害。

至于如何拒绝,上文中,我们已经给出了建议。

职场中,员工面对老板,总是说"是"容易,说"不"很难。其实,成熟、自信的员工应该明白,说"不"也是自己的权利,只不过,在老板面前更应该注重方式。

15 人际交往:记住三原则

很多职场新人刚离开校园,缺乏一定的社会人际交往阅历和处理职场人际关系的技巧,面对纷繁复杂的职场人际关系,往往不知所措,甚至有些人还会受到老员工的排斥、挤兑、边缘化,因而导致工作无法顺利开展。更有甚者经常代人受过,无法在职场生存。对于职场新人来说,千万不可轻忽职场人际关系,否则,它会让你寸步难行。

职场交际是我们日常中非常重要且特殊的人际关系,说它重要是因为每天我们有8小时甚至超过8小时的时间都在工作。说它特殊,是因为职场人际关系虽然只是众多人际关系中的一种,却又对我们的事业成功与生活质量有着微妙且重大的影响。

另外,职场人际关系与其他人际关系有着鲜明的区别。首先,职场即战场,有着利益的纷争,在竞争与利益驱动下,职场中人的关系其实并没有那么纯粹,其外在表现就是亲疏有别;其次,即便现代社会强调人人平等,但在如今论资排辈的职场,或多或少还存在一些不平等状况,表现为上下有别;最后,职场中,岗位的差别会使得信息与资源分配不均,那些掌握着话语权和资源分配权利的部门往往表现得高高在上,人际关系十分微妙。也正是因为特殊的职场人际关系,要求我们有着不一样的职场交往原则。

在这里,我们以三个法则来说明职场中一些人际交往的原则。

第一个是刺猬法则。为了研究刺猬在寒冷冬天的生活习性,生物学家做了一个实验:把十几只刺猬放到户外的空地上。这些刺猬被冻得浑身发抖,为了取暖,他们只好紧紧地靠在一起,而相互靠拢后,又因为忍受不了彼此身上的长刺,怎么睡都不舒服,很快就又要各自分开了。可天气实在太冷了,它们冷得受不了,于是又凑到一起取暖。然而,靠在一起时的刺痛使它们不得不再度分开。挨的太近,身上会被刺痛;离得太远,又冻得难受。就这样反反复复地分了又聚,聚了又分,几经折腾,不断地在受冻与受刺之间挣扎。最后,刺猬们终于找到了一个合适的距离,既可以相互取暖,又不至于被彼此刺伤,尽管寒风呼啸,它们却睡得香甜。

职场中,处理与上司、同事和客户之间的关系,其实就是找到这个"温暖又不至于被扎"的距离,这就是职场人际交往中的心理距离效应:人与人之间应该保持亲密关系,但这是一种亲密有间的关系,而不是亲密无间。因此,在与同事相处时既不要拒人于千里之外,也不要过于亲密,彼此不分。这就是所谓的刺猬法则,它强调的是人际交往中的"心理距离效应"。运用到管理实践中,就是领导者如要搞好工作,应该与下属保持亲密关系,但这是"亲密有间"的关系,是一种不远不近的恰当合作关系。通用电气公司前总裁斯通在工作中就很注意身体力行刺猬理论,尤其在对待中高层管理者上更是如此。在工作场合和待遇问题上,斯通从不吝啬对管理者们的关爱,但在工余时间,他从不要求管理人员到家做客,也从不接受他们的邀请。正是这种保持适度距离的管理,使得通用的各项业务能够芝麻开花节节高。

第二个是跷跷板法则,代表的是一种互惠原则。俗话说,助人为快乐之本。人与人之间的互动,就如同坐跷跷板一样,不能永远固定为某一端高、另一端低,而是要高低交替,这样整个过程才会好玩,才会快乐。一个永远不肯吃亏、不愿让步的人,即便真讨到了不少好处,也不会快乐。因为自私的人如同坐在一个静止的跷跷板顶端,虽然维持了高高在上的优势位置,但整个人际互动失去了应有的乐趣,对自己或对方都是一种遗憾。跷跷板互惠原则是我们在与同事相处时不可缺少的一门艺术。

在职场中,我们每个人做每件事,都希望实现利益最大化,人际交往也一样。没有一个人愿意对他人无偿地付出,也没有一个人会得到他人无偿的付出。一段稳定的人际关系,必须保持相互交换的平衡。这么说来,有时候,吃点并非原则性问题的小亏,无须在意。同时,在职场中,大多是以团队的形式为集体工作,一味关心自己的得失,不利于团队合作。

第三个是白金法则,这是美国最有影响的演说家之一、商业广播讲座撰稿人托尼·亚历山德拉博士提出的,他还撰写了专著《白金法则》。白金法则可以翻译为,你希望别人怎样待你,你也要怎样待人。用这种为人处世的观念和方法,能使我们在社交中始终处于主动地位,有的放矢地处理好各种关系。白金法则具体涉及的主要是我们在人际交往中所遇到的两个主要问题:有效的沟通和良性的互动。沟通的基本规则主要有两点:其一:看对象,讲规矩;其二:了解人,尊重人。

职场中,我们需要根据别人的需求调整自己的行为,并运用自己的智慧和才能使他人轻松、愉快。将白金法则应用到职场中的人际关系处理上,就是要做到尊重他人、待人真诚、公正。记住,任何人都是渴望尊重的!

管理学奥秘

你会陷入"职场政治"吗?

职场政治是什么?

职场政治是人们参与职业活动时产生的一种准政治关系,其核心内容为职场中人的权力与利益的争斗。虽然职场政治也以追求和维护权力或利益为中心,但它不同于公共政治和公民政治,不以国家制定的宪法、法律为其运作法则,而是利用其自身特定场所产生的规则进行运转,具有一定的隐蔽性、潜在性、变化性、非正式性。它可以成就一个人的事业,也可以败坏一个人的事业,因此,很多人对职场政治避而远之。

究其原因,职位竞争、工作压力、面子观念都是因素。如果不想趟这个浑水,或是不幸被卷入,想要生存下来,除了积极的、沉稳的态度,还要学会正确处理人际关系,这三个原则就是人际交往中的不二法则,让个人可以在职场中建立和谐、稳固而不失恰当的人际关系,有沟通、有互助,但不逾矩,也不损害良性竞争。

职场人际关系的特殊性决定了对待职场人际关系需要有原则。刺猬法则告诉我们保持适当的距离对双方都有利;跷跷板法则说明保持交往过程中要讲究平衡之道;白金法则让我们明白如何对待别人,别人就会如何对待自己。

16 人际暗礁:面临糟糕的上级

动物世界里有个惯例:黑猩猩首领通常对群体中地位在自己之下,但可能会危及自己权威的健壮成员具有敌意,而且首领还会分化自己的下属,以免它们结成同盟。

最新的研究表明,一些老板的做法和黑猩猩首领的做法有着异曲同工之处。美国西北大学凯洛格商学院的夏琳·凯思(Charleen Case)和乔·曼纳(Jon Maner)对大学生进行研究,找出其中喜欢发号施令的人。研究显示,当这些弄权者认为他们的地位可能不保时,会试图阻止那些能力强的"下属"互相结盟和开展合作。例如,弄权者在安排座位时,会把那些能力最强的人与其他人孤立开。这么做的目的在于阻止这些人获得有利于取得成功的同侪交流,尽管他们可能在安排座位时,已经被告知,下属之间的合作有利于集体表现。

这些研究结果尤其适用于那些"支配欲强"和"没有安全感"的管理者,或者说,适用于那些下属有足够能力取代领导者的情况。实际上,该研究结果具有普适性。正如研究者指出的,半数管理者都有支配欲,即便他们的动力来自其他因素,比如对认同感的需要。

如果我们的老板是所谓的"黑猩猩老板",该怎么办?"黑猩猩老板"面对和自己实力相当的下属,嫉妒心强、缺乏安全感,因此会想尽办法孤立他们。很多公司的发展因为"内讧"而受限也就不足为奇了。

身为员工,如果碰上了此类"黑猩猩老板",着实是一件头疼的事。一方面,他成为你职业生涯中的一块绊脚石,阻碍你前行;另一方面,他是你的老板,对着他大气不敢出,哪能期望提出建议,让他改变呢?

这就是我们在职场沟通与人际交往部分特别要提到的一个问题:如果老板如此糟糕,员工怎么办?如何和这样的老板进行交往?

我们提出这样一些小招数:

第1招:韬光养晦——装傻到底。

如果你热爱自己现在的工作,一切进展都颇为顺利,那又何必跟小心眼老板一般见识?完成好自己手里的工作,让老板嫉妒去吧!无论老板怎么看你,关键业绩指标是不会说谎的,所以,早晚会有伯乐发现你这匹千里马!等你被竞争对手挖走的那一天,就是"黑猩猩老板""哭晕在厕所"的那一天,因为不久后当他环顾四周,会发现办公室像你这样勤劳工作又好脾气的员工,已经不多了。

第2招:寻找老板身上的优点——换个角度。

可能有人会哀叹:天哪!我名校毕业,英语专八,为什么要给你这个大专文化、ABC都不认识一个的人打工。用句时髦的话来说:孩子,这你就"图样图森破"了。毕竟老板年纪和你爸妈差不多大,吃过的盐比你吃过的米都多。他在行业里开天辟地的时候,恐怕你还捧着漫画书傻笑呢!

老板之所以成为老板,必然有其原因。如果你总是想着"老板嫉妒我学历、高能力,比他聪明",那么就很难看到他身上的优点,影响自己在工作中的学习和经验累积。如果能适当欣赏老板的优点(或者说适当地拍老板的"马屁"),化解他的不安全感,相信你自己的日子也会更好过。

第3招:要么忍,要么滚——找到出路

如果前两招对你都不适用,那么奉劝你不要再折磨自己。世界如此之大,何必在他这一棵树上吊死?因为和老板审美、性格实在不和,愤而跳槽混得风生水起的牛人并不在少数,想选择离开也不是不可以。但前提是,你真的非常有实力,而不是自己觉得自己有实力。换句话说,老板看你不顺眼的原因,不是你的工作质量和人品,而是他自己的个性问题。如果你把老板对你的工作质量的要求误认为是刁难,那倒是你自己的问题了。

以上是从员工层面给出的几个建议。当然,企业中也会有一些机制可以利用,如下属间的沟通机制、团队间的良性竞争等。

> 管理学奥秘

合理应对可能的"职场冲突"

在职场中,当不幸遇到"黑猩猩老板",个人心中往往会郁结,会愤愤不平,甚者可能会卷入职场冲突之中,或是被动地应付这样的老板求得生存。除此之外,随着"微权力"的壮大,个人的个性越来越突出,主观感受也完全不同,因为对价值观、事物、方式、意见等不统一而和他人产生显性或隐性的冲突也是很可能的。

身处职场,个人可以选择不挑起冲突,但仍有必要学会如何合理应对冲突,"黑猩猩老板"的存在就是一个可能的冲突引爆点。面对潜在的冲突、发生的冲突,基本思路是:了解卷入冲突的人,深入分析根源,选择妥善的处理方法,如下图所示:

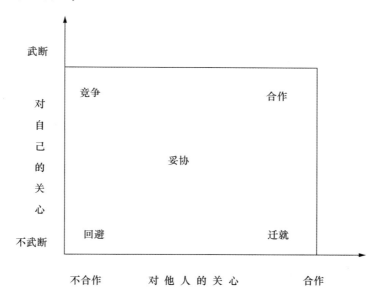

一般而言,当冲突无关紧要时,或当冲突双方情绪极为激动,需要时间恢复平静时,可采用回避策略。

当维持和谐关系非常重要时,可采用迁就策略。

当必须对重大事件或紧急事件进行迅速处理时,可采用强制策略。用行政命令牺牲某一方的利益,再慢慢做安抚工作。

当冲突双方势均力敌、争执不下,需要采取权宜之计时,只好双方都作出让步,实现妥协。

当事件十分重大,双方不可能妥协时,通过开诚布公的谈判,走向对双方均有利的合作或双赢的解决方式。

案例中,我们给出的三个策略,其实也是从这个基本框架出发的。可以说,这个框架是应对冲突的一个基本策略。

"黑猩猩老板"其实并不可怕。员工可以采取积极主动的措施,或韬光养晦或卷铺盖走人。

第四节　运用好小员工权力,发挥大力量

每一位员工都是"微权力"的行使者。当融入企业之后,接下来,更重要的一件事,就是掌控好、发挥好"员工力"。

17　执行力:拒绝"职场拖延症"

没有人会去评价一个金牌选手的跑步姿势是否漂亮,人们关心的、惊叹的是他的速度。在田径场上,保持姿势的优美,却没有速度拿不到奖牌的人,往往会被忽略。

这个道理听上去很残酷。在职场也是这样。执行力可谓是员工的一项基础能力。执行力的定义似乎很简单:按时保质保量地完成工作任务。执行力建立的过程中,执行速度是一项非常关键的要素。当老板交予你一项任务,给你限定了时间,你会因为追求完美的质量而迟迟不完成吗?如果答案是肯定的,那么你也许就没有处理好速度和完美之间的关系。

1988年亚洲金融危机,惠普集团的年增长率大幅下跌,由两年前的31%一下子跌落到3%。但是,相同环境下,为什么戴尔、IBM等公司却没有遭受到如此打击呢?是什么让惠普的竞争力下降了?

惠普一向强调品质卓越、精益求精,研究的新产品在完美达标的情况下才会推出市场。但是,过分追求品质,延缓推出产品的速度,反而害了惠普,

让惠普在市场中失去了先机，被其他公司占据了主动。

卡莉担任惠普总裁之后，对这种情况进行了分析。她一针见血地指出，惠普有着优越的技术、杰出的品质，而业绩不好的原因是没有跟上市场的速度。于是，她给惠普提出了新的要求：要改变以前的思维方式，快速地推出产品，再慢慢改进。在这样的方式下，惠普终于慢慢扭转了局面。

在商场上，速度有时候就是第一，而完美退居第二。在职场上，员工面临的情况也类似。试想一下，当你交付上级的任务时，已经超过了规定期限，即使质量再完美，可能也已经贻误了最佳时机，影响了整个团队的速度和工作，上级也许会和你说："现在才做完，耽误多少时间了？"如果你按时甚至提前完成了任务，你或许会得到这样的回答："好！不错。虽然有点瑕疵，不过完成得很及时，能修正。"

员工快速、强大的执行力，才能带来公司快速、强大的执行力，使得公司占据市场的先机，取得市场优势。如果一味讲究完美，做好每一个细节，花的时间也许要多上一倍、几倍。个体员工如此"拖延"的话，整个团队的工作能力和速度就会受到阻碍，公司或许会贻误商机，处于竞争的被动方，成本可能会就此上升。

"完美"不是不能及时完成工作的借口，在职场上，"速度第一、完美第二"是可行的，瑕疵可以修正，但时间不等人。公司需要的最好的员工，必须有强有力的执行力。

不过，一项关于"拖延症"的网络调查结果显示：86%的职场人声称自己有"拖延症"，仅4%的职场人明确声称自己没有"拖延症"。"拖延症"成了众多白领的职业病。甚至，调查显示，54%的职场人，不管大事小事，都有可能拖延。"拖延症"和企业想要的"速度第一"的执行力其实是相悖的。

要建立执行力，必须摆脱"拖延症"，如何摆脱？员工要成为时间的主人，而不是追着时间跑。科学的管理可以帮助自己成为时间的主人，做得更少，收获更多，做得更快，效率更高。"Less is more"就是这个道理。

据此，有这样一些摆脱职场"拖延症"的建议。

技巧一：6点优先工作制。

效率大师艾维利提出了"6点优先工作制"的方法：每天早晨上班前，写下今天要做的全部事情，并且按照事情的重要顺序或者上级的时间限定，分别从"1"到"6"标出6件最重要、最急需做的事情。每天一开始，全力以赴做标号为"1"的事情，直到它被完成，然后再全力以赴做标号为"2"的事情，依此类推。艾维利认为，如果一个人每天都能全力以赴地完成6件最重要的事情，那么他一定是一位高效率人士。

技巧二："零提示"——设定不被干扰的时间。

很多职场人往往觉得自己每天都很忙绿，但到了年底做总结的时候，却发现自己一年来好像什么都没有做，这些人往往很少静下心来考虑自己做的工作。也有人抱怨，做一些重要工作时，总被别的事情打断，难以高质量、快速地完成。建议每天固定拿出一段时间来，可以是早上或是晚上，设定为不被干扰的时间，静下来集中做一些工作，也可以自我反思，调整第二天的时间安排，让以后的做事效率、执行力更高。零提示的要点是：连电脑和手机的干扰都要避免。

技巧三：将时间分段。

与其总是盯着8—10个小时的工作时间，不如把它分解成四五个90分钟的小段。如此，每天就只需要完成四五个任务了。这比没有计划、没有目标地工作要高效很多。

技巧四：增加紧迫感。

改变拖延的习惯、提高执行力，还可以尝试一个简便的方法，在做某项工作时，为自己设定一个时间，比如写稿子或者汇报时，设定半个小时或者一个小时，以倒计时的方式开始工作。这样的训练能让自己效率更高，在时限内完成工作更容易。

技巧五：预留出休息时间。

跑得最快的人并不一定最健康，要懂得合理安排休息时间。很多时候我们急于安排全天的工作而忘记了休息，疲劳反而会降低工作效率，增加出错率。为休息预留出时间，让身心放松，更有利于之后的高效工作。

每人每天都拥有24小时的时间，也只有24小时的时间，这是世间再平等不过的事了。"Less work, more achievements"是一种哲学，按这个道理，精心管理时间，会为你带来更高效的执行力、更平衡的生活。

管理学奥秘

认识并拔除拖延症的"根"

常有人戏言道"Deadline是第一生产力"，调侃的就是许多"重度拖延症"患者。职场人为什么会有"拖延症"？有些人忙忙碌碌，忙的却不是重要的事,在工作任务的完成时间快截止时,心急如焚。

"拖延症"的根源,在于许多人不能认清主次,合理规划好时间,这就要提到帕累托原则了。

帕累托原则也称80/20原则,是由19世纪意大利经济学家帕累托所提出,他认为:"在任何特定群体中,重要的因子通常只占少数,而不重要的因子则占多数,因此,只要能控制具有重要性的少数因子即能控制全局。"帕累托原则的核心内容为,生活中80%的结果几乎都来源于20%的活动。比如20%的客户可能给销售人员带来80%的业绩,创造80%的利润;世界上80%的财富是被20%的人掌握的,世界上80%的人只分享了20%的财富。

帕累托原则对根治"拖延症"有重要意义,特别是针对时间管理。因为往往20%的工作带来了80%的工作业绩。因此,员工要把注意力放在那20%的关键事情上。

> **微点评** 马云曾经说过,我宁可要三流的策划,一流的执行,也不要一流的策划,三流的执行。员工没有执行力,一切都是纸上谈兵,企业又何来执行力?在这个瞬息万变的年代,优秀的执行人员就是完成任务的一把"万能钥匙"。

18　创新力:小员工也可以创新

创新、创造似乎是我们一直在谈论的话题,它们是企业长盛不衰的法宝,美国著名的管理大师杰佛里说:"创新是做大公司的唯一出路"。松下电器、IBM、英特尔、柯达等百年企业之所以生存至今,原因就在于其创新精神长盛不衰,充分利用企业每一个细胞的创新。而员工就是企业的细胞,需要将创新能力发挥出来。

对于香奈儿公司,许多女性朋友都不陌生,它于1910年在法国巴黎诞生。该品牌产品种类繁多,从服装、珠宝饰品到化妆品、护肤品等,每一类产品都闻名遐迩。在其发展壮大到现在的路程中,时时得益于员工在关键时候发挥出的创造力。

最初的香奈儿名气不大,产品滞销。这时,销售部门的一名员工突发奇想,提出了一个看似奇怪的方案,并告诉了香奈儿的管理者,意外地得到了管理者的赞同。

过了几天，在巴黎《每日新闻》上，人们看到了这样一则广告：香奈儿化妆品公司精选了10名"丑女"，将在星期六晚上在巴黎大舞台与诸君见面。

广告刊登之后，人们感到非常惊讶，哪个公司会展示"丑女"呢？这引起了人们的兴趣，周六晚上，到场参观的人非常多。帷幕拉开后，鱼贯而出的确实是所谓"丑女"，观众们嘘声一片："竟然还有这么丑的女人！"

此时，香奈儿女士走了出来，神态自若，笑容可掬地告诉大家："为了展示香奈儿公司化妆品的功效，请诸位稍等片刻，让'丑女'们化妆，以谢诸君。"

过了一会儿，随着音乐再次响起，"丑女"们一个个涂脂抹粉，在霓虹灯下竟然是另外一番模样。观众们无不惊叹。在这之后，香奈儿的化妆品成了畅销产品。香奈儿的成功中，员工的奇思妙想占了必不可少的成分。

这是员工创新力的正面事例。每一位员工都可以大胆想象，发挥创造力、创新力。最新的创新理论也提出：创新不再是只有企业相关研发人员才能参与的事件，而应是全体员工共同参与的行为，企业中的每个员工从研发人员、生产制造人员、销售人员到售后服务人员、财务人员、管理者等，人人都可以在自己的本职岗位上成为出色的创新源。因此，员工大可以勇敢地提出自己的看法，提出自己的新点子，为企业注入新鲜血液。

许多优秀的企业也给所有员工提供了创新的平台：内部网络、内部交流工具等信息化管理工具等。借助这些工具，员工有了平等沟通和充分表达观点的机会，大可以发挥创新创造能力。

总之，最重要的就是，员工要积极思考、敢于创新。关于创新力的自我培养，有这么四个关键词：好奇、兴趣、质疑、探索。

好奇是创新意识的萌芽，保持对周围事物的好奇心是学习、了解、创新的基础。

兴趣即创新思维的营养，就像孔子所说的，"知之者不如好之者，好之者不如乐之者"，有了兴趣，才会有进一步的探索。

质疑，即上级不可能是完全正确的，员工需要保持自己的思考，才能创新。

探索，即只有敢于探索，才会挖掘出新点子。

> **管理学奥秘**

创新真的能让"他们"的事变成"我们"的事吗?

许多人心里充满疑惑的是,创造、创新这些事儿,过去在企业中,总是由研发人员、研发小组主导,大部分员工并不需要对"创新"做出贡献。然而,看看谷歌、腾讯、3M等创新大企业的实践,它们实现了全员创新,它们的每一位员工都是"创新担当"。我们也提倡,小员工要保持创新理念,勇于创新。

创新真的能从一部分员工的事变成全体员工的事吗?答案是肯定的。这里,我们要说到熊彼特。谈创新,不谈熊彼特就像一部没有哈姆雷特的《王子复仇计》,索然无味。自熊彼特提出创新以来,其理论发展有五代:个体创新、组织驱动的创新、外部创新源理论、组合创新以及全面创新管理。从理论的名称我们就可以发现,在组织中,创新从部分人手中逐渐到全员手中,创新的权力显然被扩大化了。

按照全面创新管理理论,创新是全体员工的共同行为,从基层员工到高层领导者,每一个人都有可能成为出色的创新者;并且强调为了确保全员创新的整体性和连续性、提高创新绩效,从企业的角度,必须同时对企业的战略、组织、文化、制度等各个方面进行创新,让这种权力能够"发扬",从个人的角度,自身的素质能力不断提升也是必要的。

进一步来说,全面创新管理的提出也有其背景。首先,在过去的几十年中,创新研究表明在创新过程中科学知识和科学方法的作用正在逐渐衰退,创新概念进一步宽泛化;其次,人人具有创造力,而且个人创造力的领域和表达方式各不相同。这两个理由也为全面创新管理提供了支撑。总而言之,全员创新具有广泛的理论渊源,由此,"员工力"中的创新力——每位员工的创新能力也是可以实现的。

员工的创造力是企业创新的基础。员工创造力的形成,绝非一朝一夕之功,而是一个长期培育和积累的过程。在这一过程中,员工应该保持好奇,充满兴趣,敢于质疑,勇于探索。

19 监督力:运用好自己的"话语权"

被分配到什么就做什么,绝不会有意见;手上的任务不拖拉,好好完成;

有了想法和建议不肯说出来，认为言多必失，怕得罪同事、得罪上司，便明哲保身，这是许多老派员工真实的工作写照。对于他们来说，这就是工作的最好状态，也是对企业和领导的忠诚。

没错，在我们通常的认知中，上级都希望员工要忠诚，要绝对服从自己的领导。少说话、多做事常被认为是一种趋向成功的准则，"水深流缓"说的就是这个意思。

只不过，这个"常识"未必会得到领导、企业的认同。

在这儿，我们要说到一个人——张作霖。大军阀张作霖在历史上是一个充满争议的人物，人们对其有着褒贬不一的评价。不过，大部分人的共识是，他是个极有领导才华的人。这么一个非常富有领导艺术的人，有一天突然把自己身边的一位秘书长辞退了。

这位秘书长跟随了张作霖整整8年，兢兢业业，从来没有犯过一星半点的错误，怎么就莫名其妙地被辞退了呢？张作霖有他自己的看法，他说："我作为一个领导，希望别人给我提出意见或者建议。而他作为秘书、下属，8年以来从来没有给我提过一条建议或是和我的见解稍有不同的意见，我留着他干什么？难道你不觉得，一个我说什么他都说对的人很可怕吗？"

这是张作霖的用人之道，至少，他绝不会提拔从不"顶撞"自己的人。由此可见，领导并非只喜欢一味听话、顺从，没有自己的声音的下属。

忠诚对于员工来说固然重要，但提出自己的看法并不等于不忠诚。需要区分的是，企业、领导需要的是忠诚，而不是"愚忠"。"忠诚"是员工总是本着为企业考虑的心，做有利于企业的事情；而"愚忠"可以被理解为这样两层意思：第一，员工本身没有能力，缺乏独立行事的能力；第二，没有自己的思考，永远无条件地服从于领导、权威，哪怕在权威错的时候，也不提出自己的声音。这样的员工对于企业来说不是没用，但是能创造的价值显然小于那些敢于运用话语权的人。

当然，员工在企业中不敢开诚布公地提出自己的看法、言论，而是保留自己的想法，这种现象很常见，也可以理解。员工需要的不仅仅是薪酬、职位，还有安全感。不提出自己的想法往往是对自己的一种保护：不想受到他人的打击、上司的批评，宁可闭口不谈，有什么任务就去做什么；万一被认为是"出言不逊"，招来什么麻烦就更糟糕了。

但是，在目前的社会，互联网发展迅速，通信发达，人们接受的信息、知识越来越多，将会拥有更多自己丰富、独特的思想、看法。如果员工能充分运用话语权,将这些想法提出来,让这些话语都能被倾听到,那么对于企业来说,将是一笔巨大的财富,企业中的决策会更完善、发展会更顺畅。

更何况,越来越多的企业已经注意到了这一点,在企业内部设置了让员工"说话"的平台,比如腾讯的内部论坛;也运用了一些机制鼓励员工说话,譬如惠普的开放式办公环境。可见,企业越来越鼓励员工"说话",领导也越来越能接受下属的"声音",只要是基于为企业考虑的,都能被接受。

而对于员工来说,敢于发声、敢于运用话语权对自己也是有利的。每一位领导都希望自己的员工能够主动工作、积极思考,绝不希望自己的员工是"机器"。其实,上司并没有那么多精力和时间去指导一个员工如何开展具体的业务。在工作中,不发挥积极主动、敢于思考的精神,就永远不会有进步。另外,话语权也是实行监督力的一个客观条件,是"员工力"所需要的。

如何发挥好自己的话语权?

员工要明确自己的岗位职责,在其位,谋其职。员工,特别是一线员工,要有"我不发声何人发"的意识,在岗位上敢于说出合理的看法,指出正确的做法等,无需有所保留。因为大部分企业也都建立相应的制度来保障员工的话语权,希望员工"知无不言,言无不尽",鼓励员工建言献策,营造出一种可以"广开言路"的环境氛围。

管理学奥秘

员工的话语权是否得到了尊重?

"话语权"就是说话权,指公民在公共空间传播自己观点的权利。尊重员工话语权,有利于营造融洽和谐的人际环境,调动员工工作的积极性和创造性。

对于企业而言,一方面要为员工构建良好的平台,打消员工的思想顾虑。真正做到这一点很难,当前员工思想上考虑最多的是自己所提的意见是否正确,领导是否会对自己产生看法,意见或建议提出后会导致什么后果。所以,要真正做到"知无不言,言无不尽",高层领导要做的就是换位思考,站在员工的立场上来考虑,通过多种现代化的沟通手段,在很大程度上消除员工的顾虑,如利用QQ、MSN、内部论坛等,可以避免员工在与高层领导沟通过程中存在的思想顾虑,因此在沟通渠道上,就要选择一种合理有效、符合企业自身实际情况的沟通方式。

另一方面,对员工所提出的意见或建议,不论正确与否,都要及时给与反馈,使员工真正感受到,他们就是企业的主人,企业的发展和员工自身有着不可分割的关联。同时,对员工提出的意见或建议,应该加以分析,进行提炼,不能以传统粗暴式的管理方式对待意见或建议,避免打消员工参与企业管理的积极性。

 如果工作中没有自己的见解和主张,没有解决问题的办法,老板凭什么要提拔这样的人? 从另一个角度来看,员工发挥好话语权和监督力,甚至可以成为一种推销自己的方式。

第五节　寻求更好的发展

　　在职业生涯中,员工总是希望向上发展的。在寻求更好的发展过程中,同样也有许多故事可以诉说……

20　保持学习:必须持续"充电"

　　首先,我们来谈谈一个大家比较熟悉的历史名人——曹操。
　　曹操起家时,只有3000士兵。他孤军抵抗董卓大军遭到惨败。地方诸侯拥兵自重,根本不服从曹操的调遣。曹操意识到,要争夺天下,必须要有自己的地盘。他的机会来源于袁绍的推荐:在关东各郡征伐董卓时,东郡太守实力不敌义军,败下阵之时,袁绍推举他成为东郡太守。这为他在河南、山东发展提供了充分的条件。其实,袁绍看中的是曹操作战领兵的才华,希望曹操能为自己所用。之后,曹操在黄巾军攻打兖州境内时,大败黄巾军,并挑选五六万人组成青州兵,有了一支真正能和敌军抗衡的队伍。
　　且不论之后袁绍的结局,我们可以发现,曹操最初的成功好像很幸运,得到贵人相助。但只是因为幸运吗? 并不是。这源于他本身所具有的出众的统率才能。
　　同样,在职场如果没有真才实学,没有真正的能力,指望着靠运气平步青云是不可能的。得克萨斯有一句古老的谚语:"湿火柴点不着火"。作为一名员工,肚子里有内容,才能"点燃",为企业发挥出自己的光和热;要是自己是一根"湿火柴",指望别人的提拔,只是空想。

很多人有这样的疑惑:离开学校,进入社会,步入职场,自己已经不再是学生,是不是还要学习?还有,上班之后,朝九晚五,就算想学,哪有时间?那么,进入职场要不要继续学习与充电?或者说,怎么去学习?这也是一个值得一谈的话题。

曹操的故事告诉我们,在职场,真才实学才是自己发展的保障。现在,职业的半衰期变得越来越短,淘汰的速度越来越快。要拥有见识、才能,并且与时俱进,主动地、不断地学习和充电对于想要发展的员工是很重要的。

学习和充电的方法很多。职场内,向领导、前辈请教,参与公司的培训、活动;职场外,主动上课、看书,也是一种学习。

许多人都听说过"士别三日,刮目相看"的故事。吕蒙从最初的一介武夫、吴下阿蒙,成长为卓有才识的文武全才,靠的是自己的不断充电、学习。其实,孙权早就劝吕蒙多读书,吕蒙总以忙碌推脱。孙权对他说:"再忙,能有我忙吗?"吕蒙无言以对。孙权继续谆谆教导:"这看书也不是要你做学究,是要你多了解以前的事啊。"吕蒙接纳了这番劝说,从此发愤图强,认真研读《孙子兵法》《左传》《史记》等书,让"上司"鲁肃、孙权刮目相看。

没有时间往往只是一个借口。忙碌的人很多,他们愿意去学习,能够挤出时间去学习,你为什么不可以?作为员工,也应该像吕蒙一样,不能放弃学习。而读书或是最方便、最可行的方法之一。读书让人获取知识,知识是重要的生产力,其重要意义不言而喻。知识的另一个功能,在于它可以让你对环境、对自己有一个更加深刻、清醒的认识。知识越丰富、信息越全面,越有助于工作。这样的员工,肚子里有"内容",也就有了更多晋升的机会。同时,知识也可以作为职场中人际交往时的谈资,面对任何人时都能侃侃而谈,让你在职场成为一个有趣、受欢迎的人。员工选择读的书可以是与自己从事的工作、所处的行业密切相关的书,可以是对为人处世、个人修养有益处的书,可以是将来可能用得到的书,还可以是仅仅感兴趣的书等。

总而言之,学习的途径多种多样。在变化多端的职场上,即使是位列高层的人,也会担心自己"下台",更不用说普通员工了。缺乏安全感时,及时学习充电是一个好的抉择。

> **管理学奥秘**

何时选择充电?

既然要学习,那么何时该学习?

时机一:当工作中缺乏专业知识时。

专业知识的短缺在短期内不会影响当前的工作,但是往往会影响后续发展。要增加职场竞争力,尽快充电才是理性的选择。

时机二:当需要更新知识结构时。

以现在社会的知识更新速度,以往从学校、书本上学到的知识,大约四五年就被淘汰了,要补充新鲜知识,必须学习。

时机三:当职业发展缓慢时。

充电可以让自己未来职业选择的道路更宽,及时充电,可以帮助自己走出职场的困惑期。

时机四:当缺乏职场安全感时。

> **微点评** 人们常说"活到老,学到老",职场同样如此,更何况"还有三分学不到"。作为员工,我们还能有什么理由拒绝学习?卓越的员工应该时刻提醒自己,在知识不断更新换代的今天,逆水行舟,不进则退,唯有不断学习,才能稳操胜券。

21　自我推荐:酒香也怕巷子深

古语道:"酒香不怕巷子深",说的是好酒的香气自然会飘出去,纵然小店再偏僻,也能吸引客人。这个道理不仅仅用在推销商品上,中国人认为其道理也适用于职场,是金子总会发光的,有才能的人不怕被埋没。

《菜根谭》中说:"君子之才华玉韫珠藏,不可使人易知。"哪怕再有才华,也不可锋芒毕露。君子要聪明不露,才华不逞,才有任重道远的力量。

这番话不无道理。我们常会认为,职场上,谦虚内敛是一种合理的处世之道,亦是对自己的一种保护。只要有才干,总能被挖掘、被提拔。

在当代这个竞争愈发激烈的社会,这种一贯的谦虚内敛还合适吗?恐怕并不一定。"待价而沽",等人"三顾茅庐",已经不再适用于现代社会和企业。企业越来越复杂,管理者的任务也更繁重。不是每一位领导都会时刻紧盯着下属,看看哪位下属做得更好,值得提拔。

三国时期,有这样一个故事。

刘备要把大本营迁移到成都,因此必须挑选一名大将镇守汉中。

那么该选谁?大部分人包括张飞自己都认为,非张飞莫属。但刘备却选择了大将魏延,让他担任镇远将军,兼汉中郡太守。这个选择让军中非常震惊。

刘备在一次宴会中,问魏延:"如今我要是委托你担当重任,你有什么打算呢?"魏延道:"若曹操举全军来犯,我为大王抵挡他;若曹操派偏将统帅十万兵力来犯,我为大王吞下他。"刘备听了,心里就像吃了一颗定心丸,在场官员也啧啧称赞。张飞等人也就没什么意见了。也许换作现代人,领导这么问起,下属必然要推辞一番,谦虚一下。不想魏延的回答正是击中了刘备心中所想,巧妙地把自己"推销"了出去,获得重任以及上司的信任。

这个故事对员工的启发是,善于展示的人,能在工作中获得真正的机会,或者说,机会来得更快。

埋头苦干是重要的,但适当的自我表现也是可取的。那些拥有才能的人,不懂得去表现出来,等于是一种自我埋没。我们中国人总把谦虚作为一种美德,但过分的谦虚有时候反而会成为职场上的绊脚石。在职场,对于员工而言,需要平衡谦逊与自信,适度的表现和自荐,能够让自己有更好的发展。对于老板而言,积极主动、富有挑战精神的人也更"可爱",更有为公司创造价值的心。

中国人大多比较内向,比较谦虚。这种谦虚内敛长期扎根于我们的个性之中。一方面,在学校时,往往都是跟着老师的步调来,老师就像老板,去学什么,研究什么,甚至思路应该是怎样的,都由老师定下,学生只要照做即可。另一方面,中国文化讲究中庸之道,讲究"谦虚使人进步"。浸浴在这样的文化氛围中,大多国人更擅长的是:自己有10分的能力,喜欢说成7分,显示自己的谦逊,给别人留一个台阶。因而,当他们走到了工作岗位上,不够主动,更加不会推销自己。

现在,这一切都需要改变了。在这个酒香也怕巷子深的时代,适度的自我展示、自我推销是有价值的。一直默默工作、沉默无闻的人,忙碌的老板很难将目光投注在其身上。因此,员工要学会自我表现,适当地毛遂自荐。

如何适当表现?例如,事关公司和团队利益时,要积极地发表自己的见解、表明自己的观点,帮助公司和团队完善和完成公司计划;在完成分内工作后,乐意协助他人尽快完成工作;学会鼓励自己的同伴,带动队伍的士气等。

如何适当推销?即是在和老板沟通时,对上司表达出"我可以"。

具体而言,第一,可以主动汇报新思路,这既反映出员工的工作热情,也可以加速工作的进度;第二,完成工作时,记得向上司汇报,建立起卓越有效的职业形象;第三,注意"推销"的场合和时间;第四,注意推销的"度",夸夸其谈不可取,最后被委以重任却做不到是一件更加难堪的事。

管理学奥秘

晋升矩阵中,你在哪个位置?

当个人要毛遂自荐、渴望获得晋升时,必须考虑自己的能力和位置。我们不妨来看看"晋升矩阵"。

职场中的人士可以建立一个坐标体系,横向是工作能力的高低,纵向是品质纯度的高低。工作能力毋庸多言,而所谓"品质纯度",是一个很不容易说清楚,但有经验的职场人士能够感觉到的概念,它是指一个历经职场洗礼的人,在多大的程度上仍然能够在内心深处保有对人的真诚、对事的责任。

按照这样的坐标系,我们可以将职场人士划分为四个象限:

一是工作能力差、品质纯度低的员工:往往是企业淘汰的对象,根本无需考虑自荐的问题。

二是工作能力强、品质纯度低或者难以判断的员工:企业往往会慎用、少用,个人要谨慎自荐,调整心态。

三是工作能力差、品质纯度高的员工:企业愿意培养,可以大胆使用,但短期内会持观望态度,个人也要谨慎自荐,保持学习态度。

四是工作能力强、品质纯度高的员工:正是企业任用的重点对象,这样的个人可以大胆毛遂自荐。

> **微点评** "酒香不怕巷子深"的时代已经过去,对于员工来说,善于向老板推销自己也是一种能力,因为在"千里马常有,伯乐不常有"的现实中,不主动去找伯乐,可能真的会默默无闻,甚至沦落到"衹辱于奴隶人之手,骈死于槽枥之间"。

22　寻求发展：跳槽，如何抉择？

当员工个人能力越来越强大，可能会遇到猎头、其他公司等抛来的橄榄枝，这是向上发展必经的一段。跳槽，还是留下？成为一个困难的抉择。

在现代社会，跳槽是一个常见现象。或许是因为自己不合适目前的岗位，或许是人际关系不和谐，或许是不满足现有待遇，又或许是为了追求更好的发展等。总之，跳槽真的不是一件稀奇事儿。美国劳工统计局最新数据显示，如今人们平均一份工作干 4.6 年。"比起以前，人们更加习惯于同事的流动了"。*Passion & Purpose* 一书合著者丹尼尔·古拉蒂（Daniel Gulati）说："这是职场生活的一部分。"不过，关于你为何离开，难免会有人感到好奇。"同事们也会试图揣测你的想法，弄明白你为何要走。"

在古代，也有一个"跳槽"的故事。

韩信自幼熟读兵书，可以说，他具有一定的军事指挥能力。他初入仕途，是拜在项羽帐下，为项羽做文书工作。项羽心里知道他懂得的知识很多，但却嫌他文弱，一直不肯重用他。甚至，对韩信谋划出的良策，项羽也不肯采纳。

韩信拥有满腹才华和满腔抱负，却一直得不到赏识，为此他十分苦闷。

在韩信不得志的时候，他遇见了刘邦的谋臣陈平，在陈平的劝说和引荐下，他转投刘邦。后来，他的发展多亏了萧何，伯乐萧何突然发现韩信乃举世奇才，极力推荐。起初，刘邦任萧何怎么说都不信，韩信决定再次跳槽，连夜逃跑。萧何听说后，月下追赶，百般劝慰将韩信哄回来，再向汉王力荐，正巧赶上了要打一次仗，刘邦便派他为大将，试探他的能力，和他彻夜畅谈，最终惊叹韩信满腹经纶，奇策也多，大有相见恨晚之感。于是，韩信被刘邦拜为大将，帮助刘邦取得了天下。在楚汉争霸中，韩信"战必胜，攻必取"，为汉朝江山的开辟立下汗马功劳，被誉为"兴汉三杰"之一。

韩信在跳槽过程中，其实心里一直握着一杆秤：希望能够获得更好的发展。项羽刚愎自用，"至使人有功当封爵者，印刓敝，忍不能予"，自己根本不可能得到重用，在他手下没有发展的前途；而刘邦有识人之术，认定了是人才，就会善用，到刘邦麾下，自己才能一展宏图。"良禽择木而栖，良臣择主而事"，就是这个道理。

在职场上，我们确实强调，要忠于职业、忠于企业，但是不能将这种忠诚绝对化,应该根据情况而异。

抉择自己是否应该跳槽,可以考虑两点:

一方面,可以回顾自己的追求与规划。人应该重视自己的追求,看看自己当初有着怎样的规划,为此设定了什么样的目标。根据自己的规划和目标,可以在适当的时机跳槽。例如,当前的公司中,自己已经走到"头",得不到进一步的发展时。

另一方面,注意行业前景。行业的前景影响着企业发展,也影响着个人发展。建议多方面考虑行业的发展前景,结合公司的情况与个人能力,看自己是否能有所作为,再决定跳槽是否合适。

当然,跳槽也存在一定的原则,是作为职场人必须了解的。

第一,注意行业积累,不轻易"转行"。一旦进入一个新的行业,需要花费大量时间和精力重新掌握行业信息资源,重新建立行业内的人脉关系。人的职业生涯有限,随意转行业,浪费时间是可怕的,更加无法成就事业。俗话所说的"生行莫入,熟行莫出",其实就是这个道理。

第二,跨行业,不跨工种。跨行后还做之前的工作,那么累积的经验可以继续运用。例如,在广告公司做品牌策划和维护,去了快消品行业依然可以做这方面的工作。

第三,跨行业,不跨职位。进入不同的行业,职位和以前相同,例如从服务性行业到生产制造业,同样都做主管,也是可以接受的。

管理学奥秘

一探"告别"的学问

一旦决定跳槽,剩下的就只是"告别"。人们总会花很多时间准备与策划如何给别人留下深刻的第一印象,却很少考虑到"最后印象"。在经过深思熟虑之后,终于决定要离开现有的企业,如何优雅地辞职也是一个问题。

走进老板办公室,抛下一句"我不干了!"然后转身离开。也许你幻想过这么潇洒地离开,但那毕竟是幻想。在现实中,这种方式并不被提倡。那么,如何辞职?你应该先告诉谁?你应该多早给出通知?关于离开的原因你应保持多大程度的诚实?总之,如何合理处理和辞职相关的一切事务?下表给出了"三要三不"。

Do	Do not
1. 至少提前两周通知。如果时间允许,主动提出工作更长时间来保证流畅有序的交接。	1. 向不同的人给出不同的辞职理由——坚持只说同一个理由。
2. 与老板合作,找出利用剩余工作时间以及进行收尾的最好方式。	2. 对你的下一步行动撒谎或太过保密——你的老板和前同事很快就会发现你去哪儿了。
3. 对从工作中学到的东西心怀感激,向同事公开表达谢意。	3. 在离职谈话时太过坦诚——这不是你给出详细反馈和改进建议的时机。

> **微点评** 同样是跳槽,有些人跳得漂亮,来个华丽的转身,也有人跳得尴尬,跳槽之后原地踏步,甚至一蹶不振。其实在职场,跳槽是个"技术活"。只有把跳槽当成"撑竿跳"的时候,才能跳得高,跳得远。

第六章

"微权力"的发展

纵观历史到现在,我们看到小人物逐渐登上舞台,领导者慢慢退居幕后;研究理论和实践,我们发现"员工力"能够塑造,能够成长。现在,我们将视线转向未来……

第一节　员工的未来

广大员工,实际上就是小人物的典型代表。从古至今,他们的"正能量"逐渐被挖掘,执行力也好,创新力也罢,都对他们所在的组织、社会产生了不可估量的作用。在这个"微权力"当道的时代,借着互联网的东风,他们手中的权力更大了,他们的地位越来越受到重视。未来,他们又将有什么新的发展,让我们大胆作出预测和评估。

1　一切的开端——员工价值正在转变

自 1796 年世界上第一家现代企业诞生以来,企业经历了近 250 年的发展,企业管理者与员工的相互关系也发生了划时代的变化。或许你应该庆幸生活在 21 世纪的今天,可以选择进修的机会,可以尝试新鲜的工作,可以坐拥各种福利,可以更加自由,更加充实……得到了越来越多的机会、权利,而不是像电视里十七八世纪的炼铁工人。

企业管理史,大体经历了经验管理、科学管理、文化管理三个阶段。到现在,文化管理是现代企业管理的关键,而文化管理的中心思想即:人是待开发的潜力巨大的资源。员工的价值已经发生了变化,未来,员工在企业中的地位越来越高,表现为更加被信任、更加被依靠。

有这样两个关于现代企业和员工的案例:

一是百度。作为中国创造型和知识型企业标杆的百度公司,在创始人兼 CEO 李彦宏的带领下,在十几年时间内,从一家只有 7 人,投资约 120 万美元的创业型公司发展为如今员工将近 1 万人、市值超过 250 亿美元的世互联网领军企业。百度公司的辉煌离不开领头人李彦宏的成员有机化的管理模式。百度的有机管理主要包括李彦宏管理层的君子性领导风格,"简单可依赖"的核心价值观,创新的发展路径,以及百度特色的用人机制。

在李彦宏看来,作为一家知识型公司,百度不应像传统制造企业一样采取家长式的领导风格,要尽量用网络式的结构形式来取代阶层式组织;用员工民主参与替代简单的层级命令;用团队合作取代个人英雄主义。他认为,自省自律、信任尊重、专注敬业是百度成员应具备的特质。走进百度大厦,有种走进校园的感觉,年轻、充满朝气的百度人营造出了一种自由向上的企业氛围。"简单可信赖"是百度文化的精髓,这里"可信赖"就是员工的可信任、可托付。百度人认为,作为一个团队,管理层与员工之间应该具有很强的信任感。当上级将任务交给一个人时,这个人说:"好,我来做",那么上级就应该对他充满信心,相信员工做出来的东西就是好的,就是有需求的。这种信任感并不是允许员工的肆意妄为,而是在上级能够宏观把握的前提下,最大限度地让员工发挥主动性和积极性,让员工意识到企业对自己的重视,这样,员工对自己的定位也会从被动雇用转变成企业的主人,产生为企业主动效劳的积极性,从而使敬业精神大幅度提升。

二是作为世界汽车行业实力排名第三位的日本本田公司,以"事业在于人"作为企业发展的宗旨,认为高工资和高福利等物质激励手段的作用是有限的,只有当员工觉得自己的能力能够得以发挥,内心产生努力工作的动机时,才会形成更大的干劲。本田公司十分注重从精神动机出发来激励员工,同时还建立了申报制度和建议制度,以充分发挥才能,调动员工的积极性和为企业奉献终生的敬业精神。

这些员工可能只是基层人物,但他们作为既有灵活性又有自信的一个团体,非常清楚公司的目标是什么,公司想要什么。另外,他们乐于获得新知识,积极参加各种培训活动,对个人成就和责任更感兴趣。换句话说,在追求个人成功的同时,他们也会产生关心企业兴衰成败的责任感,能够通过不断创新、变革活动,为企业注入更多活力,为企业长远发展不断贡献光和热。这些员工得到了越来越多的重视。

传统的经验管理和科学管理下,绝大多数企业经营者集所有权和经营权于一身,员工按照规定,像机器一样不停地从事劳动,员工士气低落,生产效率并不高。随着标准化管理,计量培训,规范的法律制度的普及,员工缩短了运作周期,但生产效率提升的同时也带来了员工对工作的厌烦、高频率的罢工、劳资矛盾恶化等一系列问题，而造成这些问题的本质其实就在于对员工的忽视，这导致员工在很长一段时间内被繁琐的机械操作束缚，无法获得内在价值的提升。

当代，员工的力量被看到了，也就逐渐得到了更多的重视。他们拥有知识、拥有智慧。管理大师德鲁克说："知识是生产资料，它的所有者是知识工人，工人可以将它化为力量。"这一特点并不仅仅适用于搞学术的知识分子，同样适用于企业中的普通员工。现代企业管理理论认为，知识人提供知识资本与企业给予金钱资助是一个道理，这是一种相互依赖的关系，这种依存关系使得员工也获得与企业管理者同等层次的地位和水平，充实内在的同时，提升其在企业中的地位和价值，存在感骤增。

也因此，和员工价值相关的许多问题，都发生了显著的变化：

（1）"经济人假设"陷入困境

传统管理的基本假设为员工都是追求经济利益最大化的"经济人"。在科学管理环境下，技术、生产等是企业追求的中心，而员工除了赚钱糊口外，毫无动机，因此管理者认为他们都很懒惰，没有责任心可言，也正因为这样的偏见，员工通常处于被动接受管理的状态，外部监督和重奖重罚是管理者采取的主要管理方法，而金钱杠杆则是管理者选择的唯一激励手段。但随着时代的进步，有觉悟的工人不再仅仅是单纯的"经济人"，一场又一场的工会运动就是员工影响力的证明，员工在生产力提高的情况下不再满足于温饱问题的解决，于是，"经济人假设"陷入困境。事实上，在社会发展到一定阶段后，员工的需要将不再是生存、安全等基本需求，所以满足这种基本需求的物质激励杠杆将倍感乏力。员工的士气在很大程度上影响着企业的发展，企业需要思考如何满足员工更高层次的精神需要，于是以员工为中心的文化管理便应运而生。现代管理理论强调人既是管理的出发点，也是最终的落脚点，人性化管理应取代传统的管理方式，尊重人，关心人，信赖人，激励人，开发人。

（2）"外部控制"的局限

传统管理中，一般以外部控制为主，"重奖重罚"是管理者采取的主要手段。但随着员工在企业中地位的提升，脑力劳动在劳动构成中分量的不断加重，以员工为中心的自我控制、自查自律便成为管理者约束员工的主要手段。随着管理者与员工关系的转变，管理者也由指挥型变成了育才型——与其说是领导，不如说他们更像是员工的导师和朋友。例如，一个知名的德国企业要求每个员工每年年初都要上交一份自我发展计划,简明介绍新的一年内对自己的要求和想要达成的目标,并对上一年的计划进行总结,省视上一年目标的达成状况。自我发展计划一方面是员工自我管理的依据,另一方面也有助于上级更好地带领员工实现目标。企业还设置咨询会,帮助员工对自己有更清晰的了解和认识,在目标设置时更加清晰、合理,为员工提高执行力、更高效率地完成目标保驾护航。

(3) 激励方式转变及多样化过程

传统管理下激励方式的选择在很大程度上取决于企业所处的外部环境条件,以"外激"为主。如今,激励方式更着重员工自尊和自我实现的需要,依赖于员工在工作过程中所展现出来的魅力,以"内激"为主。这种激励方式的转变,昭示着员工在企业中地位和价值的进一步提升。

(4) 分权管理的发展

市场竞争加剧,现代信息化突飞猛进,这样的外部经济环境要求企业能够对市场变化作出快速反应,相应地,对经营决策的准确性、快速性的要求也更加严格。为了防止管理层分身乏术,于是决策权下放,各种形式的分权管理应运而生。从组织结构来说,在现代企业管理氛围下,企业权力结构不再是职能式或者事业部制的"金字塔"结构,取而代之的是更为平等、权力结构比较模糊的扁平化网络结构。换句话说,如今的员工能够拥有更多学习和平等沟通的机会,员工的价值随着企业的发展不断增值。特别是近 20 年来,跨国公司的出现使得这种趋势更加明显。由于地理位置、文化语言的差异导致企业无法实现直接管理和监督,于是,授权管理成了必然,决策权下放给最了解情况、最熟悉问题的相应层次。金字塔的倒塌、组织结构的柔性化、分权管理的发展,这些控制方式的变化都在传递着一个信息:员工将不再仅仅服从上级,他们正逐渐成为自己的主人。

(5) 知识化时代的到来

有人说,知识经济将主导 21 世纪的全球经济。而对于人才决定一切的企业发展而言,知识型员工的培养成为无法避免的问题。知识型员工的养成是一个平台,它让员工获得内在回报感的同时,也有助于加深员工和企业发展的紧密联系。

基于上述这些变化,我们还将看到:工作内容不再机械式重复、工作时间更为弹性、薪酬福利设置多样化……总之,传统的管理模式中,人仅仅是成本,而在现代企业管理理念下,人是中心,是自我实现人和观念人,他们将逐渐摆脱被束缚的状态,通过自身价值的提升,完成历史的蜕变,成为企业发展中举足轻重的一员。

 随着员工价值的改变,或者说价值的提升,他们成为企业组织的中心人物。他们不再被各种条条框框束缚,更容易发挥"员工力"。

2 雇佣制度的变化——从雇佣到联盟

纵观整个20世纪,以西方工业化革命为起点,通过亚当·斯密的分工理论、福特与泰勒的管理实践,规模化、标准化、由上而下控制式的流水线运作形态已统治企业近百年。即便是当下的所谓现代化管理理论,也脱胎于这一形式,许多所谓的管理创新只是在这部老机器上修修补补而已。

企业与员工之间的雇佣模式在这一百年间没有出现大的变化。

我们可以再梳理一下人类的劳动关系,可能就会理解这一变化:在石器时代的原始社会,人们一起劳动,地位平等但手段原始,此时劳动关系是"互帮互助"。后来出现了产品"交换",也是商业的雏形;到了奴隶社会,奴隶主占有所有财富,奴隶们别说财富了,人身自由都没有,此时劳动关系是"无条件劳动"。再到封建社会,地主把土地分给农民,农民要交租,此时劳动关系是"压迫劳动"。但是农民有了自由和一定的财富。再后来资产阶级革命爆发,有了资本主义国家,资本家付给工人工资,让工人去劳动。但资本家为了追求利润不断剥削工人,此时的劳动关系是"雇佣劳动"。然而,随着生产力的迅速提高,世界先后爆发了几次工业革命,一方面,整个世界的物质财富急剧增加;另一方面,崭新的生产力对原来的生产方式产生了巨大冲击,但这种雇佣劳动却没有发生重大的变化。

随着互联网的出现,以及IT技术的迅速崛起,我们才逐渐察觉到一统"江湖"的雇佣格局在发生改变——分工协作、外包、项目制、兼职等多种雇佣形式开始陆续出现,这对雇主和员工间的关系产生了深远影响。此外,雇佣关系的变化也给企业员工管理,特别是用人、留人环节带来了挑战。

如果粗略划分一下雇佣关系,过去人们一直在追求一种稳定的、标准化的典型的雇佣关系,比如最为典型的日本的终身雇佣制。在这种雇佣关系下,员工对于企业的依附性较强,无论精神层面还是经济层面,长期将自己的劳动力卖给企业。这种雇佣关系的优势在于稳定、风险小,缺陷是员工自由度小,完全听命于管理者的指派。

因此,在以往的雇佣关系下,员工需要时时听命于自己的上级,甚至经常要看众多上级的脸色行事。虽然企业性质可能有所差异,但员工基本上被视为机器上的一个零件,装在一部或大或小、或快或慢、或干或油的机器上,被带动着转着或固定着执行组织的意志,难有自主的话语权。

现在,长期的、稳定的雇佣格局逐渐被打破,人们开始追求更加灵活、自由、弹性的工作方式。在企业内部,一些跨国公司也开始提倡弹性工作制,可以有限度地选择自己上班的时间或部分时间在家工作,并将此作为吸引优秀人才加盟的条件。这一方面来自于组织形式的打破,如项目制、外包、劳务派遣的出现;另一方面,则是作为员工个体自我意识的觉醒,即使是最优秀的员工也越来不愿意"从一而终"。

移动互联时代是互联互通的商业民主时代,体现在组织与员工的关系上则是扁平、高效、开放。可预见的未来,类似"终身雇佣"的长期雇佣关系必然会逐渐被取代。未来的组织与员工之间的关系会出现哪些变化呢?

滴滴打车的司机能够给我们些许启发。

最近,滴滴打车公开了未来的潮汐战略,这一战略为我们提供了以下几个数据。目前,全国有135万活跃司机,70%的司机每天在用滴滴快的。这意味着每10个司机中,有7个用滴滴快的。同时,专车司机达到40万,成长速度逼近出租车速度。从滴滴公布的"潮汐战略与6大业务线",可以看到他们无限制延伸了员工的概念。

这些司机,他们不是公司的员工,不按出勤情况和绩效拿工资,但是他们的业务来源和收益,却依靠滴滴。在滴滴的事业平台上,主要就是吸收容纳这些为我所用的"在线员工"。企业与司机实际上是联盟关系。企业为司机提供平台与讯息,司机通过平台与讯息赚钱。

类似的还有海尔公司。现在的海尔没有层级,只有三种人——平台主、小微主、创客,他们都围着用户转。以前,员工要听从上级指挥,现在要为用户创造价值,必须变成创业者、创客,这些创客组成小微创业企业,创客和小微主共同创造用户、市场。

2013年初,海尔的促销员已经与各地小微企业签订劳动合同,解除海尔集团员工的身份。2014年5月,业务层面,甚至中高层员工,也与小微企业签订劳动合同,不再是海尔集团在册员工。除了营销人员,从事研发、模具业务的人员也成立了各种经营体，并转变为小微企业的员工。海尔的目标是变为一个平台型企业，在册员工变为在线员工，根据订单来"按单聚散"、自主经营。而服务于用户的也不只是海尔原有员工，可以用平台来聚合社会资源。

这意味着老板不再是老板，员工不再是员工，他们之间的关系演变成联盟关系。

这正如世界最大的职业社交网站 LinkedIn（领英）创始人里德·霍夫曼在《联盟》一书中提出的，在移动互联时代，企业与员工之间应该从商业交易转变为互惠关系，需要建立一种彼此信任、相互投资、共同收益的"结盟"关系。具体做法是：

企业应该告诉员工："只要你忠诚于客户价值、创造更多价值，公司就会让你收获更多。"员工可以告诉企业："如果公司帮助我发展我的事业，我会帮助公司发展壮大。"合同期内，双方都要信守承诺。合同期结束可以选择继续合作，也可以选择分手。但即便是分手，人才和企业之间依然可以保持终身关系。

如同麦肯锡的名望与业务很多都来自于其前员工，他们为前雇员建立了一个名为"麦肯锡校友录"的数据库，及时更新他们的职业的变动状况，与之保持良好的关系。这些前雇员继续为老东家提供人脉情报、推荐人才，甚至带来销售业绩。

那么，未来，对于员工来说，应该怎样处理"联盟关系"呢？

我们不可能回到终身雇佣的年代，只能开放地接受未来的联盟关系。在这种联盟中，雇主和员工建立的关系基于他们为对方增加价值的能力。通过建立互惠联盟而不是简单地用金钱交换，雇主和员工可以投资于这段关系，并承担追求更高回报的必要风险。

例如，许多人力资源主管和高管在培训和开发项目上花了重金却眼睁睁地看着员工在几个月后离职，为他人做嫁衣。这是很多企业不愿见到的。在联盟中，管理者可以开诚布公地谈论公司愿意为员工进行的投资和公司期望的回报。员工可以开诚布公地谈论他寻求的发展类型（技能、经验等），以及他通过努力可以为公司作出的回报。双方都设定了明确的预期。当一家公司及其管理者和员工采取这种方式时，各方都可以专注于中长期收益的最大化，为所有人创造更大的蛋糕，为公司带来更多创新、韧性和适应性。

即便员工最终选择了离开，这种联盟关系仍然能够继续发光发热。

一方面，前员工能帮助雇主作品牌传播。他们不一定能在广告或媒体上帮到雇主太多，但在社交媒体上，他们都是可以为雇主品牌进行传播的节点。在社交媒体影响越来越大而且投入也越来越多的情况下，发挥前员工的传播价值，将为雇主带来丰厚的回报。口碑就是这么一回事。

另一方面，前员工离职后可能"二进宫"，"二进宫"的员工可以将外部人的视角与内部人掌握的公司流程和文化结合，并且在适应公司文化方面几乎没有问题。此外，前员工可以推荐优秀的人才。比如，国内很多公司都为现任员工设立推荐奖。

联盟关系是"不在乎天长地久，只要曾经拥有"，在一起时彼此忠诚，不在一起时还是朋友。维系雇佣双方之间的终身关系，并从中挖掘价值，变得比以往更加重要。

这或许就是未来一种新的雇佣制度发展趋势。说好？员工团队充满流动性、不确定性。说不好？它灵活多变。到底好不好，这可就见仁见智了。

> **微点评** 在互联网浪潮的冲击下，传统的雇主与员工的雇佣关系发生变化，分工协作、外包、项目制、兼职等多种雇佣形式开始陆续出现。在未来，员工与组织的雇佣关系更可能朝着联盟关系的方向发展。

3　工作内容的革命——基于工业 4.0 的思考

互联网时代正在颠覆传统经济时代的发展模式，因而适应时代的创新生产模式正在全球范围内引发关注，其中最引人注目的不外乎德国所提出的工业 4.0。为什么德国工业 4.0 引发如此关注呢？这还得从德国提出工业 4.0 的原因说起，也不得不提到美国与中国了。

美国是工业 3.0 时代的集大成者，工业 3.0 是信息技术革命，美国在这方面遥遥领先。不仅德国，乃至整个欧洲都丧失了全球信息通信产业发展的机遇。比如在信息产业最活跃的互联网领域，全球市值最大 20 个互联网企业中没有欧洲企业，欧洲的互联网市场基本被美国企业垄断，德国副总理兼经济和能源部长加布里尔曾说：德国企业的数据由美国硅谷的四大科技把持，这正是他所担心的。

德国人担忧的还有近些年来发展迅猛的中国制造业。2012 年，中国制造业增加值为 2.08 万亿美元,在全球制造业中占比约 20%,与美国相当,成为世界制造大国。因此,我们会听到"世界工厂"之说,也会看到"Made in China"遍布世界的各个角落。

德国工业 4.0 赋予德国工业"可上可下",向上可以应对美国信息技术对本国制造业的入侵,向下可以压制中国制造业的低成本竞争,意义不可谓不大。

其实,简单来说,工业 4.0 就是被呼吁的第四次工业革命,相比前三次工业革命分别伴随着机械化、电气化和计算机技术,如今,物联网及其服务在制造业环境中的介入正引导着我们进入第四次工业革命。

这革命,将会是什么样?

作为德国工业 4.0 的模范工厂,西门子安贝格电子制造厂被誉为未来德国工业的缩影。这座位于巴伐利亚州东北小镇上的工厂其貌不扬,只有三座外观简朴的厂房,但却拥有欧洲最先进的数字化生产平台。

在这座工厂中,产品与机器之间进行了通信,整个生产过程都为实现 IT 控制进行了优化,生产效率因此大大提高:只有不到 1/4 的工作量需要人工处理,主要是数据检测和记录;工厂每年生产元件 30 亿个,每秒钟可生产出一个产品,产能较数字化前提高了 8 倍;由于对所有元件及工序进行实时监测和处理,工厂可做到 24 小时内为客户供货。

这座工厂蕴含了"工业 4.0"可能带来的种种革命性变革,其中一点便是,智能生产是否会取代人工?要知道,除了一些产量特别小,单独配置自动化生产设备不划算的情形外,整个生产线上已经不需要人工参与。

这与我们想象中的未来的工厂似乎有着相似之处:传送带安静而迅速地将工件运送到整洁的机器旁边。身形小巧、动作敏捷的运输机器人魔幻般地在车间过道上穿梭往来,搬运物料,运送零件到仓库,检修设备……焊接机器人动作飞快地做着焊接工作。防护罩已变成多余的物品,因为生产车间里面已没有人。

旁边十几位工程师高高坐在玻璃控制室中,控制着机器的运行;或者可以更准确地说,他们仅仅在观察和监测机器的运行。繁重的工作全部是由高性能的计算机处理的:它们能够以图形化方式实时、准确地显示出数据,提示生产过程中发生的变化。而这些变化都是由相互之间采用无线通讯并自发组织的机器与工件触发的……

正因如此,在欧洲,已有不少预言家悲观地描绘了未来工业生产"灾难性"的场景：工厂空无一人、与世隔绝,人的工作被机器取代,失业率高涨,甚至更有人称"中产阶级"或将由此逐渐消失。

未来,真的会变成这样吗？

德国人工智能研究中心首席执行官沃尔夫冈博士并不认同这种看法。他认为,即使是在工业4.0时代,工厂中也不会空无一人,机器人不可能完全取代工人。但是,他同时又指出,毫无疑问,人们在生产中所从事的工作内容将发生巨大变化,体力劳动将减少,人们将会更多地从事计划、协调、创新和决策等工作。简而言之,在未来,蓝领工人的"戏份"会越来越少,他们的大部分工作会逐渐被机器人取代。

正如上面所论述的,在可见的未来,对于企业的员工来说,他们的工作任务和内容将会发生巨大的变化,未来的员工也需要具备不同于现在的工作技能。弗劳恩霍夫工业工程研究所在《未来生产——工业4.0》研究论文中得出这样的结论："不管是生产线上的工人,还是以知识为生的员工,其工作内容都将会发生变化",该项研究的依据是德国弗劳恩霍夫研究所对德国700家公司和行业专家所作的一项调查。

也就是说,员工的职责将从简单的执行层面转为更加复杂而重要的控制、操作和规划等多个层面。众多生产过程都将由互联网在分散式控制系统的控制下运行,而价值链的各个环节都将通过网络互联,工件可以通过制造过程的所有节点自动寻址,例如,从第一家供应商追溯到可能位于千里之外的最终装配厂。可以毫不夸张地说,工业4.0将彻底改变全世界的工作。

具体来看,在可预见的未来,员工工作会发生哪些变化呢？

一方面,工业4.0导致工作内容升级,员工与管理者界限变得模糊。工业4.0对人类最大的贡献在于,运用于智能生产中的智能辅助系统可以把工人从单调、程序化的工作中解放出来,从而使人们能够将精力集中在创新和增值业务上。也就是我们前面所说的"蓝领工人"逐渐减少。跨国人力资源公司万宝盛华提出了一个新的概念：灰领工人。万宝盛华认为,越来越多的生产岗位正在要求工人对联网的机器进行编程和维护,并且在机器发生故障时,能够马上维修使之恢复正常。除了编程外,灰领工人还要懂得复杂的数据,与管理人员组成团队,协同工作。

我们从蓝领工人向灰领工人的转变也能作出这样的判断,随着人工智能的不断发展,员工的工作内容会逐渐升级,简单、重复和程序化的工作必然会最大程度被机器人取代,因此未来普通员工也将会从事与现在管理者类似的工作,工作职责必然会从简单的执行层面转向更为复杂的控制、规划、决策等层面。员工与管理者之间的界限将更加模糊。

另一方面,工业4.0对员工特别是一线员工的要求越来越高,要求一线员工具有对产品的判断和马上作决策的能力。

随着人在生产制造中的角色和作用发生改变,工业4.0时代对优秀员工的评判标准也发生了变化:由于对产品和生产方式的要求越来越高,智能制造对员工专业水平的要求也越来越高;未来的工作岗位将更加注重技术专业性,熟练工种逐渐减少,能动性岗位越来越多。为了更好地拥抱工业4.0时代,企业需要储备和培养更多数据科学、软件开发、硬件工程、测试、运营及营销等方面的高端人才。

作为员工,完全可以抓住工业4.0所带来的机会。如何做呢?

从员工的角度看,随着员工与管理者之间的界限逐渐模糊,相应地,对于员工的工作要求也是水涨船高。美国管理学家卡茨提出,管理者应该至少具备三大基本技能,从低到高分别为:技术技能、人际技能和概念技能。这三种技能对于不同层次的管理者的要求有所差异,技术技能指熟悉和精通某种特定专业领域的知识,诸如工程、计算机科学、财务、会计或者制造等。对于基层管理者来说,这种技能是重要的。具有良好人际技能的管理者能够使员工充满热情和信心,这种技能对于各个层次的管理者都是必备的。概念技能指管理者对复杂情况进行抽象和概念化。尤其对于高层管理者,这种技能最为重要。

因此,我们认为,员工应该更加注重人际技能与概念技能的培养。因为最基本的技术技能在未来会逐渐被人工智能和机器人所取代,并且这种技能在实际工作中很大程度上属于执行层面的技能。

人际技能和概念技能的发挥会对员工产生更大的影响。良好的人际关系能够在员工之间交流信息、增强组织凝聚力等方面发挥重要作用。因此,员工的人际技能的高低将直接决定员工与周围同事人际关系的好坏。最后,概念技能不仅表现为解决问题的执行能力,更为重要的是在此基础上作决策的能力。这意味着员工也要考虑企业全面、长远的发展战略,它与基层执行者的具体细节操作的技能研究截然不同。具体来说,即理解事物之间的相互关联性,确定和协调各方面关系的能力,以及权衡不同方案的优劣性和内在风险的能力。

最终,工业4.0将根本性地改变全世界的工作,自我组织和自治的指导原则将会为以人为导向的工作组织创造更为广泛而多样的机会。员工的任务范围会很明显地扩大,资格培训和行动自由度将会加大,获取知识的途径将会得到改善。有指导性的工作材料和工作交流形式将会提高教和学的生产力。随着 IT 技能所占比重的增加,新的培训内容将会被制定出来。在这些前景下,工业 4.0 会为未来提供非常大的机遇。正如美国管理学家柯林斯在《从优秀到卓越》一书中提到的,不管是作为员工还是组织本身,都有一种不断追求自我成长,不断实现从优秀到卓越的成长的本能。面对工业 4.0,每位员工都应该抓住机会,实现自我价值。

> **微点评** 以工业 4.0 为代表的先进、创新的生产模式,不可避免地将改变员工工作内容,使员工的工作从简单的执行层面转向更为复杂的控制、规划、决策等层面。员工与管理者之间的界限将会更加模糊。

4 "8 小时"的消失——救赎被绑架的自由

当别人拿走我们视若珍宝的玩具,或是夺去我们刚到嘴边的食物,我们一定会感觉受到了侵犯。但当我们的时间被侵占,我们何以竟会无知无觉?时间本来是每个人都平等拥有的资源,但却被工业时代的传统工作制度长期垄断。既得利益使我们付出了自由的代价,也使我们逐渐变得麻木。

很多企业总是愿意投入大笔资金去改造员工的工作环境,精心设计一间咖啡屋,免费提供健身器材,甚至特意建造一个游戏室。当然,出发点是好的,是关心员工的身心状态,但内在目的仍是尽可能长时间把员工留在办公室,而不是为了他们真正的快乐。有研究显示,一个人每天最具创造力的状态只能维持短短几小时。高效状态过去之后,人们不过是在浪费时间勉强工作。有时工作时间太长反而会起反作用,还不仅是陡然增加工作量所造成的拖延症,更是对绩效和创造力的损害摧残。为什么非要鼓励员工在办公室面对着一台电脑待够 8 小时呢?

管理学中的"X 理论"认为,员工天生喜欢偷懒,需要用严格手段监督和管理。这揭示了那些总是强制性约束员工的企业价值判断。员工打卡上班制度也由此而生。现在,大部分企业都实行打卡制度,让员工按照企业的期望规范自己的行为。这的确有效,员工很少有迟到早退的现象,并且在 8 小时工作时间内,老老实实待在自己的岗位。那么,问题来了:8小时之内,员工都在认认真真工作吗?

我们不妨先来看看一些人的态度。2014年4月初,美国的网络媒体发表了一系列报道,哀叹"懒惰的法国人"。据报道,法国新出台了一项劳动法规,禁止工作单位在下午六点之后给他们的雇员发电子邮件。虽然随后《经济学人》杂志解释,所谓的"法规"仅是一项劳资协议,而非一项法律。其目的在于促进特定范围专业人士的身体健康,而且在该协议中,也没有对电子通讯的严格宵禁令。但从美国人的报道中,我们不难看出他们的态度。长期以来,美国人都深信,当他们在职场奋斗时,法国人和其他一些国家的人却在终日闲逛。他们认为所谓的"停工时间"根本不存在。事实果真如此吗?实际上,他们根本无法忽视和拒绝工作环境中的种种娱乐。据脸书和推特统计发现,他们网站最繁忙的时间往往是工作时间。因此,员工不仅要忙着完成自己的工作任务,同时还要分出一部分精力去回复朋友的推特,然后再重新进入工作状态。注意力焦点的每一次转换都会给大脑的工作造成迟延,并且会给大脑造成不断积累的负担,最终,一个处于忙碌状态的员工将无法保持创造力所需的持续爆发能量。持续工作不等于高效工作,关键在于工作成果能够带来什么价值。

那么再问问自己,你是否有过这样的体验:早晨,震耳欲聋的闹铃声不停地扰人清梦,不断提醒你,今天要上班。睡眼惺忪的你终于赶在公司规定的上班时间之前打了卡,松了一口气,开始进入工作状态。你的工作任务在下午3点已经圆满完成,可是下班时间是6点,接下来的3小时你不得不继续待在办公室,如坐针毡。这时候,你是否憧憬过,未来的你将不再在办公室中深受案牍之劳形,而是在家穿着睡衣惬意地工作?

话说回来,互联网的快速发展,为我们打开了一个全新的世界,创造了更多的机会和可能性,也迅速拉近了工作和生活的距离。随着生活节奏的提速,传统朝九晚五的工作方式受到越来越严峻的考验。未来的你,要怎样工作?

近两年,SOHO一族逐渐成为热议的焦点。SOHO,即Small Office Home Office,家居办公,指的是那些自由职业者,例如自由撰稿人、平面设计师、音乐创作人、服装设计师、商务代理、网页设计人员等。他们能够按照自己的兴趣和爱好自由选择工作,不受时间和地点制约,不受发展空间限制。追求自由是人的天性。如此浪漫的工作方式吸引了越来越多的青年加入这个行列。互联网的兴起,给 SOHO 一族创造了一个巨大的施展才华的舞台。随着互联网在各个领域的广泛运用,以及电脑、传真机、打印机等办公设备在家庭中的普及,SOHO 的内涵与形式也在不断丰富和变化。

李晓铭是 SOHO 一族中一名优秀的网页设计师。他习惯睡到自然醒,享受一顿丰盛的早餐后,坐在洒满阳光的窗边浏览一下新闻网页,便开始专心更新自己的个人网站。他的个人网站独具特色,逐渐引起一家知名 IT 公司的关注。最后,这家 IT 公司聘请他为高级网页设计师。他得到了新的机遇,开始了新的事业。更为难得的是,他的办公室仍然是自己的家,并且公司允许他享有自由的工作时间。

这样的例子在新兴行业层出不穷,但对于按部就班、墨守成规的传统企业来说,并非一朝一夕就能接受和实行。随着信息技术的高速发展,总有一天,8 小时工作制会宣告退休,取而代之的是一种更为轻松、自由的弹性工作制——员工不受考勤制度的强制性约束,不用每天去公司,当然也不用打卡,而只需要在家完成公司布置的任务即可。这听起来非常具有吸引力,员工们不必呆坐在办公室不停地看表,焦急地等待秒针指向下班的最后一刻,甚至不必被挤在长长的车队中央缓慢前行。在完成工作任务之后,还能享受更多的生活乐趣。

对于企业来说,要做的仅仅是为远程工作的员工配备一台笔记本电脑,并且给予他们信任与鼓励。互联网的发达,也实现了视频会议或者更多的远程操作。如此一来,办公成本大幅度减少,何乐而不为?

在未来,这可能就是员工工作的一个趋势。

只是,谈及弹性制度的问题,或许争议颇大。长期实行弹性工作制是否会让员工对工作懈怠?是否会降低员工的团队意识和合作精神?针对此问题,斯坦福大学进行了一个试验。在参与试验的 1000 名员工中,一半人可以穿着睡衣在家远程办公,作为对照,另一半人则留在办公室工作。9 个月后,经过绩效考核发现,这些穿着睡衣的员工的绩效竟比在办公室西装革履的员工高出 22%!为何会有这样神奇的结果?这不得不提到与 X 理论恰相反的 Y 理论。Y 理论认为,人都是有良心和自觉性的,只要条件合适,员工一般会卖力地工作。要求员工很好地工作,不能仅靠苛刻的管理制度和惩罚措施。如果企业能够采取正确的激励措施,员工不仅能够在工作中约束自己,自觉地完成所分配的工作任务,而且还会发挥自己的潜能。

Y 理论已经被越来越多的企业所接受,弹性工作制也逐渐被推行。在欧美，超过 40% 的大公司采用了"弹性工作制"，其中包括施乐公司、惠普公司等著名的大公司；在日本，日立制造所、富士重工业、三菱电机等大型企业也都不同程度地进行了类似的改革。2014 年起，韩国中央政府和地方政府实施"5 小时弹性工作制"，让员工灵活安排工作时间。这些企业都意识到，传统工作制度下的员工常常"身在曹营心在汉"，他们在办公室的 8 小时就像是一种囚禁，工作时无精打采，缺乏积极性，自然工作效率也低。在我国，也涌现出一些试用弹性工作制的工厂和企业。因为这是未来的发展趋势。

不得不说，X 理论虽然稍显偏激，但它的确揭示了一个不可否认的事实——人的惰性与生俱来。弹性工作制的实行是有前提的，无论是对企业而言还是对员工个人而言，都是个不小的挑战。

当然，作为一名员工，如果你想要享受弹性工作制，那么需要具备以下条件：

- 你是一个自觉性强的人。没有外界压力和强制监督的情况下，你也能主动完成工作任务。
- 你是一个独立性强的人。即使没有同事在旁协助，也能独立完成工作任务。
- 你是一个计划性强的人。弹性工作制意味着你能够自由安排时间。但不代表，你的工作任务想什么时候完成就什么时候完成。你必须懂得维持工作和生活的平衡，有计划，能够控制工作进度。
- 你是一个责任感强的人。你清楚自己所承担的责任，也富有使命感，你能够努力为企业创造价值。

作为一家企业，如果想要实行弹性工作制，那么需要具备以下条件：

- 建立一套精确完善的绩效考核机制。弹性工作制对于绩效考核的要求非常高，因为我们无法再使用传统的方法去衡量一个员工的工作贡献。
- 拥有自律务实的企业文化。弹性工作制下，想要兼顾纪律与效率，最好的办法未必是另建一套规章制度，而是在企业内部形成一种"自律务实"的企业文化，通过文化渗透去影响员工的态度和行为。
- 澄清责任。弹性工作制放松了对员工的约束，为了避免他们在工作上的懒散怠惰，应该向员工澄清他们的责任。
- 健全沟通机制。弹性工作制离不开沟通。每一位员工对于新角色都必须有清晰的认识。虽然在工作中获得了一些自主权，但仍旧应该具备团队意识、合作精神，与上下级和同事保持良好的沟通。

- 信任员工。信任是维系关系最好的方式。企业给予员工充分的信任，员工能够感受到企业对自己的重视和尊重，即使是在约束力极小的弹性工作制度下，也能够积极主动完成工作任务。

传统的工作制度，就像是绑架了我们的自由，剥夺了我们享受生活的时间，员工或许也不想再当制度的奴隶和囚徒。弹性工作制以一种创新的思维，重新定义了我们的工作方式。相信未来，弹性工作制会取代传统工作制，工作不再是一件令人头疼的事，我们将工作融入生活，用生活润色工作，让每一个人都能够找到人生的平衡点。

> **微点评** 8小时工作制为代表的传统的工作制度，体现了管理学中的"X理论"对员工人性的消极的假设。未来，以Y理论为代表的积极人性假设，必然会使得弹性工作制得到普及。

5　让薪酬回归价值——"人才经济"的到来

1997年，65岁的罗伯特·戈伊苏埃塔（Roberto Goizueta）与世长辞，当时他的身价以10亿美元计，天价啊！作为一名从十几岁起移民美国的古巴人，他并不是美国移民中的首位亿万富翁，但发家方式不同于他人。其他人的巨额财富一般来自于创立公司或公司上市，而戈伊苏埃塔的财富来自担任可口可乐的CEO。

他可谓是生逢其时！在1980年他就任可口可乐CEO时，这家公司没有任何自然资源，连贵重的有形资本也寥寥无几。不过那时候，人才经济已经形成，关键生产资料从自然资源变成了人才，对关键生产资料的回报发生了划时代剧变，戈伊苏埃塔也从中获益。凭着经典的品牌形象和积累下来的人才，可口可乐成为世界上最具价值的公司之一。戈伊苏埃塔就是该公司杰出人才的代表。

而在之前的年代中，公司从未如此愿意为人才买单，更别说是如此"高额的账单"了。但是，这种"人才经济"到现在，却产生了矛盾。这就要说到关于薪酬和价值的另一个故事。

"在我的职业生涯中，为了全体交易所成员的利益，我和我的伟大同事一道，努力建立并提高了纽约证交所的价值和品牌。我希望能够把职位平稳地移交给我的继任者,以支持董事会和交易所。我相信这样做符合交易所和我自己的最大利益。"这段话是纽约证券交易所董事长格拉索说的,他以此理由获取的则是天价报酬。有多高？相当于纽约证交所过去3年净利润的总和。也正是这笔高得离谱的薪酬让他的雇主和客户愤怒了,他终于依依不舍地结束了在纽约证券交易所36年的职业生涯。而纽约证券交易所的员工的工资和这位经理人的薪酬之间更是有着极大的沟壑。

这种情况不仅仅存在于国外,我国职业经理人、高层的薪酬同样也高得可怕。

伴随着我国薪酬制度的改革,上市公司高管与普通员工之间的薪酬差距不断扩大。从国资委2013年央企高管与普通员工工资收入差距调查来看,二者平均差距接近20倍,有的甚至超过100倍(根据调查,目前最大的薪酬差距正出现在中国,中国高级管理者的收入是低层员工的12.7倍)。

高管薪酬往往一经披露,立刻就成为社会争议的焦点,挑动着公众的神经。高管薪酬如此之高合适吗？高管薪酬与员工薪酬差距多少才是合适的？高管薪酬不仅是一个经济问题,而且已经演化成为一个重要的社会问题。

目前,我们至少可以确定的是,高管薪酬与员工薪酬的差距已经大得过分,这已经引起许多员工的不满。

为何？从公众的角度来说,因为职业经理人创造的价值,真正用于造福全社会的比例相当低。譬如说,20世纪70年代以来,美国生产和非管理岗位劳动人口的实际工资一直在下降,但仍占总劳动人口比例的62%甚至更多。过去30年间,1%最富有的人占有了80%的GDP增长(不同算法结果可能有差异)。但是这种贫富差距的悬殊还不是关键,最坏的影响在于:如今的人才薪酬体系不仅没给社会带来更大整体价值,反而使经济变得更不稳定,令大多数人受到冲击,只有极少数幸运儿幸免于难。

更大程度上,是应该从员工的角度来看,这种薪酬差距代表了"创造价值"的人才并没有得到充分的报酬。何以见得？这点要从历史原因说起。

一个世纪前,最珍贵的资产是自然资源。标准石油公司(Standard Oil)需要碳氢化合物,美国钢铁公司(U. S. Steel)需要铁矿石和煤,大西洋和太平洋食品公司(Great Atlantic & Pacific Tea Company)需要的则是房地产。20世纪以来,美国龙头企业不断发展壮大,用于开采和获取石油、矿藏、森林、水和土地资源的资本投入越来越高。在50年前,总市值排名前50位的美国企业中,72%的企业都认为它们名列前茅的原因是掌控和开采自然资源。

这些公司越成长,就越需要劳动力。但是,这些工作大都比较常规,你、我、他,谁都能胜任。因此,工人们有着"被替代性",几乎没有什么议价能力。也就是说,员工——这些劳动者的地位远居于自然资源和资本之下。直到劳方被允许、被动员成立工会,情况才有所好转。

随着科技慢慢发展,形势开始转变了。需要创造力的工作岗位大量涌现。独立判断和决策能力被纳入工作要求。在1963年的市值50强中,出现了一批"新兴公司",排名第4的IBM就是其一。IBM的成功几乎与自然资源无关(当然,资本的作用也不容忽视),IBM的任何一员都会同意,公司的成功主要来自充满创造力的员工。正是这些科学家、工程师、市场营销和销售人员,打造了IBM的核心竞争力,令该公司在市场上立于不败之地。同样依靠人才取得成功的公司还有柯达、宝洁和美国无线电公司(RCA)等。

到目前,市值50强中超过一半的公司均由人才主导,看看前4强中的3家公司:苹果、微软和谷歌(第4家才是埃克森美孚,依靠资源的一家企业)。可以说,经济的发展从以利用自然资源为核心转变为以利用人才为主。这也就是说,对于企业来说,员工是企业之本,是创造价值的源头所在。

人才的崛起直接导致企业高管的巨额激励,包括工资与股票,CEO薪水高得离谱成为地球人的共识,因为他们对于管理职能确实有着巨大的贡献。但员工作为真正创造价值的根源,却没有得到充分的报酬。这就和我们所倡导的"管理学的二元平衡"背离了。高管享受着天价报酬,自然会引起员工的不满!所以,一个被业界公认的卓越领导者,会由于过高的薪酬而触犯众怒,最后不得不被迫辞职。CEO中的当家大哥韦尔奇甚至在退休之后,还在薪酬上被揪住小辫子。这正是目前的薪酬体系的矛盾所在,这种矛盾推动着,也预示着薪酬制度的改革方向和发展方向。

高管——一般都是职业经理人,决定于价值,左右于供求,有着"商品"的性质。而员工,从现在到未来,是并且都将是企业创新与发展活动的重要源泉,是企业的价值源泉。在未来,享受天价薪酬的"人才"更多是"创造价值"的人才,而非"交易价值"的人才。如果创造价值的人才没有在收入上得到应得的激励,长此以往,会导致整个经济体的波动与创造力的丧失。

这就是为什么未来的人才经济将被重塑。

一方面,这并不是说高管不能高薪。但是在一个企业内,最高薪酬和最低薪酬之间的差异,也就是高管和员工之间的薪酬差距,应该有一个极限

（已经有不少关于此的学术研究了）。在这个限度之下，企业的整体人才将会得到最大的满意，也能够最大程度地促进企业的绩效。

另一方面，企业更要关注"微"的作用——也就是员工的作用。现在到未来，都是更偏重依赖员工大于资源的时代，因此，企业的薪酬制度需要回归价值，让员工能够受到充分的激励——这恐怕是未来的全新的人才经济的本质所在。

> **微点评** 在"新兴公司"层出不穷的今天，那些仅仅依靠所拥有的资源成长的公司在不断被超越，推动这一趋势的就是源源不断的人才经济。显然，员工理应享有更为合理的薪酬待遇。

6 新型福利来了——员工的福，成就企业的利

在经历一番激烈的竞争和严格的筛选之后，你终于获得了一份工作。至于你是否感到满意，则取决于这份工作能够为你带来什么。

关于这点，马尔霍拉特说到："不要对金钱念念不忘，关注这份工作的整体价值：你的职责、工作地点、出差机会、工作时间的灵活性、升职和发展空间、津贴、你能获得的支持和培训等等。"举例来说：如果你想要20万元的年薪，那你要问问自己为什么。是想要每年可以有一部分钱用来旅行，或是想攒钱在业余时间接受更高的教育？若是这份工作本来就给你提供了很多旅行和培训的机会，那么你是否会考虑少要一点薪水呢？再试想，你拥有一份高薪职业，但却几乎每天加班，甚至没有时间参加家庭聚会，抽不出空闲和朋友去海边露营，你是否还会喜欢这份工作，一如既往保持热情和积极性呢？即是说，你得好好挖掘数字背后的价值。如果除薪酬之外还能获得很多具有吸引力的福利，对员工而言，不失为提升幸福感的好事。

对于企业，如果说在庞大的劳动力市场上挖募到能够为企业创造价值的人才，就如同在茫茫大海中获得宝贵的珍珠，那么想激励和留住人才，则要想方设法让这些珍珠更加熠熠生辉，不会流失。当薪酬不再是员工选择公司的唯一标准时，许多企业也开始变着花样去提供各种福利，希望员工不会轻易跳槽，选择留下来继续与企业共同成长和进步。

我们先来看一个例子。

萨布里纳·帕森斯(Sabrina Parsons)是 Palo Alto 软件公司的 CEO,也是三个孩子的母亲。在过去十年中,她不得不在孩子和事业之间来回奔波,如果将两者截然分开,反而使她长期处于高压状态。因此,她开始尝试将生活与工作融为一体:带着孩子去上班。这听起来似乎有些荒谬,甚至公私不分。但事实证明,这样做不但没有影响到她的工作,反而使她的注意力更加集中,工作更加高效。如今,"带孩子上班"已成为这家公司文化的一部分。

当然,这位 CEO 绝不是让公司取代幼儿园。当员工的保姆需要半天假期,学校临时放假,或者孩子身体不舒服时,公司就鼓励员工带着孩子来办公室待上一整天。公司为此专门设计了一个房间,让不得不在父母办公室度日的孩子可以在那里看电视、玩游戏、做手工、读书,或者写作业。

此外,这家公司也没有严格的考勤约束。只看工作结果和目标完成情况,不看员工在办公室待了多久。公司给了他们充分的自由决定自己在哪儿、以怎样的方式完成工作。

在这样自由的制度下,她的员工变得更加怠惰了吗?她的公司收益因此受损了吗?恰恰相反。这种灵活的工作方式,以及为员工提供的便利,使得员工发自内心感受到企业的尊重和关怀。他们的工作满意度高,工作积极性高,工作绩效也很高。当然,与之息息相关的企业也取得了卓越的成就。

萨布里纳·帕森斯说:"我们深信无论要招募还是留住顶尖人才,必须提供一种让他们发挥创造力和主动性,能够实现卓越的空间和企业文化。精英人才不会被一台新的 iPad 或者免费拿铁诱惑,他们更看重的是公司尊重他们的家庭生活和家人,让他们自由支配时间,并以结果为重。"

企业为什么要大费周章去关注员工福利呢?企业与企业之间的竞争逐渐从成本、市场过渡到人才。在这个瞬息万变的经营环境中,人才成为最宝贵的资源。俗话说"人心善变",企业不再仅靠高薪来拴住员工的心,而是在企业文化建设中,体现着更多的周边价值。企业文化是企业经营哲学的演绎,而福利作为价值分配的一部分,是服务于企业经营哲学的。企业文化具有鲜明的时代特征,不断融入创新思维,摒弃不适应发展的传统理念。那么,福利也应该跟上时代的潮流。面对每年如一的福利,员工难免滋生倦怠和反感心理,感受不到企业的用心和关怀。他们也会问自己:"我到底是在为怎样的一个企业拼命?"因此,福利不能再局限于一份补贴,一次聚餐,一桶油或一张购物卡,而是更加人性化、个性化,以及富有创新性。

对，就是创新，福利也需要创新，这也是未来的趋势。当员工尝过越来越多的"甜头"，就不可能被随便"糊弄"了。

我们不妨来看看一些小公司的"奇葩"福利。除了谷歌之外，有越来越多的企业愿意为员工福利付出大代价。

Boxed公司经营的是美国的一家网上超市，就像国内的淘宝、1号店，规模并不大，但近年来摇身一变，成为电商中的一匹黑马，扩张势头日见迅猛，招聘需求不断增长，显然也想在互联网购物平台这个领域打出来一片天下。这次他们为了提高员工积极性，吸引新老员工留在公司，打出"子女免费入学"这张王牌，颇见成效。即使是那些还没有生儿育女，暂时无法享有这种福利的员工，也会对此非常感兴趣。这种福利的确能够为家庭节省一笔不小的开支。试想，在工作的同时，还解决了子女教育问题，两全其美，何乐而不为？

这样的事情不仅仅发生在美国。国内许多企业也在福利问题上大动脑筋，为的就是留住员工的人，更要留住员工的心。海底捞餐饮股份有限公司以优质服务闻名全国，这离不开每一位员工对于海底捞经营理念的亲身演绎。海底捞为了留住员工又打出了什么样的牌呢？海底捞领班以上级别员工的父母，每个月都能领取到海底捞给他们特发的工资。这笔钱虽然不多，按照员工不同的等级，每个月大概能有几百元，但这钱却是发到了员工的心坎上，让员工不仅感受到企业对自己的关怀，还感受到企业对自己家人的关怀，谁愿意离开这样的一家企业呢？

到底该如何形容福利呢？福利是一把双刃剑。如果让员工感到不满，则是吃力不讨好，自然得不偿失；如果让员工感受到被关怀、被照顾，则会形成"滴水之恩当涌泉相报"的效应。一个上进的员工，铸造一个卓越的自我。而一百个上进的员工，铸造一个卓越的企业。员工的福，成就企业的利。当然，不得不承认，每个人对于职业生涯的规划是不一样的，薪酬水平、发展空间、工作环境都影响着人们对工作的评价。但是，在硬性条件都差不多的情况下，特殊福利这种"软条件"往往就成为突出的加分项目。因此，创新式的福利成为未来的一种趋势。

随着时代的发展，人们的自我意识不断增强，对于工作和生活的追求越来越差异化。试想，假如你和我都只是公司的小职员，我们无法决定自己福利的形式、种类、多少，只能被动接受公司的安排和分配。如果公司给了一次出国游的机会，对于喜欢出门的我来说是一个惊喜，而对乐于宅在家里的你来说，并不是一件令人振奋的事情。如果公司给的是一张网上购物卡，效果又恰恰相反了。我们知道，一家企业少有几十名员工，多则有几百甚至几千名员工，即使企业用尽心思，大笔投入，想要给予员工满意的福利，但众口难调，往往适得其反。考虑周到，却不能周全；虽然用心，却不能令员工开心。为什么企业花了钱，却买来了不满？我们不妨站在一个小员工的角度，去探讨一下原因。

作为员工，我们总是在被动接受公司的安排。企业总是"认为我们需要什么就给予什么"，而非"我们真正需要什么就提供什么"。区别非常明显。福利，应该是让我们感到幸福和得到利益。企业的确给了利益，但却忽略了我们的幸福感。

基于这点，我们大胆猜想一下未来福利的新模式。

追求创新，强调个性，那么，就福利而言，员工希望在企业提供的条件范围内，能够自由地选择，使得我们的满意度最大化。这种新模式已经在被实践，被称为"自选式员工福利"。这对于企业而言，的确是个不小的工程，但根据未来发展趋势，也并非不切实际的天方夜谭。

自选式员工福利，就是根据员工的职务、绩效表现以及工作贡献度，决定其福利金额，而该金额数量以点数的方式呈现出来，企业每年决定一定点数给特定员工，让员工得以在其所能使用的点数内规划其福利自助餐。企业在设计自选式福利菜单时可以参考员工的意见，使员工可以由自己的意愿规划其福利项目。

站在员工角度，自选福利有以下几个好处：

- 人性化。福利不是用来搪塞和敷衍员工的例行公事，员工并不需要一成不变的礼品或限时限地的购物卡和储值卡。自选式员工福利就给予了员工主动权，可以按需选择。
- 个性化。自选式福利制度符合期望理论，配合个人需求。当选择福利组合时，也能感受到企业的开放性、成熟度，以及对员工的信任和尊重。

站在企业角度，自选福利有以下几个好处：

- 价值导向。企业确定期望员工具有什么样的行为，而后通过正向激励某种行为使得员工养成正确的行为习惯。自选式福利能够正向激励员工的工作积极性，激发员工的自我管理意识。员工整体水平的提高，有利于为企业实现更多的价值。
- 创新。当下，人人都在讲创新。就福利而言，越来越多的福利项目相继涌现,例如利润分享、心理援助等。但是否创新就必须重新创造和设计新的福利产品呢?其实,企业并不需要花费大量的时间和精力开发独特的福利产品,完全可以通过组合的优化、内容的优化、目标对象的优化来更好地满足员工需求。

- 成本控制。福利越多就一定越好吗?答案是否定的。企业的每一分钱都应该花在刀刃上。自选式福利制可削减成本,企业不用齐头式地提供员工不需要的福利项目,故效用增大。

不管未来环境如何复杂多变,企业的发展都离不开"人"这个主体。以员工为导向的企业应该更多地站在员工的立场考虑问题,适当给予员工自主权。当然不仅仅局限于福利方面,应该贯穿于员工的整个职业生涯。只有真正尊重和关心员工的企业,才能在未来走得更加长远。企业不仅要追求成功和卓越,也要追求每一位员工的幸福。因为,员工的福,能够成就企业的利。

> **微点评** 员工福利,从被动接受到自主选择,就是从企业认为员工需要什么就给予什么到员工真正需要什么就提供什么的转变。未来,企业应该让员工感到幸福,得到利益。

第二节　企业的改变

员工的未来有着无穷无尽的可能,他们手握着"微权力"登场,能做的事越来越多,为组织带来了无限可能,因而,企业也必须作出各种各样的改变,例如,实行能够让"员工力"最大化的全新战略、领导让步于员工等。在这一节,我们将从五个管理职能的角度,来诉说未来企业可能产生的变化。

7　计划:众筹与众包下的企业转型

计划是管理的一项基本职能,就管理的整个过程而言,它位于其他管理职能之首。

广义的计划包括制订计划、执行计划和检查计划执行三个环节。战略计划也是计划的一部分,它应用于整个组织,为整个组织设立长远发展目标和确定实现目标的方针、步骤、措施。

随着外部环境的变化,企业通常面临转型,战略首先需要作出调整。当企业踏入一个小人物力量尤其强大的"微时代",转型何去何从,战略何去何从?

在这儿,我们要说说"互联网时代""微时代"特有的现象——众筹与众包。

2008年,美国次贷危机引起的金融危机开始席卷全球,几乎一夜之间,很多中小企业都陷入信贷渠道恶化的困境。经济危机会引发创造性的破坏,新型经济活动会赢得一席之地,并开始打破既有的经营方式。众筹无疑是目前最明显的实例。

进入2014年以来,众筹的思维在我国快速蔓延开来,一些具有明显嗅觉的精英式人物感受到了众筹的价值,成为众筹的布道者。一批又一批的众筹平台、众筹项目、众筹研讨会不断出现,众筹一下子成了最火的概念,仿佛你不知道、不了解众筹就与世界脱轨了似的。

关于众筹的那些事儿,你知道多少?

2014年9月22日,联思达服务的"三个爸爸"儿童空气净化器品牌登陆京东众筹,在其后的30天时间里,众筹金额总计1120万元,成为国内第一个众筹过千万的项目,一时间引起无数关注。既无产品又无品牌,还没有老用户口碑的"三个爸爸"火了。各种媒体的主动报道,从CCTV到地方卫视,从《三联生活周刊》到各种自媒体大号,创始人团队被邀请参加年底的各种论坛盛典进行演讲。很多资深媒体人说,保守估计其品牌曝光量相当于1亿元的广告投放。

接下来,12月9日,依然是联思达服务的"大可乐"手机,25分钟京东众筹金额超过1600万元,本来预计30天的众筹"秒"结束。各种媒体蜂拥而至,众多投资人也纷纷接洽。

"小鱼在家"智能机器人2015年1月参加京东众筹后,成功获得包括创新工场和富士康的数千万元的B轮融资。

……

这一切都是"众筹效应"。

可以说,作为一种全新的企业融资模式,众筹彻底颠覆了我们对于企业融资的认识,许多人心想,居然还可以这么融资?

疑问是,"众筹"究竟是什么,又在"筹"什么?

顾名思义，就是大众一起筹钱！"众筹"一词，译自"Crowdfunding"一词，即大众筹资或群众筹资，香港地区译作"群众集资"，台湾地区译作"群众募资"。众筹可以简单地分为两类：

一类是非股权众筹，主要表现为产品预售，主要通过醒目发起人在互联网平台上的介绍，从而得到支持者的资金支持，回报方式多为项目制作的商品、书籍、音乐等。目前，非股权众筹网站有追梦网、淘宝星愿、众筹网等。

另一类为股权众筹，主要功能就是融资，一些中小项目提供启动资金，回报方式为资金发放。股权众筹相比非股权众筹，风险更大，资金更多，回报期更长。股权众筹在帮助初创企业融资方面尤为引人关注，尤其是借助于互联网的推动。

当然，众筹并不是一种单纯的投资行为，而是一种有资金、认知、时间盈余的精英社群成员彼此分工协作，互相提升价值的项目实操过程，最终的盈利点也是多元化的，除实实在在的金钱收益之外，社群成员之间彼此的价值互换和人脉、资源、经验等隐性提升也是关键，社群和众筹如果结合得好，会产生 1+1＞2 的双赢效果。众筹的本质在于筹人、筹智、筹力、筹钱。

众筹这种新兴事物对于传统企业同样意义重大，而且不仅仅表现在融资方面，传统企业完全可以借助于众筹实现转型，从而享受互联网＋时代下的红利。

铂恩塞尔是一家建筑涂料行业的大型公司。公司过去的业务主要是基于 B2B 模式开展：公司目标客户大多是大型建筑商，铂恩塞尔向这类大型 B 端客户提供建筑涂料产品和相关服务。可以说，铂恩塞尔属于一家典型的传统行业企业。

然而，就是这样一家传统到极点的企业，近期在股权众筹平台上，顺利完成了 1500 万元的融资项目。而这笔融资主要是用于公司最新推出的"享居派"APP 研发及运营，用以打造建筑家装垂直领域的社交网络，拓展线上线下联动的业务内容。并借此逐步实现商业模式升级，以及向互联网化的转型。

人们还是不禁要问，工业、制造业等传统行业领域内的企业，无论是资金、运营、商业模式等各个方面都已经非常成熟，并且模式固定，按理说不缺资金，也不缺资源，它们似乎与众筹完全擦不出火花。在这种情形下，传统企业也要来股权众筹？通过股权众筹来实现传统企业转型能玩得转吗？

当然可以。"众筹"并没有设什么"高门槛"，一切都是群众的选择，大家看好的,就上马了。哪怕是再传统的企业,要升级、要转型,也可以依靠"众筹"。照理说,它们历史包袱大,远不如新兴企业"船小好调头";另一方面,常年扎根传统领域,决策层、管理层思路容易固化,更加迫切需要新的资源和渠道。股权众筹能解决两个问题:引入智慧,能够解决传统企业转型过程中公司"老人"思维固化的痛点;引入资源,能够为传统企业向其他业务延伸提供基础和条件。这就是"众筹"的神奇之处。

当然,众筹带来的远不止这些,比如,众筹这种模式所产生的"参与感",可以培养出一批对产品和品牌有归属感的原始用户,例如小米公司的"米粉们"。同时,扁平且简单的众筹模式(和传统的销售相比,节省了大多数的销售流通环节),让企业可以直接走向前台,站在媒体和消费者的聚焦之下。这也是传统营销模式难以比拟的。

和"众筹"类似的模式,还有"众包"——也是一种运用群众力量的战略。

最早的"众包"是这样的:1707年10月,4艘英国海军的船只因为定位混乱而在西西里岛附近相撞,死亡2000多人,震惊世界。英国议会就此成立了"经度委员会",悬赏2万英镑(相当于现在的100万英镑)向民众征集确认经度的简易办法。据说牛顿等一些科学家都曾积极参与,但后来是一个名叫约翰·哈瑞森的普通钟表匠获得了奖项。这被认为是最早的"众包"。

"众包"不如"众筹"那么系统化,它并没有一个准确的定义。其实,"众包"就是集合群众智慧做项目。不过,对于众包的几个核心问题,如组织结构、流程管理、质量控制、用户激励和利益分配,还没有清晰和较系统的认识。

例如,典型的众包企业就是"译言"。起初,"译言"只是一个初级阶段的 Web 2.0 网站——用户凭自己的兴趣选择和翻译网络上的外文文章并分享到社区中,基本上都是"单兵作战"。"译言"刚刚上线不久,一个 ID 为"安步当车"的用户发表了《创业者圣经》的开篇语"创业者宣言",收获了很多赞许和鼓励。随后,大约有六七名译者加入,共同完成了《创业者圣经》的翻译。逐渐,这种合作模式成为主流。2008年3月,"译言"利用开源的维基产品搭建了一个自己的协作平台,在这个平台上,无数人合作,进行了大量的翻译工作。翻译不同的内容需要大量不同专业的领域知识,而这就需要许多人的努力:你懂这些,我懂那些,我们合作,就能共同完成一部作品。

"译言"所依托的图书协作翻译平台并不是一个典型的互联网产品,它更像是一个小企业。从招募项目负责人到招募译者,到翻译、互校、精评、通读,至少包含四个大环节和若干个小环节,参与的用户被分成项目负责人、译者、精评师、通读师等不同角色,进行不同工作。

"众筹"筹的是钱,"众包"筹的是想法——总之,就是集合各方各路人物的力量,无论什么身份、什么职位,"有闲"或是"有钱",有内涵或是有想法,能出力就够了。和"众筹"类似的神奇之处是,"众包"也能让人充满参与感,不由自主地为其"工作"。其实,这和企业的内部创业有异曲同工之妙。

众筹、众包是时代的主流之一,由此,企业看到了小人物的大力量。不仅仅是草根、创业者,许多大企业、传统企业在规划战略时,也有必要考虑到这种"时髦"的方式。许多企业想引入众筹、众包,不过,有一些要点不得不提:两者是求同存异的。

众筹筹集的是资本,是一个标准化的生产力要素,只有量的多少,没有质的高低。众包虽说是脑力众筹,但其实更像是一种自由化的生产力组织模式,像是做了一个"减法",让人专心于生产环节。事实上,众筹在募集到资金之后如何合理有效地使用资金、按时保质地完成所承诺的工作才是真正的重头戏。因此,对于企业而言,无论众筹也好、众包也好,更重要的是要为身在其中的"微权力"们搭建一个完整的架构,包括组织结构、流程管理、质量控制、用户激励和利益分配。虽然这一切没有标准流程,充满了不确定性,但是必须进行。

总而言之,众筹、众包下的企业转型是互联网时代的新鲜尝试,让我们看到群众、草根的力量。这让我们对大大小小的企业战略规划进行反思:并不是说一定要去运用众筹、众包,但"微权力"的力量在战略规划时不容小觑。企业如果忽略"微"的力量,将最终被时代打败。

众筹、众包都是新鲜事物,它们不仅可以帮助初创企业实现起步,同样能为传统企业转型保驾护航,还能够帮助企业家回归角色本身。未来,新事物不断出现,对于企业来说,既是机遇也是挑战,如何把握机遇、面对挑战,是企业在未来发展过程中需要不断努力的。

8 组织:中层管理者在"崩塌"

2014年底,沃尔玛以架构调整为由,再次大规模裁员,这已经是沃尔玛在当年第三次裁员了，值得注意的是裁员中首当其冲的便是中层管理者。为什么受伤的又是中层管理者？

在传统的组织结构中，中层管理者是连接"大脑"（决策层）和"四肢"（员工）的脊柱，也是保持上下沟通的桥梁，可谓企业的中流砥柱，重要性不言而喻。

但似乎，中层管理者又受到了这样的质疑。在一些强调流程再造和企业瘦身的研究者们眼中，中层管理者对企业的贡献存在疑问，甚至还有可能是造成组织臃肿的元凶。

我们可以看看麻省理工学院的管理学专家保罗·奥斯特曼对于中层管理者的研究。根据奥斯特曼描述的历史演变进程，20世纪初，科技进步使规模生产的成本降低，为此公司需要建立市场营销、销售和配送系统，企业管理变得不可或缺，于是中层管理者在促进经济增长和提高经济效益上开始扮演关键角色。到了20世纪中期，公司普遍实行终身就业金字塔，同时以通用电气、西尔斯百货为代表的大型企业开始意识到专业管理的重要性，开始制订一系列培养中层管理者的计划。这是中层管理人员的黄金时代，尽管当时也存在较大的人员流动情况。

而到了20世纪80年代，很多大型组织开始出现机构臃肿、职权重叠的情况，一些人质疑中层的价值。直至随着公司扁平化潮流的兴起，一些中层管理者开始在变革后的组织当中承担更多原来属于高层管理者的工作，即将转型的迹象十分明显。

参考一下《2030年工作和工作场所》这样一份报告。这是对200名来自亚太区、欧洲和北美的专家、商界领袖和年轻人进行的一项访问。这份报告预计，未来10至15年间，客户服务、加工和中层管理等工种将消失。

其实，回过头来想一想，中层管理者在企业中确实是一个尴尬的职位，颇有鸡肋之味，食之无味，弃之可惜。如果说高层负责战略的制定，基层管理者与员工负责的是具体的执行过程，那么中层管理者则是在两者之间的承上启下。然而随着信息技术的不断发展，尤其是近年来移动互联网技术的普及，信息可以在各层管理者与一线员工之间充分交换。过去在金字塔式的组织结构中留有余地的中层管理者不仅变得可有可无，甚至稍显累赘，背上组织臃肿的元凶。同时，会有这样的观点，即组织扁平化的过程必然也是中层管理者逐渐消失的过程。

那么，中层管理者消失之后，对于员工会有怎样的影响呢？

之前我们讨论过自组织的兴起，小团队逐渐成为人们的工作形式，如我们熟知的小米公司等。这些公司早已抛弃中层管理者，基本上是核心创始人与垂直小团队的工作方式。在某些10多人的团队中，压根儿没有管理者与员工之说，因为所有人都是管理者，所有人又都是员工。这种组织方式也类似于现在的一些咨询公司。在特定的项目团队中，所有人都是项目经理，所有人都是课程的研发人员，所有人又都是课程的体验者。在这个过程中，形成一个个新的项目和产品，再整合资源去做起来。

总之，在未来的小团队中，权力会进一步再分配，这一过程也是每一个员工权力不断上升的过程。

比如在过去，信息以碎片的形式分散在企业的各个部门，依靠权力集中的原则向上层汇集，只有企业高层才掌握最全面的支持决策的信息，导致决策权向上集中，而现在信息能够自由地被共享，团队中的每个成员都被赋予参与决策的机会。同样，从企业资源的角度来说，过去企业的关键资源，尤其是生产资料方面的资源都掌握在企业所有者手中，管理者作为企业的代理人，代理了企业资源的主要掌控权力。现如今，随着生产资料对企业竞争影响越来越小，尤其在精益生产和智能制造的不断推动下（比如，工业4.0），企业资源的掌控逐步从高层下移，导致企业的纵向权力分配也向下倾斜。

毫无疑问，未来，员工拥有的权力将与日俱增。这也与我们一直呼吁的给员工授权、让员工参与管理等观点不谋而合。授权领导和参与管理可以说都是变相增加员工的话语权，将权力的天平逐渐倾向员工。同时，相关研究也证实，分权和授权确实更加有利于员工发挥主观能动性和创造性。

其实，对于员工来说，个人权力的增强也意味着在工作中更大的自由度。而给员工工作中更大的自由度，有时候能够带来很多意想不到的结果。

美国戈尔公司就是一个赋予员工极高自由度的公司，它不指派或命令员工工作，员工可以自己选择工作的数量、完成时间、工作方式与品质。但是，员工却都踊跃工作，当然原因之一可能是由于工作是和绩效挂钩的。虽然这和我们普遍采用的绩效方法类似，但是却没有硬性的底线要求。其实，更重要的可能是员工工作的自由度提高了，效率也随之提高了。因为员工可以根据自己的身体状况、心态等综合因素决定工作，这使得生产率与产品品质都提高了很多。没有了硬性的制度约束，领导却同样拥有权威，他们的权威是依靠影响力来塑造的。这样的组织形态具有很高的向心力，员工之间、上下属之间关系非常融洽。

戈尔公司这样的管理理念在世界上都是凤毛麟角的,有些像乌托邦描绘的理想国度,在传统管理认知中是无法成立的企业形态。但是,戈尔公司业务遍布全球,拥有7000名员工,是聚四氟乙烯生产技术世界第一的企业,年营业额超过20亿美元。

未来,如何提高员工的个人权力,给予员工更大的自由度,应该是我们需要进一步思考的。

中层管理的消失,也在印证员工与管理者界限的不断模糊。同时,这也是员工权力不断提高的标志,意味着员工在工作中会越来越自由。未来,我们必定会看到员工在组织内外更加自由地发挥自身的权力。

9　领导:蓝海领导力与权力开放

本书既然说到了"权力",那么不得不提到领导力——"领导力"可能是在说到权力后我们联想到的第一个管理词汇。传统认知之下,领导力和权力是挂钩的,这种认知自古就有。

秦二世元年,陈胜、吴广一行900人被派往渔阳戍边。走到大泽乡的时候,天下大雨,道路不通,估计要耽误规定的到达期限了。按照当时秦国的法令,耽误期限就要被斩首。于是陈胜、吴广秘密谋划要造反。陈胜挺有"心计",他首先想到了起义的号召力问题。就算他俩有反秦的决心,但两个人只是平凡的走卒,没有名气、没有影响力,谁会信服他们?谁会追随他们?所以陈胜借了两个名满天下的人物的名气——一个扶苏,一个项燕,假托他们二人的名义起兵造反,让人对他们信服。下定决心造反后,陈胜、吴广算了一卦。占卜过程中遇到一位高人,这位高人指点说:你们二位的事情可以成功,不过你们想到借助鬼神的力量了吗?陈胜、吴广一听这话马上就明白了:这是教我们利用鬼神在众人中树立威信啊!于是,他们偷偷用朱砂在帛上写上"陈胜王"的字样,放在别人捕捞的鱼的肚子里。士卒买鱼回来烹调,从鱼肚子里得到了帛书,都很震撼、惊诧。吴广深夜在住处附近学狐狸的叫声大呼:"大楚兴,陈胜王"。于是,陈胜的威名就这样建立起来了——通过建立权威,产生权力。

这个故事说明了管理学上的一个公认的道理：有效领导的关键是权力，领导者运用权力影响其他人的行为，使其他人按照领导者期望的某种方式工作。这种权力可以是职位权力，来源于组织中正式的管理职位，就像官僚层级中层层的体系；也可以是个人权力，主要来自于个人的内部资源，如一个人的特殊知识或个性特征，下属追随领导人，一般是受到了个人权力的影响，尊重、倾慕或信奉领导者的思想观点。

可以说，传统的领导力理论非常重视权力，管理实践中，尤其是对于高层管理者来说，他们必须特别关注是否真正掌权了，否则无法进行有效管理，而员工则是领导的被动接受方。但从现在到未来，这种领导方式正在改变——向着以蓝海领导力为趋势的领导力发展。

提到"蓝海"这个词，我们首先想起的必然是蓝海战略。由 W. 钱·金和勒妮·莫博涅提出的蓝海战略认为，运用蓝海战略，视线将超越竞争对手，移向买方需求，跨越现有竞争边界，将不同市场的买方价值元素筛选并重新排序，从给定结构下的定位选择向改变市场结构本身转变。

蓝海，可以被理解为一种开辟、创新的思维。那么，类比蓝海战略的定义，蓝海领导力也是一种对领导方式的创新。

当"蓝海"与"领导力"碰撞，会擦出什么样的火花呢？蓝海领导力，指的是有效解放大多数组织中未被发现的人才能量蓝海的领导力——要能释放员工的潜力和能量，激发员工的最佳状态，将混日子的员工转化为敬业的员工，同时还能节省管理者最宝贵的资源——时间。

蓝海领导力和传统领导力的极大差别在于，它并不是一昧给下属布置任务（这往往是传统领导干的事儿），而是关注员工需要什么样的领导，使员工从领导权力的被动接受者转变为主动塑造者，化被动为敬业，主动去工作，这就是它的创新之处。

蓝海领导力如何做？不是集中权力，而是让领导力向所有管理层开放，与所有管理者一起分享，不仅包括高层管理者，而且包括中层、基层管理者，甚至最底层的员工。

那么，这种解放大多数组织中人才能量蓝海的领导力到底应该如何构建？如何才能实现权力的共享与重新分配？蓝海战略的核心是：将非客户转化为客户，从而创造全新的市场空间；而蓝海领导力也借鉴了蓝海的概念和分析框架，通过领导力画像，将理想领导力制度化的方式来进行领导力的重塑。

具体步骤是这样的:绘制"领导力画像"前,首先要组织一个12—15人的资深领导小组(小公司3—5人),成员最好来自不同的职能部门,同时他们也应是公认的优秀领导者。接下来把小组成员分成三组,让他们分别负责不同的层级。他们的任务是去采访给定层级的领导力针对的客户、员工,询问他们对当前所接受到的"领导力服务"的感受,例如,领导者现在都把时间花在哪了,他们应该在哪方面多投入些,又该在哪些方面少浪费些。通常,这些访谈要持续4—6周的时间,访谈结束、汇总信息后,那些被提及的频率最高的,即是各个层级管理者最主要的领导力行为。访谈小组将选择10—15个行为点,来构成画布的横轴,管理者在这些行为上的投入程度则体现在纵轴,这便描绘出了领导力画布。这份画布的魅力在于,它建立了一种全公司的交流机制,可以更好地让管理者意识到自己的时间投入是否具有意义,直指管理者们在工作中的不足之处以及应该怎样改进,并且这种领导力是员工的自主要求和选择。

从这种方式可以看到,蓝海领导力之中,集权被弱化了,权力压制不再是领导力的中心,领导方式从控制员工转为支持员工、服务员工。没错,就是服务员工,员工需要什么样的领导方式,就给出什么样的领导方式。具体而言,未来的领导力应该被看作是一种"服务",领导者需要用领导力来服务,员工则是这种服务的客户,在领导力的天平中,被服务方也就是需求方的关注点是最重要的,这和传统的关注掌权、关注领导力供应方的模式完全不同,领导力会脱离"官僚主义"作风。这样一来,每一位领导者都有对应的"客户":上游有领导者,是必须汇报的对象;下游是需要领导者指导和支持的下属。当人们认同你的做法,就会"购买"你的领导力,支付的"货币"是他们的敬业度——全身心投入工作,努力获得成功。然而,当他们对你的领导力不买账时,就会成为非客户,不再积极投入工作。当我们将领导力视为服务,就会意识到,可以改造蓝海战略中非客户转化为客户的概念和方法,帮助领导者将混日子的员工转化为敬业的员工。

这就是领导力未来发展的趋势。比起"死板""僵硬"的传统领导,指令控制型领导风格的式微、协商式领导风格的上扬的蓝海领导力能够更好地激励员工。

来看看现实情况。如今职场有一个不乐观的事实,即员工并不能充分发挥他们的工作实力。譬如,根据调研公司盖洛普(Gallup)发布的《2013年美国职场状态》报告,只有30%的员工能以积极负责的态度,出色完成工作,

50%的员工不在状态，还有20%的员工更是以有损生产效率的方式表达不满，比如缺勤、对同事产生负面影响，甚至用恶劣的服务赶走顾客。盖洛普估计，20%的员工每年给美国经济造成的损失高达5000亿美元。为什么消极怠工成了一种常态？按照盖洛普的看法，糟糕的领导力需要为此负责。但不仅仅在美国，全球各地的管理者都面临着领导力困境。大部分高管认为，员工潜能与实际表现之间有巨大鸿沟，管理者的最大挑战是如何将员工的才干和能量充分地在工作中释放出来。一位CEO说："无论处在哪个层级，都有很多渴望出色完成工作的人。如果我们能通过有效的领导方式激发这种潜能，这一大群员工将让公司受益良多。"

于是，领导方式需要变革，需要激励员工团队去敬业、提升商业表现。如果领导者不能让员工高度参与到公司战略中来，让员工相信它，愿意为之共同努力，怎么能相信和保证员工会将顾客和客户拉向公司呢？如果管理者不关心员工的话，员工也根本不会关心公司死活，他们只管每天拿工资就好了。这是一种双向行为，就像镜子一样。而让员工决定领导力的走向，正是满足了让员工参与企业战略、管理以及保证管理者对于员工关心的一种有效方式。

说到这里，许多读者不禁会发出疑问，对于任何组织来说，重塑领导方式、趋向权力分享都是一件大刀阔斧的事，这合适吗？特别是它开放参与、赋权员工的形式也让人怀疑是否适用于大部分以集权为本质的亚洲企业，例如韩国三星公司等级分明，但这却是强执行力的基础；日本7-Eleven赋权基层售货员，但同时建立信息和培训支持体系来帮助员工行使权力，职责分明……集权领导的优势有着责任明确、效率高的优势，我们所称的蓝海领导力会不会削弱这种优势？

答案当然是"合适"。开放领导力并不意味着改变每一层级的职责，也不需要更多的资源，反而会减少资源的使用，让他们成为更好的领导，让整个团队从上到下运作得更为高效。比如，在没有对任何资源进行重新分配或者增加的情况下，如果任何一个领导或者员工，能够通过领导力方面的改进，使团队把自己的工作做得更好，将部门的投资收益最大化，能够把市场、客服等工作做得更好，那么，整个团队的创收就会更大，整个组织的领导力自然就比之前更为高效。

> **微点评** 蓝海领导力,即将领导权力向所有管理层开放,甚至向基层员工开放,最终释放的是所有员工的领导力,将那些默默无闻的员工转变为高敬业度的员工。

10 控制:"去 KPI",更好的工作标准?

控制,作为传统管理必不可少的职能,对于保证企业按照预定的目标发展具有重要作用。具体到企业的绩效考核,我们知道,KPI 制度也是控制的一种重要手段。

随着科技的不断发展,移动互联网不仅拉近了生产者与消费者之间的距离,促使工业时代大规模标准化生产方式向按需定制、个性化的生产方式转变,还推动了组织形式的变革。组织形式从传统的科层制组织向"原子化"的自组织转变,甚至每个个体都可以成为一个组织。"我的地盘我做主"的自组织时代已经到来。

自组织时代,组织越来越小,过去由社会组织完成的任务,现在个人也可以轻松地完成,这种扁平化的组织结构不断推动着治理理念的转变。

具体到组织内部,对于员工绩效的治理方式,关键绩效指标(KPI)一直被普遍应用于人力资源管理中。但随着移动互联网时代的到来,组织中"小团队""自组织"的不断涌现,去 KPI 的呼声越来越大,尤其在创新型组织中,KPI 已然呈现被抛弃之势。

尽管存在很多争议,很多公司都有自己的绩效管理制度,尽管考核的细则千奇百怪,但绩效考核的出发点是为了激励员工的积极性,使其提高工作效率和效能,进而获得很好的物质报酬和精神嘉奖。而绩效考核办法的考核指标,无非就是如何定性和定量地评定员工的贡献程度。然而,绩效考核的难度在于如何把人的能力量化,然后作出客观和公正的评价。其实,在传统的绩效考核中潜伏着固有的弊端或缺陷,绩效考核从源头上讲,把上司和下属对立起来,上司认为员工是可以量化指标的物品,就像我们购买一件衣服或一部电器,评价的是那些客观的商品属性和指标,而人却是有感情的、活生生的生产力。

不同年限的员工,无论是资深的员工还是初级菜鸟,主管员工还是基层员工,各自的能力和效率差别都很大。不管采取什么考核措施,如果一般员工的能力不能提升，工作中得不到有经验员工的辅导和帮助，只会越考核越糟糕。对于评定打分，优秀、良好和一般的人数是有百分比限制的，这种人为的考核加剧了好员工和一般员工的隔阂和对立。

对于现在的公司老板来说，像对待客户一样对待员工是很难的事情。如果这种观念能够有所转变的话，千万个海底捞的案例可能会自然涌现，将会给公司带来革命性的改观和革新。

如果我们仔细考察一下现在公司的管理就会发现，很多公司的管理还停留在"防御式管理"阶段，以一种上下之间互不信任的假设为基础。如同行走在马路上的车和人，有交警和红绿灯等各种管制方法、手段和工具。

很多公司老板依旧从传统价值观出发，缺少对员工在潜意识下的尊重。相应的，各个团队的负责人也是如此效仿，把领导和下属分别放在不同水平线上看待。就像我们听惯了上级和下级的说法，高层、中层和基层的分类，下级应该服从上级的指令，等等。

再想一想我们大费周章设立的很多制度，小到上下班签到打卡，大到用来衡量员工绩效表现的各种具体量化指标等，不都是暗含这样的假设吗？如果员工上班不打卡的话，员工一定会迟到；不衡量员工的绩效，他们也一定会浑水摸鱼，当一天和尚撞一天钟。诚然，我们不能否认存在偷懒、搭便车的员工，但这些制度在某种程度上也限制了员工的潜力。

因而，我们看到像谷歌这种信奉"技术至上"的公司会质疑很多公司采取的一些管理措施。很多谷歌的老员工一直有着这样的想法，认为谷歌是一家为工程师创建的公司，他们更希望将自己的大部分时间花在项目设计或者调试上，而不是与上司的沟通或者督促他人进步上。在他们心中，管理对他们的工作弊大于利，只会让他们分心，无法专注于"真正的工作"或是实实在在且目标明确的任务。

实际上，作为一家拥有逾3.7万名员工的大型组织，谷歌只有5000个经理、1000个主管以及100个副总裁。一个工程师经理手下有30个直接下属，这就是为了防止过度管理而专门设计的。因为当一个团队有30个人时，管理者所拥有的干预每个团队成员的空间并不多。

我们也很容易理解，如果谷歌的员工都将自己工作的重心放在关于自己的绩效考核、升职加薪上，那么他还能成为现在为我们所熟知的谷歌公司吗？显然不可能。

另一家国际知名企业百度的"去KPI"以及小团队探索实践则是这样的：

在百度的3万余名员工中,最多时有数千个团队在运作。这些团队从组织的角度来说是不稳定、无序的。它们会随着目标的调整而不断整合,或打散,或再组合。因为当企业组织并不知道核心业务将产自哪里时,这些小团队就是小侦察队、尖刀。他们会从不同的方向、不同的角度,用不同的方式奔跑。他们快速试错、快速尝试,在尝试的过程中尽快找到方向和任务,基于此再进行组织和分工。

在这种状态下,KPI显然没有用武之地了。因为谁也无法事先确定任务指标,基于固定的岗位和职责去衡量一个人的工作业绩。当然,在这种状态下,组织对员工的要求也发生了变化。

简单概括就是从专业型人才到复合型人才的转变。那些既能深入了解某个行业,有专业知识,又有视野、有创新能力、有整合资源能力的人是团队所渴求的。也可以说,过去所被称道的依据岗位和任务、发扬"螺丝钉"精神的人才在小团队模式中反而不适用。在不确定业务模式下组织起来的小团队,每一个人可能都是一个创新源动力,是一个突破口。

过去那种依靠"一把手"、领军人物的智慧带领团队的模式在某种程度上也失灵了,创新团队更需要发挥群体的作用,相互配合去实现目标。每个人都可能成为团队领军人物,每个人的职责都随时可能发生变化。

当这一切都发生变化后,"铁打的营盘流水的兵"这句"真理"也被击破了——组织变得不那么重要了,尤其是在不依靠资源投入的企业中,人真真切切地成为最重要的资源。

说了这么多,我们想强调的其实很简单:在未来,随着自组织和小团体的兴起,现在我们所坚持的很多制度、理念都必须作出调整甚至舍弃,我们一直所强调的管理、领导都要让位于员工本身。这不是危言耸听,而是将要发生的!具体到考核制度,现有的KPI在将来也会逐渐被抛弃。

那么,去KPI之后如何对员工进行评价呢?我们认为,未来对于员工的绩效考核可以参考现在的360度评估以及小米公司的全员项目化。

360度绩效评估,最早是由美国Inter公司提出并实施,又称"全方位评价法",是由被评估者的上级、同级、下级和自己共同评定被评估者的工作态度、工作能力和工作成果。

通过360度绩效评估,被评估者可以从多个角度重新审视自己,全面了解自己的长处与不足,针对多角度反映出的问题,自我反思加组织帮助,着手拟定改善工作计划,使以后的职业发展更为顺畅。但360度评估法也存在一些不足之处,如成本较大、应用的范围偏向于中高层员工。此外,作为"舶来品"的 360 度绩效评估在引入中国企业之后并未发挥出其应有的作用。这些缺陷也是我们未来需要逐渐克服的。

未来,随着自组织的兴起,小团队逐渐成为人们工作的主要方式,在成员数量有限的小团队中,团队成员对于彼此应该最为了解。因此,他们彼此之间的相互评价应当得到足够的重视。360 度绩效评估应当是能够很好地适用于小团队的绩效评估。

另一个是全员项目化。小米科技,这家为发烧而生的公司,除高层外,所有人都没有职位和身份,所有人都是工程师。小米的组织架构基本上是三级:七个核心创始人——部门负责人——员工(工程师)。而且不会让团队太大,稍微大一点就拆分成小团队。从小米的办公布局就能看出这种组织结构:一层产品、一层营销、一层硬件、一层电商,每层由一名创始人坐镇,能一竿子插到底地执行。因此,对于小米的员工来说,每个人要干什么、能干什么取决于有没有人来组织他,或者他自己能否组织成为一个团队,独立发展自己的项目。如果在一定的时间内,员工都不能做到这两方面,则基本会被小米所淘汰。因此,在小米根本就不存在 KPI 制度。这种全员项目化的作战方式,也根本不需要 KPI 来推动。

那么,没有 KPI 的小团队怎样去灵活而高效地运作呢?对于小团队中的员工,他们又该怎样面对没有 KPI 的考核呢?

在百度的一个内部讨论会上,两个部门的总监坐在了一起,其中一个负责商务拓展,另一个负责后台技术。起初谈话很尴尬,因为两个人的业务完全没有交集,但是 15 分钟后,两位总监开始了热烈的讨论。原来在交谈中发现,商务拓展总监的合作伙伴正在做的事情和百度后台技术所能提供的服务紧密相关,于是他们商讨应该合作一个项目,组成一个 10 人的团队,把上述"相关性"扩展成百度的一项新业务。

这个小故事说明,小团队组建或成功的要素之一是共同的目标。在人才成长中有个"702010 定律",团队组合同样有个"721 原则"。"7",是今年的核心目标;"2",是明年要做的事情,今年就要作储备的;"1",是创新和探索,目前,这个方向可能有机会,所以要去尝试和探索。

第一,坚定目标。这个目标不是考核指标要求的,而是团队成员的共同期望和认可,坚定相信这个目标有价值。虽然提不上使命感的高度,但的确大家都相信,这样做是能改变用户、能创造价值的。在这个目标下彼此凝聚在一起,不轻言放弃。

第二,打破常规。打破常规思维和常规模式,用"弯道超车"的冒险精神和高超技术,创新性的思路和方式方法,发现或制造新的用户"痛点"、新的"刚需"。

第三,集体智慧。不远的未来已经不是靠个人所拥有的智慧和资源就能取得绝对制胜点的时代,不仅如此,个人的智慧和经验有时候反而会成为实现业务创新和突破的障碍。因为它们很可能会一叶障目,让你看不清另外还有一条路。反过来,遇到困难和瓶颈的时候,可以请内外部的"牛人"坐到一起,复盘、开研讨会、知识碰撞,依靠群体智慧寻找解决问题的灵感,发现新亮点。

第四,实现共赢。实现共赢体现在团队内部和外部两个方面。内部的共赢,更多指的是团队成员之间的相互信任。尤其是在探索新业务、寻找清晰方向的时候,最重要的是成员间的彼此信息,相信对方是为这个方向努力的,如此才能没有顾忌地讨论,甚至是争执,在看似无序的合作中找到一致的方向。

未来,随着组织中"小团队""自组织"的不断涌现,关键绩效指标 KPI 一定会成为过去时。诸如 360 度绩效考核以及全员项目化等全新的考核方式将会应运而生。

11　创新:从精英创新到全员创新

你是否曾对许多大公司轰然倒下而感到惊讶?

从柯达相机在数码时代的衰落,到昔日手机巨头诺基亚被微软收购;从曾经行业执牛耳者摩托罗拉沦为边缘小企业,再到新崛起的 HTC 在一年之间就从天堂坠入地狱。这些消息如警钟敲响在耳边,让我们的心中充满了问号。

这些企业不是不愿或缺乏创新,而是没有跟着"未来"创新。它们每年都会投入惊人的研发费用,想在无数的新发明中找出明日之星,但许多努力最终并未赢得人们的追捧。一个真正的原因可能是:在这些企业中,创新似乎从来都只是那些研发精英的责任。

纵观人类 5000 年文明史,创新似乎一直属于少数精英的专利。在人类的早期,创新是个人的偶然行为。在一个偶然的时刻,由于一个偶然的事件,触发了某个聪明大脑的灵感,于是有了新发现和新发明,之后缓慢而持续地进入生产和生活。这些创新者都是少数知识精英。

工业革命以来,创新开始规模化,由公司组织和控制。公司建立专门的研发机构,雇用大量的科学家和工程师,大规模地研发新的技术,以获取垄断利润。也有许多科学家和工程师得到风险投资,纷纷创业,开展集约化的研发。虽然工业时代的创新不是以个人的形式,而是以组织的形式存在,但同农业时代一样,这些创新者仍然是少数知识精英和技术精英。

在新旧两个世纪之交,人类开始全球化进程,社会经济形态发生了重大变化:投入的无形化,技术的智能化,结构的服务化。为了把这种新的经济形态与工业化的经济形态区别开来,人们用很多词汇来称呼它——"新经济""后工业经济""信息经济""知识经济",最近用得比较多的是"第三次产业革命""新工业革命",等等。不管如何称呼这种新经济,一个确定的事实是,在这种新经济形态下,精英创新正在转变为大众创新。具体到企业内部,创新也逐渐从那些"科技骨干"转向全员创新。毫无疑问,未来,企业中的全员创新一定会成为常态。

如何实现这种全员创新呢?建立平台组织或许能够为我们提供一些思路。平台组织模式,简单地说,就是建立连接两个以上的资源方或需求方,从而创造出各方独立无法存在或产生的价值。像我们熟知的阿里巴巴上的买家与卖家以及腾讯 QQ 用户之间都是平台的实例。平台组织管理则是组织连接两边或多边(人才、资源、市场机会)并创造价值。

在平台组织中,一边是以各种形式组合而成的员工,可以是个人、团队、事业单位等。另一边是和公司创新与优势有关的各种元素,可以是创业机会、客户、市场、外部专家或是资源提供方等。

从平台组织的视角来看,组织本身只是一个平台,提供资源与必要系统,并帮助设定规则,引导参与者的投入与承诺。在平台组织中,组织(或管理层)的角色是中间者与资源提供者,让员工与市场直接对接,而不是设层级、设路障阻断对接。同时,通过建立全员认可的激励机制,实现共创共享。员工创新意识被最大程度激发。

目前,现有的平台组织可以根据市场化程度和市场化方向两个维度来进行划分,共分为四种模式:

模式一:部分功能的向外市场化。这种模式是在不重构原有架构的情

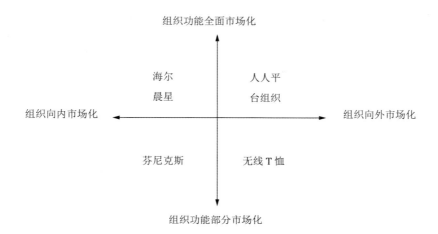

况下,将几种内部管理功能向外部市场平台化。原先在组织内直接面对市场的功能单位,例如研发、设计及销售,转化成平台组织最简单的方法即向客户开放,使员工与客户连接起来。例如将自主设计转为向市场全体开放,征集最新的创意与新技术,以组织为平台连接生产单位与市场创意,不需内置设计人员,如此将降低研发的资源需求并保持创意活力。

无线T恤是一家位于美国芝加哥的T恤衫设计公司。这家公司的特别之处在于它采用平台商业模式作为经营方式,又同时兼具平台组织的形式,将设计T恤衫这种服饰公司的重要功能开放给大众参与。包括艺术家、学生、业余或职业设计师等有兴趣设计T恤衫的人将设计投稿至该公司,然后通过网络让人们对这些设计投票,选出得票率最高的四种T恤加以制造并销售。

无线T恤公司的成功不仅在于其利用了平台商业模式,更在于它将服装公司"设计"的核心价值模块开放给客户大众,突破了员工自行设计的创意局限,也降低了聘请签约设计师的固定成本,让设计的创意与理念生生不息。

模式二:部分功能的向内市场化。这种模式是将组织的部分功能向内市场化,打破公司内部职能边界,将某种原属于某群员工的权限或目标向内部所有员工开放,以组织为平台连接内部员工与这些权限或目标。例如,组织多元化或内部创业原为组织管理阶层拥有的战略决策权,应将此种机会向组织全体成员开放,让组织成为新事业孵化平台,连接有抱负的员工团队与市场机会,征选最有决心和能力的团队去开发新事业,继而达成全员共同创造和激发创新的效果。

位于广州的芬尼克兹是一家空气源热泵产销公司,目前年营收约五亿元,创始者宗毅和张利为了让想创业的员工能留在公司内部创业,自2006年开始尝试以公司向上整合的方式让员工参与上游零组件公司的创设,由公司几个高管参与投资成立一家新公司。新公司的投资回报激起了员工的信心,自2006年后接连的内部创业,已成立了围绕原公司业务的七家员工新创公司,且均有良好成效。在这几年的内部创业历程中,公司高管与宗毅摸索出一套与员工双赢的创业机制,将组织变成了连接优秀员工与创业机会的平台。

模式三:全面功能的向内市场化。这种模式将组织内部完全市场化,让员工成为自己的老板,以组织为平台,连接其他员工相互合作,同时也将员工与外部市场相连,为客户创造价值。这种模式将雇佣关系转变成市场契约关系,将层级组织转化成个体户或小事业单位相互连接,打破部门间的壁垒,充分合作。但这种模式需要彻底的组织变革,搭建连接每一个独立单位的平台系统。

美国晨星公司(Morningstar)的创立者Rufer为了实现员工的自由、激发员工的自发性创新,把公司转换成了"市场平台"。当员工来到公司时,就是进入一个市场,必须去寻找与自己有关的交易对象,建立契约,并以契约中的内容定义自己的工作。每个人在组织中就像一个个体户,有充分的自由决定自己做什么、如何动用资金与规划预算,并根据充分透明与清楚的各项信息计算自己的行动方案。

晨星的创举产生了令人惊奇的结果:有着最大自由的员工可以形成最好的合作。晨星的员工在每日的协商与同事互动中,达成了高效率的相互协调。他们形成了以贡献为准的自然领导,为促进工作完美性而无时无刻不在进行的沟通,在最精准的情况下所实行的自由预算,以及完全与贡献和绩效挂钩的激励制度。组织本身作为一个平台,实现了员工以及所有在工作中可能发生的自由契约,在市场规则下运作着。

由于员工像个体户,必须对自己的区域负完全责任,因此他们有极高的动机想方设法完善自己的工作;对于组织内或组织外的客户,尽可能地以创新的方式达成工作的要求,或者是想出创新的点子提高自己的贡献度。在这种状况下,发生在工作中的微创新,亦即改善工作流程或产品本身的创意时常出现,创新式的产品也常常被发掘。组织本身仅作为资源提供者与纠纷仲裁者，公司以市场力量实现了整个组织的运作。

模式四：人人平台组织。这种模式是将组织的内部功能全面向外完全市场化。这将是一种在互联网时代催生的全新组织模式。这种组织形式中，每个人或几个人的小集合体都可以就自己能够实现的功能成为一个平台，借由连接结合不同的功能，完成组织的生产运作。在一个信息充分流通的连接系统中，人们借由信息交换获知彼此功能上的互补需要，以契约合作形式完成计划目标。

这种平台组织打破了组织既定的边界，让虚拟的组织自由形成、生长或死亡。人们可以受雇于自己，建立个人平台，也可以归属于某个协调性平台，使工作在平台上合作完成。即便归属于某个协调性平台，个人或小集体也不受限于此平台的边界，而是无时无刻不自由地建构新的连接，形成新的虚拟组织。这种平台组织可以称为人人平台组织。

人人平台组织突破了人类世界空间维度的限制。当生产功能全面自动化后，人人平台组织所覆盖的组织功能范围将同时全面化。想象一个手机的生产，当内部零组件、外壳、包装、质量管控等都可以用机器自动化且同时生产时，人们完全可以透过个人平台，从世界各个角落将各细节的研发各自分工，并连接营销、销售及服务平台，快速完成整个产品的生产与销售过程。此时，人力资源平台帮助个人平台达成优化结合，而财务平台确保市场契约的实现与监管。

芬尼克兹、晨星、无线T恤公司的实践说明，企业无论大小，无论是否采用平台商业模式，在企业的每个发展阶段都可以采用平台组织激发全员创新活力。而人人平台组织则代表了新时代一个充分将创新与资源最大化结合的崭新模式。

平台组织能让优秀及认同创新的员工持续留在企业中，并吸引更多拥有同样理念的员工，从而产生网络效应；优秀的员工带来更多的创新机会，更多的创新机会吸引更多的优秀员工加入。为了塑造组织全员创新能力，管理者必须放弃科层组织的权威命令模式，将组织转化成具有活力的自主单元，建立信息透明、机会平等及自主决定的环境，从而将创新权赋予员工甚至客户。一个具有前瞻性的领导者，应该思考如何利用平台管理思维来创造适应未来世界的组织模式。

> **微点评**　全员创新管理的时代已经到来，当生态系统以加速度进行优胜劣汰的淘汰游戏时，企业要以新的思维与能力来面对创新的需求。平台组织管理正是一个应对高速变化的时代所需要的管理思维与组织能力。

第三节　对于"大环境"的"微思考"

说了企业，说了人，最后，让我们再次回到时代环境。小人物也好，大企业也罢，都在共同的大环境下生存，我们无法改变大背景，但可以去适应、去发现、去创新。许多成功的故事，或许就来源于这某一点"微思考"……

12　一切都在年轻化

这个时代，是一个年轻的时代。

许许多多新生事物，如雨后春笋般涌现，进入人们的视线，让人应接不暇。

这个时代，也是一个给年轻人机会的时代。

存在即合理，大家非常宽容地接纳了一切新生事物、新生人物，什么互联网+、什么众筹，都披上了顺应时代的外衣，走上了时代的舞台。

还记得作为80后的韩寒，14年前刚退学时，带着出版的《三重门》参加央视一个叫做"对话"的节目，整个节目中，他被认为是昙花一现，被当成犯罪嫌疑人一样对待，他边上则坐了个年轻人成功的"典范"——一位考上北大的少女。现在，韩寒是当红作家，还是成功的赛车手、是卖座电影的导演、是一位父亲，很少再有人对他指手画脚，否认他的事业与人生的成功。

现在，90后、95后踏上了主舞台，他们"任性地"做着自己想做的事。他们进入企业，成为员工的主力军。他们勇敢创业，成功的例子也有不少，例如90后企业家杨磊，自创牙膏品牌"小巨蛋"，带着重新定义人类刷牙程序的新理念，率领团队登上多家国外媒体，受到了赞扬和追捧。曾经对年轻人的"任性""自我"怒不可遏的专家们，现在退居幕后了吧。

从韩寒等80后到新90后，大家对新生代一族们的态度变化了，可谓是越来越宽容，由着他们的想法和做法天马行空，也对他们越来越"讨好"了。

一个叫做《新周刊》的杂志在 2015 年搞了一个封面报道,里面有一个说法是"讨好 95 后赢得未来",这在过去的基础上进一步压低了"年轻人"概念的年龄线。长江后浪推前浪,新登场的年青一代无论作为潜在的消费者还是投资对象,或是企业的中坚力量、领导层,理所当然意味着"未来的现金流"。为什么舆论上要"讨好"年轻人?因为他们重要啊!他们是未来啊!

马云也说,这是个属于年轻人的时代。"未来是最难把握的,因为它变化,它无常。把握未来的最佳方法不是留住昨天或争取保持今天,而是开创未来。我们永远相信年轻人会比我们更能开创未来,因为他们就是我们的未来。投资年轻人群体就是投资自己的未来。"

来看一组数据。根据第六次全国人口普查统计,中国大陆 60 岁及以上的人占总人口的 13%;15—59 岁人口占 70%,而在这些人当中,29 岁以下人口约有 5 亿 4000 万人,占全国人口比重达到 41%。换言之,全国大约有四成人的年龄属于被大众传媒定义的"80、90 后"。这群人拥有的不仅是年龄的资本,更意味着庞大的青壮劳动力、拉动经济的消费能力以及大部分的政府税收。

这就是我们为什么一直在强调,这是一个年轻的时代。要把握未来,就要先把握年轻人。

这些年轻人,这些 90 后,甚至 95 后,有着什么样的特点?他们被各个广告公司以动画、幻灯片等形式描绘:青春、朝气,带着梦想、生机勃勃。他们穿牛仔裤、戴棒球帽,他们挂着巨大的耳机,背景是所谓"二次元"的漫画,配上的标语总是类似"这就是我""任性""青春无极限"之类的。

只有这些吗?并不是。他们生活在富足的时代,追求更好的生活,愿意为之努力、奋斗,但有时却缺乏更深层次的目标和理想,抗压能力和承受挫折的能力更弱一些;伴随着网络出生的他们,接受了大量新文化的洗礼,有着独特的思想,追求自由平等,但同时,也更自我,不太关心他人;他们不喜欢和别人一样,是叛逆的一代,但同时,他们也不会屈服于传统,喜爱创新……这是年轻一族的标签,有缺点,也有可取之处。

他们对于企业管理者、投资者来说是一个巨大的挑战,也是一个艰巨的任务。为何?虽说年轻一族踏上了舞台,但是到目前为止,社会资源的真正掌握者却是年长者。稍稍观察生活中的那些人群扎堆的现象吧,比如创业大赛上创业者是 90 后,但投资人往往是 50、60 后;媒体上抛头露面的是 90 后,但背后运作策划者,不乏 50、60 后;创业孵化器全被 80、90 后占领了,但他们崇拜的创业导师基本都是50、60后……财富、人脉、能力等各方面的积累都是一个漫长而艰难的历史过程。虽说胡润排行榜上已经有了90后的名字，但占据主流的绝不可能是90后，而恰恰是90后的长辈们，他们紧握手中的社会资源需要往后传递的管道，90后则是接班人。因此，公平地说，这些长辈们对90后、对年轻一族开始宽容了，这是一件好事，更为重要的是，要理解他们的优点和缺点，给他们创造发展的机会和环境，培养出更多务实、理性的"继承者"，而不是一再宽容，用鸡血式励志文化催生出一批渴望一夜暴富、极为危险的青年人。

从企业的角度来说，员工的中坚力量是90后、年轻人，如何对90后进行管理+培养，是关键。

从管理的角度来说，企业不要马上给新生代员工贴上标签，而应该主动去了解，尊重他们这些差异和独特特征，正确看待和积极引导他们的工作价值观。管理者在制定管理决策时，应该考虑到新生代员工工作价值观的特殊性，给予他们更多个性化的管理。例如，在工作设计方面，尽量在工作中融入更多的弹性要素，增加工作任务的多样性；再如，领导方式上，采用亲切的、鼓励性而非谴责式的方式，扮演家长和朋友的角色，以引导取代命令，以关怀取代强制，以信任取代约束等。

从培养的角度来说，道理也很简单，就是按照员工的需求进行培训。先从不同年代的员工说起，对70后而言，他们会感觉培训很重要，认为这是公司提供的学习和发展机会。如果自身能够参与到培训中去，他们会抱着感恩的心态对待工作，不会频繁跳槽。而对于背负着买房压力的80后群体而言，培训只是在需要的时候才去参加。对90后而言，情况则完全变了。他们不会循规蹈矩，多元化，有着强烈的圈子意识。因此，面对90后，企业可以搭建学习平台，引入线上+线下的移动圈子。说白了，就是员工年轻了，管理思维也要年轻化，要追着新东西跑。

而对年轻人本身来说，时代这个契机真的非常好，但是不要被这种幻觉迷惑。打开电视或者网页，你会发现满世界都是"梦想成真"的人：歌唱比赛得了冠军，创业获得了B轮融资，实现了环球旅行等等，似乎只要有梦，追逐几步，就能成功。当然不是，工作也好，创业也罢，要取得最后的成就，靠的不是年轻、走几步，也不是"草根"的悲惨故事背景，靠的仍然是真正发现机遇的慧眼，或是真正有用的创新，这就是"微权力"的作用。

> **微点评** 随着90后、00后逐步登上历史舞台,一切都在年轻化,对于企业来说,抓住了年轻员工一代就是抓住了未来。如何管理好、培养好这一代年轻员工,发挥好他们的微权力,将决定企业的命运。

13　逃离生命周期曲线

关于企业,有许多宏观、微观的理论,其中有一个生命周期理论,描述的是企业的发展与成长的动态轨迹,包括发展、成长、成熟以及衰退几个阶段。

通常认为,对这几个阶段,企业需要找到和其特点相适应、促进其发展延续的战略,进而延长企业的生命周期。

一些企业的关注点在业务。不过,不管曾经多么辉煌的业务,都迟早会丧失成长空间,毕竟外部环境、消费者与用户的口味都在不断变化。面对这一令人不快的现实,公司不得不周期性地进行业务重塑。这种自我延续的能力,也就是从业务成熟阶段跳跃到下一个发展阶段的能力,正是区分卓越绩效企业与昙花一现之流的关键。

而无法重塑业务的企业结局往往也是惨痛的。还记得柯达的失败吗?鲜为人知的是,全世界第一款数码相机由柯达的相机工程师 Steve Sasson 在 1975 年发明。当时,柯达公司高层拿着那台仅有 1 万像素的数码相机原型对他说到:"这玩意儿很可爱,但你不要跟别人提起它。"(That's cute but don't tell anyone about it.)柯达并不缺少出色的工程师,也不缺好的技术,但是公司的管理层却没有洞察力,当时用户对于照相的看法,已经从必要时才照相的需求转变到为了随时随地能留下纪念的需求了。然而,柯达安于胶卷业务的长期垄断,也缺乏对创新的渴望。因此,数码相机被"雪藏",业务并没有被革新,柯达也慢慢走向了没落。正如马修·奥尔森(Matthew S. Olson)和德雷克·范贝夫(Derek van Bever)在《失速点》(Stall Points)一书中所说的,一旦公司在上升过程中遭遇重大阻碍,那么它恢复元气的概率只有 10%。柯达的一蹶不振,继而衰败,还有许多类似企业被收购、被退市、被迫破产的命运,都没有逃离这条 S 型的"生命周期曲线"。

对业务的敏感度低是一方面原因。企业为何会陷入停滞,最后衰败?解释五花八门,譬如,无法坚守核心(或者坚守得太久),执行力出了问题,对消费者的品位判断有误,或是片面追求加大规模而陷入不健康的发展等。

"一切皆有可能"。

那么,企业是否有可能跨越生命周期曲线呢?或者说什么能将这种生命周期曲线就像熨衣服一样"熨平"呢?

有。我们仔细想想,没有洞察到市场的变化、消费者的需求变化也好,执行力出了问题也好,其实根源都还是在人身上。举个例子来说,接触产品的、接触消费者的是员工,甚至基层员工,他们或许能够洞察到外界的、最新的变化,哪怕很细小,他们或许能对产品作出最符合现实的创新、改进……换句话,如果能将企业中的微力量运用到极致,那么对业务、对市场以及执行力等各方面或许都会有新的提升,帮助企业逃离"生死曲线"的掌控。

运用这个理念,我们再来分析,为什么大量企业没有成功进行业务重塑,而随着生命周期曲线的 S 型形状渐渐衰败。公司往往对专业人才的培养与保留重视不足。当原有业务运转顺利,但还未达到顶峰的时候,这些人才拥有推动新业务的能力与远见。然而,此时,已经处于学习曲线末端的企业认为运营应当精简,再精简。为什么呢?为了提升利润。他们可能会裁减人员,或者减少人力培训的投入。这种做法对企业产生的后果不堪设想,很可能驱赶大批有用之才,而他们正是重塑业务的主力军……

反过来,高绩效企业都致力于培养人才,油田服务商 Schlumberger 就是这样一家善于挖掘并培养人才的公司。它将大量的人才外派到世界各地的工程学院进修。这些外派人员包括高层管理者,他们不但负责管理公司预算,更对设备及研究经费的捐赠掌握决定权。通过与高等院校建立紧密联系,公司在人才招募时获得优先权。Schlumberger 不仅保持人才输送管道的顺畅,还是员工培养的行业典范。事实上,能够为本行业输送大量优秀人才是高绩效企业的特征之一。

积极管理人才曲线的高绩效企业才有能力在现有业务增长放缓前启动下一轮的重塑,因为这保证了企业的人才储备。

人才曲线的管理有多方面。

譬如,在筛选人才时,高绩效企业会首先考虑长期利益。这一视角能够从根本上改变雇用与人力培养的本质。这些公司不只是在填补目前的空缺,他们认识到,从长远来看,只有员工与企业文化契合,才能保证员工具有优秀表现。

完成员工的筛选与考验以后,公司必须给予人才发展的空间。为了能够切实地保证他们在职位上出类拔萃,公司需要仔细考虑怎样安排员工的日常工作内容。如果员工能在完成工作的同时对工作进行独立思考,通常就证明公司拥有充足的人才。许多高绩效企业给员工自由支配的时间(如谷歌和3M)。

总而言之,对于企业而言,非常重要的一点就是,要建立合理的机制来培养员工,发挥"微权力"的力量。"微权力"解答了钱学森之问,也能够回答企业之问。企业的关键是人,企业重视人,变得更加"人性化""以人为本",更加重视群众的力量,就是逃离生命周期曲线的奥秘之一。

> **微点评** 通过适当的战略措施,企业或许能够延长其生命周期,尤其是延长企业成熟期,减缓衰退期。但若想逃离生命周期,企业最终还是要建立合理的机制培养员工,利用员工微权力。

14 互联网带来的"边缘模糊"

互联网时代其实带来了一个非常特别的现象,我们为其取了个玄乎的名字,叫做"边缘模糊"。

其实,也并没有那么神乎其神,就是一种员工和用户不分你我的现象。

过去,员工是员工,客户是客户。员工在企业内工作,而客户在企业外。这是大多数人的传统认知。

但是,我们已经看到了互联网带来的许多变化,这种传统认知是否依然?答案是未必。未来,一个更加互联网的时代,员工与客户之间的界限模糊了。员工是客户,客户是员工,两者之间角色互换,价值创造无边界,共同为客户创造价值,为企业创造价值,为员工创造价值。现在其实有了很多这样的例子,如小米的粉丝军团就成为小米的产品技术创新与品牌传播的生力军,美国维基百科的数十万编辑,既是客户,又是具有专业化知识与技能的员工;再如,谷歌眼镜的开发一开始并未完成,后来是利用客户的反馈完成的。在这其中,用户和员工的角色是部分重叠的——用户做了一部分员工的事情:为企业"工作",帮助企业寻找自己(也就是企业的最终目标:用户)的需求……

在这里,我们要说一个社交网络企业——LinkedIn。它就是我们所称的领英网，是一个职业社交网站。LinkedIn采取的是非常干净，充满正能量，不靠吸引流量和广告为主要收入的商业模式。天哪！社交类网站有那么多，求职类网站也是多如牛毛，它为何能够凭这样的方式得以生存？

LinkedIn做的其实是一桩"独门生意"。无论百度、阿里，不管它规模有多大，都不敢说这行业里就我一家通吃。但是，在全球市场再没有一家跟LinkedIn一样的网站。这就是为什么它的市值有200亿美金，最高时将近300亿美金；因为投资人觉得它没有风险。

从用户的角度看，LinkedIn就是一个典型的互联网上的社交网络，跟其他社交网络没有本质区别，唯一不同的是它面对职场群体，以帮助职场人士拓展人脉，获取工作机会为主线。作为一个社交网络，它具有一定的"网络效应"或者说"黑洞效应"——滚雪球式地吸引越来越多的人，越办越大。

然而，LinkedIn不仅仅是社交网站，它的前面加了"职场"两个字，大家在上面的关系网络主要是同事、客户、合作伙伴等，你的家人和私人朋友也可以加入，但主要还是以职业关系为主。

从商户的角度来看，LinkedIn是一家给企业提供解决方案的公司：（1）招聘解决方案（talent solution）；（2）营销解决方案（marketing solution）；（3）销售解决方案（sales solution）。本质上，其实就是向企业提供最有价值、最有针对性的用户信息：你要招人，我们会给你匹配最适合这个职位的人；你要营销，我们会给你匹配对你们产品最感兴趣的人；你要销售，我们会给你匹配最关键的负责采购的人。而这些内容，领英网的用户会给予网站；他们也会自己去寻找相匹配的公司，公司通过领英这个平台，能直接和感兴趣的人才联系。

这是一件非常神奇的事：用户就像企业的员工，给予企业最需要的东西；当然，用户的需求同时也被满足了。

这或许就是互联网的力量，它表现在，由客户来完成所销售的产品，用户与员工的界限越来越模糊，用户像员工一样做事情。未来，这种趋势会大大加强。

不过，话说回来，这是不是一件用户主动想到、主动去做的事情？未必。这可能需要企业去发掘出这样一种服务、一个平台，让用户也能为自己所用。这可以说是企业发展的一个契机。企业可以怎么做？或许小米公司的做法能够为我们提供启示。

用户与员工之间转换最引人注目的当属小米的"粉丝团"了。有人说小米的成功首先是对粉丝团体运作的成功,在小米发展初期,粉丝团对小米立下汗马功劳。小米对于粉丝团体的运作可谓用心良苦。实际上,作为雷军第二次创业成立的小米公司,他们的第一个产品并不是手机,而是 MIUI 操作系统。MIUI 操作系统的成功离不开小米最初的粉丝团。

黎万强当时负责 MIUI 业务,在雷军的"重压"下,他开始带领团队泡论坛、灌水、发广告、寻找资深用户。黎万强从最初的 1000 个人中选出 100 个作为超级用户,参与 MIUI 的设计、研发、反馈。这 100 人成为 MIUI 操作系统的"星星之火",也是最初的"米粉"。也正是在这些粉丝的支持下,黎万强建立起小米手机的论坛,成为米粉的大本营。

这些粉丝团一方面能够为小米公司在互联网上实现病毒式营销,不断感染周围的用户,另一方面还能够参与到小米公司的一些产品调研、产品开发、产品测试中去。此外,米粉甚至还是小米手机最忠实的用户,米粉中重复购买 2—4 台手机的用户占 42%。有这样一群粉丝团,小米公司能够实现井喷式发展也就不足为奇。

总而言之,未来,价值创造已经不仅仅是企业内部员工的事了,而是企业的整条价值链上所有人的事。因为企业的价值其实本质上也是客户、用户所需要的东西。

在这种模糊的边界下,人才价值创造边界与范围也扩展了:企业人力资源产品服务延伸到了价值链上的客户,如基于价值链经营的饲料企业、牛奶企业通过互联网学习发展系统将养殖户的能力提升与管理纳入企业人才发展系统之中。同时,企业的人力资源产品与服务的研发与设计,通过员工社区让员工和业务经理参与企业的人力资源产品与服务的研发、设计与体验,实现人力资源管理的 B2E。基于互联网,员工与客户可以随时随地互动交流,随时随地为企业产品和技术的创新和管理的改进与提升提出建议,使价值创造无时不在,无处不在。

> **微点评** 互联网时代,员工与顾客之间的界限趋向模糊,员工可以是客户,客户也可以是员工。这两者身份的互换,共同为客户创造价值,为员工创造价值,为企业创造价值。

15　共享经济的到来

移动互联网时代的最大特征是什么？显然是"互联""互通"。你不认识我，我也不认识你，但是一个不小心，移动互联网却把我俩搭上了，如 Uber、Airbnb 的做法。

随之而来的升级版就是"共享经济"时代。这是一场被称为"穷人的经济革命"，它到来了，于是乎，我们正在经历的市场已经不仅仅是"造什么卖什么"。

费雷德里克·拉尔森曾经是《旧金山纪事报》的摄影师，受金融危机影响，在 2009 年被裁，家里还有两个正在上大学的孩子。后来他找了一份在旧金山艺术大学教学的工作，但是薪水和福利大为减少。但是，近年来，拉尔森的收入却奇妙地出现了增长。每个月有 12 天的时间，拉尔森通过房屋租赁网 Airbnb 将自己的房屋以每晚 100 美元的价格出租，自己能得到其中 97 美元的收入。每周有四个晚上，他通过汽车共享平台 Lyft 将自己的普锐斯汽车出租出去，每晚能收益 100 美元。

在写这篇文章时，笔者对此同样感触颇深。作为一位旅行爱好者，要预定住宿时，利用携程等 OTA 网站进行酒店预定现在已经不是首选。打开 Airbnb，通常可以寻觅到更能体验到当地特色、价格更划算的民宿。根据统计，2012 年，通过 Airbnb 租房的游客在旧金山逗留的时间高于住酒店的游客，有 14% 的 Airbnb 客户表示，要是没有 Airbnb，他们根本不会来旧金山游玩。可以说，Airbnb 是共享经济和按需经济的领头羊。它在全球 192 个国家和地区、34000 个城市都有租赁房源，用户可以通过网络或手机应用程序发布、搜索度假房屋租赁信息，并完成在线预定程序。它的收入主要有两个来源：一是从业主登记费用中抽取 3% 的提成，二是从客人支付的所有费用中抽成 6%—12%。

依靠社交网络、移动技术、极简主义运动和高度节俭等方式形成的交互关系，人们通过共享及租赁房屋、交通工具、日常物品以及服务等达到节省开支的目的，物品所有者则通过出租自己的闲置物品获得相应报酬。这就是现在非常主流的经济模式——共享经济：通过移动互联网等技术的连接，让商品、服务、数据以及智慧拥有共享渠道的经济社会体系。它也可以说是一种按需经济，一部分人需要什么，另一部分人就可以通过平台把自己拥有的东西"租"出去。你可以利用 Uber 租私家车,点击 Medicast 的应用软件,医生两小时内就能上门服务。

方便、迅速,满足个体化需求,怎么能不流行?

从企业和个人的案例来看,共享经济有两个最大的特点:

首先,共享经济的出现颠覆了传统服务业的商业模式,改变了人们的消费行为和习惯。网络技术降低了人们共享的成本,让我们能比以往更容易并且廉价地获得共享资源,也就有可能让更多的人参与进来,这种对闲置资源的利用模式备受人们青睐,也是它被称为"穷人的经济革命"的原因。而传统的服务业因为这种共享经济的模式变得更加灵活、贴近顾客需求。Lyft 做了什么?无非是看到了城市中绝大多数轿车运力都没有充分运用的情况,许多能坐四五个人的车往往只有一人,因而,Lyft 运用移动技术,把需要搭车的人和开车的人合理搭配起来。这种模式好处很明显,减少了城市车辆的空置率,减缓了交通压力,甚至减轻了空气污染。

更重要的是,共享经济为人们提供了另一种谋生机会,是对个人的新机遇。人们只要愿意工作,就可以随时工作。Uber Lyft,以及我国的滴滴打车、拼车等,都能让个人随时活跃到交通服务领域。比如,通过 Lyft 拼车应用,任何人都可以将自己的汽车变成临时出租车,它们的标志是在车头贴上粉红色胡须,而乘客只需支付 80% 的正常出租车费用就可以享受到专车司机的服务。共享经济让"微"人物的能量发挥到了最大。

我们说,共享经济不仅仅是现代的主流,也是未来的趋势,这是无法阻拦的。为何?如果从理论上分析,是这样的:

从产业运行模式方面,共享经济改变了传统产业的运行环境,形成了一种新的供给模式和交易关系。实现了消费模式从"扔掉型"转变为"再利用型",通过社会存量资产调整实现了产品和服务的平均分配和商品价值的最大程度的利用,终结了过度消费。

从空间延伸和经济利益方面,共享经济扩大了交易主体的可选择空间和福利提升空间,使供求双方都能够通过互联网发布自己的分享物品或需求物品,增加了可选择的交易对象,并具备了掌握交易对象更多信息的可能,让信息不对称情况减少,尽可能地避免了欺诈性不公平交易,减少了交易成本,有利于促进双方福利的增加。

从就业模式方面,共享经济提供了新型就业方式,改变了企业的雇佣模式和劳动力的全职就业模式,给那些富有创造力的个人提供一种全新的在家谋生方式，从而使社会成员成为自由职业者和兼职人员的混合体，使全社会成为一个全合约型社会。个人的权力是其中最为关键的要素。

当然，从滴滴遭遇"围追堵截"的情况来看，共享经济的来临也是有弊端的，例如安全性问题。另外，共享经济太新太快了，监管显得非常滞后并且充满阻扰。有一点可以明确的是，共享经济的利处大于弊处，它必将成为未来的主流，势不可挡，"堵"并不是解决之道。

因而，对于身处这种经济模式的企业和员工来说，应该更加重视来自于共享经济流行趋势下的新发展机会，总结来说，有三个关键词可以总结这种新机遇：

首先，是共享。在长期的发展中，不管是社会、企业、组织还是个人，都会出现资源过剩、能力过剩，或者资源匮乏、能力欠缺的情况。我们无需再浪费新资源，通过共享的方式就能解决问题，这种模式最大的作用是提高资源的利用率，创造新的价值。共享意味着开放，体现为一种循环经济。更为重要的是，以前人们没想到过这些共享方式吗？想到过，但没有技术手段做支撑。比如，不管是搭车还是拼房，都存在一个信任问题，因为双方之前都是陌生人。通过技术手段能够解决这个难题。比如，Airbnb 通过信用评级，确保那些缺乏教养的脏乱租客难以使用该网站的服务。专车服务也能够通过双方事后的评介，记录大家的信用情况。

其次，是共创。共创很好理解，工业时代一般是企业生产什么，消费者就购买和使用什么。在新时代，由于技术的深入变革，消费者能够做到在产品调研阶段就提出自己的看法，生产出满足自己需求的商品。Facebook 就是一个典型的共创企业，每月有 5 亿左右的人在该平台上分享和塑造了 300 亿条内容，这种高参与度使 Facebook 的价值猛增。共创不是支持或分享，而是参与和制造。

最后，是服务，是指产品即服务以及服务智能化和个性化。"制造+服务"是传统制造企业的未来，它们不再靠卖产品赚钱，而是通过租赁和提供服务获得收入。比如，汽车公司提供共享服务，消费者不用"购买并使用"，而是按次租赁，戴姆勒公司已经有了 Car2go 项目（汽车共享服务）。这种服务模式也可用于其他行业，像照明企业把照明作为一种服务，提供给城市；亚马逊把教科书转变成一种服务。这种服务方式在人们日常生产中也具有广泛的应用前景，如有的人极少穿西装，租明显比购买合算；一些家装设备，像电钻工具，也是租合算。值得注意的是，由于技术的发展以及共享模式的深入,租赁服务也有突破性发展。比如,在一个社区里,通过某种电子服务平台,社区里的人知道哪些人拥有电钻,谁使用谁付款,用完再归还。这种服务既可以由新创公司做,也可以通过制造企业转型来开展。在技术推动下,服务会变得更加智能和个性化。未来企业的每台机器设备都联网,通过智能平台跟消费者的需求对接,生产的是个性化的商品,满足消费者标新立异的追求。

阿里巴巴是最大的零售商,却没有自己的库存,Airbnb 是世界上最大的酒店连锁,但是它不拥有自己的房地产。为什么呢?他们都利用了分享的经济、分享的技术。在这个分享的世界里,能获取一个东西,使用一个东西,比你拥有它更重要。而无论产品或是服务,增加互动性即可增值。当数据达到充分连接、流动和分享时,人类的活动都可以用数据来测量。最终通过认知,使分享、互动和流动整合实现智能化。

其实,无论是企业还是个人,最重要的都是洞见未来,不断满足新需求,不断赢得新价值,惟如此,才能基业常青。未来企业并不全是新创企业,传统企业只要洞见未来并随之改变也会变成未来企业。Airbnb、Uber 等企业做的事情其实很平常,只是提供了需求方和供应方对接的平台,但它们确确实实抓住了未来的经济发展趋势——"共享",让别人心甘情愿地为自己打工;而在这些平台上挣得大桶金的人做的事也如此简单,惟使自己的"拥有"产生了最大的"效能"——"微"的内涵也正是如此。

"穷人的经济革命"已经到来,共享经济的模式已经颠覆了传统的商业模式。共享经济模式,通过共享提高资源的利用率,创造新的价值,通过共创参与制造,最终实现智能化和个性化的服务。

16　谁拥有未来?

正如我们所描述的,不可否认,移动互联网联结了整个世界、改变了整个世界。

神奇的移动互联网的背后是什么?我们原本认为是一群精英人士统治着、维护着其本身和其中平台的发展。比如,美国硅谷一直被认为是"阳光"的同义词,不管是从气候还是从发展前景来说都是如此。年轻的男女们穿着运动装在这里工作,拿着六位数的年薪,宣称他们正让世界变得"更加开放和更加具有互联性"。在中国,亦有中关村,以及各种借着互联网势头蓬勃发展的公司,有着充满活力的员工。

当然,不仅仅是员工而已。这些企业的背后,是被称为"海妖服务器"的玩意儿。"海妖"超级计算机由美国田纳西大学国家计算科学研究院所研制,是世界上由学术机构所拥有的运算速度最快的计算机。"海妖"系统中拥有 10 万个 AMD 双核皓龙处理器,运算速度为每秒 831 万亿次,主要用于一些高端服务器或工作站中。它被用于华尔街的庞大的对冲基金、收集海量情报的情报部门,以及硅谷的超级公司——Google、Facebook、Amazon,如今的 Uber、Airbnb 也在加入采用海妖服务器的行列。如果说希腊神话中的海妖塞壬是用她们充满魅惑性的歌声,让水手们丧失意志,迷失在旅途之中,那么这些"技术海妖"们则是让你不断地、无偿地投入数据分享中,让你的劳动成为它们海量的数据来源,创造一个个"封闭的""剥削的"循环链,为海妖公司创造巨额财富。这些收入又被公司用于广告、宣传之中,让你把更多的时间与经历奉献给"海妖"。

它们就是所谓"数字资本主义"的代表。何谓"数字资本主义"？

Google、Facebook、Wikipedia 或是百度、领英网等让人们相互之间交流便捷、随意,高度联结的网络世界却也"泯灭了"个人主义,带来了"数字资本主义":数字网络创造价值和财富的方式建立在大多数人的无偿劳动之上。试想,你的个人付出——上传照片、分享音乐、回答问题、闲聊,被"数据化",为公司创造了巨额利润,当然,你不会获得任何利益。而这一切看上去就像:企业提供了平台,机器完成了这一切,而非具体的个人,企业则拿到巨额利润。例如,Instagram 2012 年以 10 亿美元出售给 Facebook 时,只有 13 个雇员,它的价值更大程度上来源于移动互联网带来的照片分享机制和 App 使用者的数据贡献。

这种任何人都可以分享信息,精英人士通过它们创造财富的模式,被认为是一种"数字资本主义",在现在这个技术飞速发展的社会,这是普遍存在的现象。它带来了什么？最显而易见的是企业的、员工的财富。可是,既然是"资本主义",它也必定隐藏着一定的"弊端"。

许多学者认为,在这种情况下,经济并非是整体增长的:从中获取财富的只是少数人,并且他们的成功建立在大多数人无偿劳动的基础上。就像以上列举的公司,几乎不花费什么成本就能收集到海量的数据,并借此不断自我扩张;与此同时,普通人则不会得到酬劳,反而会被一步步推向贫穷。

这让财富的走向更极端了,中产阶级在消失。

其实,这种消失也不仅仅是数字互联网带来的。海妖服务器只是一个例子而已。随着技术进步,我们确实可以预料到一些情况。技术的发展降低了一切生活成本,人们无需花费分文便能快乐地生活。金钱、工作、贫富差距、养老计划,没有人会为此忧心。在这美好的背后,我们却也很可能进入一个失业严重的时期。美国劳工部估计,在未来10年,人们所从事的65%的工作将是目前还不存在的。在澳大利亚,有报告指出,多达50万份现存工作都可能会被由人工智能驱动的机械装置或机器人接手。技术的发展会让许多职业成为历史。也许未来,机器人会替代工人干活。再想想无人驾驶汽车技术对驾驶员的冲击,3D打印技术对制造工人的冲击,又或是机器人护理对医药行业的冲击。甚至由于互联网等技术的发展,沟通和复制变得越加容易,音乐、写作等创造性的专业领域中的就业岗位也在消失。传统的中产阶级工作岗位成为被时代消灭的目标。

"被消灭",听上去是个可怕的词。不过,在它的背面,也孕育着机会。在这里,我们想要说的是另外一种思考,就是小人物如何借着时代背景,抗拒"数字资本主义"亦或是"技术资本主义"而走到"食物链"的上层。

一方面,随着各种技术和移动互联网的进一步发展,普通人才,特别是传统行业的普通员工,确实将会受到极大的限制。对于员工来说,墨守成规往往只有死路一条。所以,人们至少要在某一方面,哪怕是很小的领域突破极限,成为专家。创新、思想,这些会成为比技能更重要的东西,因为某些技能会被技术替代。

另一方面,中产阶级工作岗位的消失,反而意味着"草根"机会的来临。"草根"是一个广义但非贬义的称呼,指代一切普通人。他们的机会来自于创意、想法等借着技术变为现实的可能性的增大;也来源于自己能够借着技术进行创新、创业。"草根"也能成为"精英",不是吗?

我们就以本书一直提到的互联网时代的思维来说,在移动互联网技术的发展之下,小人物们完全可以"借东风",这也是发生互联网创业热潮的原因。互联网的本质是"分享"而不是"数据",人们需要的是"数据能力""分享平台",而不是数据本身。细细想来,世界闻名的互联网公司,如Facebook、维基百科,采用的机制很简单,就是互联、分享,只是它们创建的是更大的平台,如用"海妖服务器"来支撑渠道,用别人的数据为自己服务。

当然,普通人难以直接从海妖服务器开始,但是要明白,由于互联技术,平台、渠道的价值变得非常大。更重要的是，通过创建平台与分享机制来创业的"草根"越来越多，成功的也不少。例如，国外在线平台 OpenChime，最初由 Bennett Schwontkowski 实现创意，能够帮助使用者解答这样的问题，为使用者提供各类个性化服务的报价，连接用户与商户。比如，寻找适合求婚的热气球，这是别的服务网站无法搜索到的服务。迄今，OpenChime 已经在世界各地 1500 个城市里为消费者提供了个性化服务咨询工作。风投们也已经开始对 OpenChime 进行研究，注资达 70 万美元。这是一个借由互联技术成功的典型例子，网络是其创造财富的"永动机"。

这一切都意味着，普通人的机会越来越大，只要能够抓住人们的需求、时代的特点、技术的发展，完全有可能乘势成功。因为新技术、互联网，每个人都有可能成为全球网络市场的自由代理商，产生新的合作文化。从更高的层面来说，信息的互动及其平台、机制是互联网时代下的真面目。"草根"们可以被其"奴役"，免费为别人"打工"，也可以将别人的贡献通过某种机制转化为财富，成为信息经济时代更具创造力和生命力的中产阶级。只要想得到，就有可能做得到。但必须先想到，才可能做得到。

我们可以没有中产阶级，我们可以有更多的精英人士；我们不需要背景造英雄，我们可以依靠时代造成功。

当然，我们并不是要鼓励人人都借着这势头去创业，而是强调想法、思维、创新的重要意义。即使是在企业中，要想不被机器和技术所替代，也需要思维的铺垫。创业就更不必说了。思想是必须先行于技术的，在过去，没有人会想到互联网技术能够创造一个沟通无边界的世界。那么谁拥有未来？不一定是那些拥有"海妖服务器"的大企业，而可能是有想法的"草根"们。

 数字资本主义背后的小人物、草根同样可以借助于新技术、互联网等获得成功。对于他们来说，想法、思维、创新能够让他们拥有未来且不被那些拥有"海妖服务器"的大企业的机器、技术所取代。

17　没有结束的话

写到这里，本书已经到了结尾。

但是，有关"微权力"的故事却没有终结，"微权力"顺应时代的发展而来,也会在未来继续成长下去。

这是合情又合理的。

从大环境来看,我们进入了"微时代",这为微权力的成长打下了坚实的基础,因为在"微时代",权力是流动的,信息的传播、影响的扩大、想法的实现都变得更加容易。Facebook 创始人扎克伯格 2015 年的新年愿望是每两周读一本书。他选的第一本书,是《权力的终结》——一本讲旧权力结构终结、新权力结构兴起的书。因为扎克伯格的推荐,这本去年 9 月在亚马逊畅销榜排名第 45140 位的书,今年的排名迅速上升到前十。关于这件事,我们可以说,已经有许多人关注新权力;还能说,这件事本身就反映了新权力的影响力,某个人物的某个说法、做法迅速地产生影响,成为热点。

权力的分散和流动带来了影响和机会。除了扎克伯格,也有很多普通人、微小的团体、初生企业等找到合适的上升路径。这些微权力行为体规模小、不知名或是曾经微不足道,但却能够削弱、约束或挫败曾经在某领域某行业居于控制地位的大型组织。这些微权力行为体虽然存在缺点,如缺乏规模、协调甚至资源、声誉,但也具有独特的优点,如灵活,不被规模、资产、资源、集权和等级制度所累,也不用在组织的培育和管理上花太多时间。在过去的认知中,这些小而微的行为体被认为是弱势的、无法参与竞争的,但现在,微权力行为体正迅速赢得成长的机会,赢得与大型行为体较量的机会。

这其中的深意是,权力的未来在于流动与分享,而不是巩固与集中。权力与规模的脱钩正在改变世界。我们很难确切指出权力的分散和衰退究竟始于何时,韦伯口中的官僚组织的典范到底是从什么时候开始走下坡路的。但是,我们可以说互联网的诞生无疑是促进微权力个体兴起的重要因素,就像脸谱网、推特或者微博这样的社交媒体在推动草根成名成功中所扮演的角色那样,粉碎了控制,带来了分享。

本书正是想通过各种各样的史诗、案例以及理论等告诉读者,世界改变了,无须再迷信"大",而是要放眼于"微"。"微管理""微创新"等等,离我们并不遥远。

本书更是写给许多迷茫在现实中的年轻人。许多年轻人总是深感迷惑:自己到底能做什么。他们在踏上社会时,才发现生活有千般万般不如意,才体会到自己是如此渺小,风景在异乡、亲情在异乡,当年豪情万丈、壮志满满都化为乌有。北京大学法学院研究生刘媛媛在参加《超级演说家》时曾说：你我都是再普通不过的升斗小民，是这个庞大社会机器上一颗小小的螺丝钉。读书的时候，每天都被父母耳提面命，说："你干啥都不要给我耽误学习。"毕业的时候，到处投简历，凄凄惶惶地等一家企业收留自己。逢年过节被逼婚，结婚买了房子，要花自己年轻的、最好的20年来偿还贷款。每一个年轻人都忙着生存，而没有梦想。没有时间关心政治，没有时间关心环境，没有时间关心国家命运，哪有什么精力去为这社会做什么？

是的，并不是每一个人，都能够成为那种站在风口浪尖上去把握国家命运的人物。但是，每个年轻人，也都是微权力的行为体，在任何地方，都应该找到自身才能的燃点，发挥微权力最大的影响力。正如我们所说的"员工力"一样，身处企业，即便是基层员工，也是无可替代的，有能力也有权力去想、去做。

我们每多一些想法、每多一些创意，也许社会的某一处就多了一些活力、多了一些改变——这就是意义。所以，亲爱的80后、90后们，你应该像一个真正的勇士一样去面对社会，你是来改变社会的，不是被社会打败的，这个时代会帮助你成为难能可贵的、不随波逐流的新生力量。

微点评 伴随着权力的流动与分享，微时代悄然降临。作为新时代的主角，普通的个体都将粉墨登场。我们也坚信，未来会属于这些拥有微权力的最普通个体。